Thomas Rolf

WAHRHEIT
Ein philosophischer Essay

ISBN: 9781521412695

Thomas Rolf
Am Krappen 23
D – 35037 Marburg
www.thomas-rolf.de

Thomas Rolf

Wahrheit
Ein philosophischer Essay

Inhalt

Vorwort

Dieser Essay behandelt eine Grundfrage der Philosophie: Was ist die Wahrheit? Auf den ersten Blick erscheint diese Frage, so direkt formuliert, überheblich. Doch der erste Eindruck täuscht. Denn trotz der Aura, die die Wahrheit umgibt, handelt es sich um ein ganz normales Sachthema, über das sich in allgemein verständlicher Weise etwas sagen lässt.

Ich werde in diesem Essay darstellen, warum der übergroße Respekt, den manche Menschen vor der Wahrheit haben, ebenso unsinnig ist wie das Zerreden der Wahrheit in privaten oder öffentlichen Meinungen. Beide Tendenzen hängen in ihrer jeweiligen Einseitigkeit zusammen: Die einen stellen die Wahrheit auf einen Sockel, die anderen haben ihren Spaß daran, sie von dort oben herunterzustoßen und am Boden zu zerstampfen. Was aber, wenn die Wahrheit ihrer eigenen Natur gemäß weder Überhöhung noch Erniedrigung zuließe? Was, wenn sie weder großartig noch nichtig wäre? Tatsächlich gehe ich davon aus, dass es so ist; und deshalb bewegen sich meine Gedanken über die Wahrheit jenseits euphorischer Überhöhungs- und nihilistischer Zerstörungslust.

Natürlich hätte ich den Essay nicht geschrieben, wenn ich der Auffassung wäre, dass es die Wahrheit nicht gibt, oder dass man über sie nichts Sinnvolles aussagen kann. Grundsätzlich stehe ich also der Seite derjenigen, die die Wahrheit bejahen, näher als dem Lager derer, die hinsichtlich der Wahrheit und ihrer Erkenntnis skeptisch sind. Ich halte die Wahrheit letztlich für ein Phänomen, das buchstäblich nicht totzukriegen ist. Natürlich kann man die Existenz der Wahrheit ableugnen oder bestreiten; aber es ist dann eben die Wahrheit, die geleugnet oder bestritten wird, und die im Hintergrund solchen Leugnens und Bestreitens weiterhin hartnäckig ihr Dasein bekundet.

Um diese Resistenz der Wahrheit wissen Menschen nicht erst durch philosophische Theorien, sondern unmittelbar aus alltäglicher Erfahrung. Bereits in banalen Konfliktsituationen, in denen es oberflächlich um Rechthaben und Rechtbehalten geht, ist die

Frage nach der Wahrheit im Spiel. Ähnliches gilt dort, wo Menschen belogen werden oder sich täuschen: Lüge und Irrtum verweisen indirekt darauf, dass die Wahrheit inmitten menschlicher Alltagserfahrungen jederzeit präsent ist. Die Wahrheit hat also durchaus eine überzeitliche Aktualität – und ein Ziel des Essays besteht darin herauszufinden, was es mit dieser eigentümlichen Präsenz der Wahrheit auf sich hat.

Wer sich über die Wahrheit Gedanken macht, muss das Rad nicht neu erfinden. Philosophen unterschiedlicher Epochen und Denkrichtungen haben maßgeblich zur Erkenntnis der Wahrheit beigetragen. Einige dieser Erkenntnisse sind in den Essay eingeflossen – und ich habe hier und da auch deutlich gemacht, welche philosophischen Meinungen über die Wahrheit ich teile bzw. für falsch halte. Da ein Essay jedoch kein Fachbuch ist, habe ich auf eine lehrbuchmäßige Darstellung der verschiedenen philosophischen Wahrheitstheorien verzichtet.[1] Meine Gedanken orientieren sind eher am durchschnittlichen menschlichen Sachverstand. Es geht mir nicht darum, Originelles über die Wahrheit zu sagen oder eine neuartige Wahrheitstheorie anzupreisen. Ich möchte einfach jene Merkmale der Wahrheit etwas klarer hervorheben, die dem Leser aus dem Alltagsbewusstsein heraus zumindest in vagen Umrissen bekannt sind.

Dieses Verfahren hat aus meiner Sicht den Vorteil, dass es am Bekannten ansetzt, dieses aber zugleich stärker als üblich systematisiert. Das Alltagswissen in Bezug auf die Wahrheit liegt ja nicht in gedanklich scharfer Form vor; es hat weniger den Charakter von Erkenntnissen als vielmehr den von Gefühlen und Ahnungen. Ich halte diesen tendenziell irrationalen Charakter des Alltagsbewusstseins nicht für einen Mangel, der durch philosophische Theorien beseitigt werden muss. Im Gegenteil: Ich denke, dass vernünftige Antworten auf die Wahrheitsfrage gerade aus dem beständigen Halbdunkel menschlichen Alltagslebens heraus zu entwickeln sind. Denn allein hier hat die Wahrheit ihren blei-

---

[1] Wer an einer solchen Darstellung interessiert ist, dem empfehle ich die Textsammlung von Gunnar Skirbekk (Hg.): Wahrheitstheorien. Eine Auswahl aus den Diskussionen des 20. Jahrhunderts, Frankfurt/M. 1997.

benden Ursprung, und auch nur von hier aus gewinnt sie, wie auch immer man sie theoretisch fasst, ihre existenzielle Bedeutung. Der Essay beginnt daher im ersten Teil mit Überlegungen zum Verhältnis von Wahrheit und Alltäglichkeit.

Natürlich ist die Wahrheitsfrage nicht in dem Sinne alltäglich, dass Menschen sie ständig stellen oder mit ihr konfrontiert sind. Explizit kommt die Frage, was Wahrheit ist, im Alltag nur selten vor. Doch obwohl die Wahrheit nicht zu den gängigen Alltagsproblemen zählt, entspringt das gefühlte Wissen von ihr dennoch der Normalität unserer Existenz. Im Alltag *leben* die Menschen ganz praktisch mit der Wirklichkeit der Wahrheit – was sich etwa dort zeigt, wo jemand im zwischenmenschlichen Gespräch etwas Wahres sagt. Zwar hat der Mensch im Alltag, anders der professionelle Philosoph, keine Theorie darüber, was er tut, wenn er die Wahrheit sagt oder anderweitig mit ihr in Berührung kommt. Aber zugleich spricht nichts dagegen, dem menschlichen Alltagswissen in Sachen Wahrheit zu einer möglichst klaren Artikulation seiner selbst zu verhelfen.

Denn wo sonst, wenn nicht im Innern des Alltags, sollte uns die Wahrheit begegnen? Die Vorstellung, dass es im Alltag nur unreife Meinungen, im Bereich philosophischer Theorie dagegen absolut unerschütterliches Wissen über die Wahrheit gibt, ist mit Sicherheit falsch. Einerseits nämlich sind philosophische Wahrheitstheorien in ihren Argumentationen und Resultaten oft dermaßen erfahrungsfern, dass man ihnen beim besten Willen keinen praktischen Erkenntniswert zubilligen kann – ich gehe auf diesen Punkt im vierten Teil des Essays unter dem Stichwort ‚Idole der Wahrheit' näher ein. Andererseits sind auch die Philosophen natürlich ganz normale Bewohner des Alltags: Auch sie bekommen es zunächst ganz praktisch mit der Realität der Wahrheit zu tun, bevor sie aus diesen Erfahrungen heraus über die Wahrheit nachzudenken beginnen.

Die Wahrheit hat ihren Sitz nun einmal nicht im einsamen Geist des Denkenden, Sprechenden und Schreibenden. Man kann von rein theoretischer Warte aus sicherlich vieles über die Wahrheit sagen. Aber letztlich muss man, und zwar vor aller gezielten

Reflexion, die Wahrheit bereits irgendwie erfahren oder erlebt haben, damit das, was man über sie äußert, nicht ins Leere läuft. Da die Grenzlinie des Wissens über die Wahrheit nicht zwischen Experten und Laien verläuft, besteht überhaupt keine Notwendigkeit, philosophische Theorie und Alltagswissen in einer Darstellung der Wahrheit voneinander zu trennen. Ich habe mich in diesem Essay deshalb auch bemüht, beide Perspektiven so eng wie möglich miteinander zu verbinden.

Als jener Bereich, in dem die Wahrheit ihren Ursprung und Sitz hat, ist das normale Leben zumindest einer teilweisen Aufklärung fähig – und das gilt auch für jenes diffuse Wissen über die Wahrheit, welches die Menschen auch ohne philosophische bzw. wahrheitstheoretische Vorkenntnisse besitzen. Es ist ein Irrtum zu meinen, jemand kenne eine Sache nur dann, wenn er über eine Theorie dieser Sache verfügt. Der normale Mensch, so meine Behauptung, kennt die Wahrheit, aber er kennt sie nicht als Theoretiker. Wir alle leben mit der Wahrheit ebenso wie mit Lüge oder Irrtum; nur dass wir eben, im Gegensatz zu professionellen Denkern, nicht unmittelbar erkennen oder klar sagen können, womit genau wir da eigentlich leben. Die Irrationalität des Alltagswissens und die Rationalität der philosophischen Theorie können sich also sehr gut wechselseitig ergänzen: Während der Mensch im Alltag das Phänomen der Wahrheit in seiner unmittelbaren Realität erlebt, gibt ihm das gezielte philosophische Denken Mittel an die Hand, um zu einer rationalen Einsicht in das von ihm Erlebte zu gelangen.

Was ist die Wahrheit? Wer die Frage so stellt, fragt unmittelbar nach dem Wesen der Wahrheit. Tatsächlich steht die Wesensfrage, auf die ich im dritten Teil des Essays eingehe, im Mittelpunkt meiner Überlegungen – und es wird sich zeigen, dass Philosophie und Alltagserfahrung in der Beantwortung dieser Frage zu einem Gutteil übereinstimmen. Zugleich aber hängt die Antwort auf sie von einem Bündel weiterer Probleme ab, die sich, gerade mit Blick auf die Aktualität des Themas, in den Vordergrund drängen. Die aktuellen Schlagworte sind allgemein bekannt: ‚fake news', ‚postfaktisches Zeitalter' usw. Und ein jeder spürt wohl, dass die

Wahrheit ernsthaft in Schwierigkeiten käme, wenn hinter solchen Schlagworten mehr steckte als eine bloß vorübergehende Mode des gegenwärtigen Zeitgeistes.

Die skeptischen Fragen hinsichtlich der Wahrheit liegen auf der Hand, und man begegnet ihnen in heutigen Gesprächen immer wieder: Gibt es die Wahrheit überhaupt? Und selbst wenn ja: Können wir sie denn überhaupt erkennen und in Worte fassen? Ist es nicht eher so, dass mehrere Wahrheiten existieren, ja dass zuletzt sogar jeder Mensch seine Wahrheit hat? Ist das, was gemeinhin ‚Wahrheit' genannt wird, vielleicht wirklich nur Wort – also eine menschliche Erfindung oder Ergebnis gesellschaftlicher Konventionen? Und dann ist da natürlich noch die Frage des Relativisten: Ist das Wahre, sofern es existiert, tatsächlich über die Orte und Zeiten hinweg identisch, oder ist es nur gültig in Bezug auf bestimmte Epochen, Kulturen, Weltanschauungen, ja letztlich sogar relativ auf individuelle Personen und deren jeweiligen Wissensstand?

Fragen wie diese dürfen aus mindestens zwei Gründen nicht übersprungen werden. Erstens drängen sie sich uns, gerade im konkreten Lebensalltag, viel unmittelbarer auf als die Wesensfrage („Was ist die Wahrheit?"), die in ihrer Grundsätzlichkeit demgegenüber eher akademisch wirkt. Zweitens ist offensichtlich, dass die Frage nach dem Wesen der Wahrheit im Grunde ohnehin hinfällig wird, wenn sich die verschiedenen Formen der Wahrheitsskepsis als zutreffend erweisen. Es ist kaum zu übersehen, dass die alltäglichen Meinungen, die über die Wahrheit ausgetauscht werden, den gesamten Spielraum zwischen Skepsis und Gewissheit ausfüllen; das Alltagsbewusstsein weist diesbezüglich eine merkwürdige Ambivalenz auf, über die im zweiten Teil des Essays noch einiges zu sagen sein wird. Andererseits haben Meinungen eben doch die Eigenschaft, wahr oder falsch zu sein. Und deshalb wird sich schließlich von selbst zeigen, welche der vielen unterschiedlichen Meinungen über die Wahrheit ihrerseits die Probe auf die Wahrheit bestehen.

Ich mache kein Geheimnis daraus, dass ich in Bezug auf die oben angedeuteten skeptischen Fragen eindeutig parteiisch bin.

Alles andere wäre ja auch merkwürdig: Denn wer schreibt schon ein Sachbuch zu einer Sache, von der er meint, dass es sie gar nicht gibt (oder dass sich darüber eigentlich gar nichts sagen lässt)! Was die Wahrheit angeht, bin ich durch mein Nachdenken als Philosoph, aber zugleich aufgrund alltäglicher Erfahrungen zu einer klaren Position gekommen; und diese drückt sich bereits in dem Satz aus, der den Essay eröffnet: „Nichts von alldem, was ich bislang gelesen oder gehört habe, kann mich jemals irre machen: Natürlich gibt es die Wahrheit!"

Das ist zwar nur eine pauschale These, oder eben eine Meinung unter vielen anderen. Im Essay habe ich jedoch versucht, diese These so allgemein verständlich wie möglich zu begründen. Ich möchte in diesem Buch also aufzeigen, dass es die Wahrheit gibt – und ich werde außerdem darlegen, welches ihre wesentlichen Merkmale sind. Es ist klar, dass ich auf dem Weg zu diesem Ziel die skeptischen Zweifel an der Wahrheit nach und nach zerstreuen muss. Und genau das habe ich in diesem Essay versucht.

Marburg, Juni 2017
Thomas Rolf

I.
Alltäglichkeit und Wahrheit

Nichts von alldem, was ich bislang gehört oder gelesen habe, kann mich jemals irre machen: Natürlich gibt es die Wahrheit! Ich verstehe einfach nicht, wie ein Mensch ernsthaft daran zweifeln kann. Und noch weniger verstehe ich, warum irgendjemand daran zweifeln sollte.

Aber zweifelt denn wirklich jemand daran? Glauben kann ich das nicht. Doch um ehrlich zu sein: Ich weiß es nicht. Jedenfalls fällt mir auf, dass manche Menschen sich irgendwie unwissend stellen, wenn das Gespräch auf die Wahrheit kommt. Sie tun dann oft so, als wüssten sie gar nicht, worum es geht. Oder sie winken müde ab, als wollten sie sagen: „Was bitte schön soll das sein, die Wahrheit!".

Ich finde dieses Verhalten merkwürdig. Aber ich habe bislang nicht herausfinden können, warum manche Menschen so reagieren. Gibt es vielleicht tatsächlich eine Art Angst vor der Wahrheit, wie man heute gelegentlich hört?[2] Doch wovor genau hat man da eigentlich Angst? Ich bin kein Psychologe, aber eins scheint mir sicher: Wenn es eine solche Angst gibt, so beweist gerade jemand, der sie hat, dass er auf irgendeine Weise mit der Wahrheit vertraut ist. Denn wie könnte er Angst vor etwas haben, das ihm gänzlich unbekannt ist?

Und doch ist da diese seltsame Haltung des Nichtwissens, die ich immer wieder registriere, und die ich nur als bewusstes sich dumm Stellen deuten kann. Wer weiß: Vielleicht hat diese Haltung ja mit jener Idee von Freiheit zu tun, auf die sich die Men-

[2] Vgl. etwa den Titel des Buches von Paul Boghossian: Angst vor der Wahrheit. Ein Plädoyer gegen Relativismus und Konstruktivismus, Frankfurt/M. 2013. Boghossian verwendet den Begriff der Angst nicht wörtlich, sondern metaphorisch – und zwar bezogen auf Theoretiker, die aus seiner Sicht die Natur der Wahrheit verkennen. Im Alltag dagegen reden wir eher buchstäblich von einer Angst vor der Wahrheit: etwa dann, wenn jemand fürchtet, entdeckt oder entlarvt zu werden. Dass es über diese Befürchtung hinaus jedoch eine Angst gibt, die sich auf die *Erkenntnis* der Wahrheit bezieht, erscheint mir höchst fraglich: Warum sollte die rein theoretische Einsicht in das Wesen der Wahrheit einem Menschen Angst bereiten?

schen gerade heutzutage berufen, wenn sie ihr Recht auf freie Meinungsäußerung einfordern. Diese Freiheit, die durch Gesetze gewährt und in ihrem Umfang wiederum durch Gesetze eingeschränkt wird, erstreckt sich auf ganz verschiedene Meinungsinhalte. Natürlich ist auch die Wahrheit von der Freiheit, irgendetwas über sie zu meinen und zu äußern, nicht ausgenommen – und so besteht die Vielfalt von Meinungen darüber, was die Wahrheit ist, vielleicht schon allein deshalb, weil es erlaubt ist, darüber etwas zu meinen. Gerade dies könnte aber andererseits auch ein Grund dafür sein, dass jemand unsicher ist, ob er mit seiner persönlichen Meinung richtig liegt.

Einige Menschen scheinen diesbezüglich dermaßen verunsichert zu sein, dass sie noch nicht einmal zu sagen wüssten, ob es die Wahrheit *überhaupt* gibt. Das ist der Punkt, an dem ich in den Diskussionen die Segel streiche; jedenfalls in ernsthaften Sachdiskussionen. Wenn in solchen Diskussionen, die von der Wahrheit doch geradezu getragen werden, die Existenz der Wahrheit bestritten wird: Wie kann man dann eigentlich noch weiterdiskutieren? Natürlich müssen solche Gespräche die Wahrheit nicht zum Thema haben. Aber sie werden im Grunde vollkommen sinnlos, wenn die Diskutanten der Meinung sind, dass es in der Sache, über die gesprochen wird, die Wahrheit sowieso nicht gibt.

Es sei dahingestellt, ob ein Zusammenhang zwischen persönlicher Meinung und persönlicher Unsicherheit tatsächlich besteht. Klar ist, dass aus der gesetzlich gewährten Freiheit der Meinungsäußerung nicht zwangsläufig eine Vielzahl unterschiedlicher Meinungen zu irgendeinem Thema resultieren muss – man kann sich ja durchaus auch einig sein[3]. Klar ist auch, dass sich ein Mei-

---

[3] Natürlich ist Einigkeit, Übereinstimmung oder Konsens, wie wir noch sehen werden (s.u. IV, 14), kein Kriterium der Wahrheit: Denn Menschen können in Bezug auf eine Sache miteinander übereinstimmen, ohne dass das, was sie meinen, der Wirklichkeit entspricht. Weder Konsens noch Dissenz bieten eine sichere Gewähr dafür, dass einzelne oder kollektiv geteilte Meinungen wahr sind. Man ist also in Sachen der Wahrheit keineswegs auf der sicheren Seite, wenn man sich einer bestimmten Meinungsmehrheit anschließt. Das mag zwar beruhigend wirken, bedeutet aber nicht zwangsläufig einen Bezug zur Wahrheit.

nungsgegenstand nicht dadurch vervielfältigt, dass es eine Vielzahl von Meinungsinhabern gibt. Wer das behauptet, für den liegt alles im sprichwörtlichen Auge des Betrachters. Und da es stets mehrere Betrachter gibt, muss sich für jemanden, der so argumentiert, auch die Wahrheit in eine Vielzahl von Meinungen zerstäuben. Die Vorstellung, dass es so sein könnte, ist tatsächlich ein wenig beängstigend. Zumindest nährt sie die Zweifel an der Wahrheit erheblich. Aber keine Angst, so ist es nicht. Es handelt sich, wie wir im Folgenden sehen werden, nur um eine Vorstellung – und vorgestellte oder gemeinte Realität ist nicht identisch mit der Realität als solcher. Die Vorstellung oder Aussage, dass es regnet, macht niemanden nass; Regen selbst hingegen schon.

Dass in Sachen Wahrheit jeder Mensch *seine* Auffassung hat, ist im Übrigen trivial: Wessen Meinung soll er auch sonst haben! Das gilt für jede Meinung, die jemand hat. Immer ist *er selbst* derjenige, der ‚seine' Meinung vertritt. Aus dieser Tatsache folgt allerdings nichts, was für die Wahrheitsfrage von besonderer Bedeutung wäre. Vor allem sagt es nichts über die Anzahl der Inhalte, die in den diversen persönlichen Meinungen kursieren. Man muss also klar unterscheiden zwischen dem Vertreten einer Meinung einerseits und dem Inhalt der Meinung, die jemand vertritt, andererseits. Fast alle Streitigkeiten über das Thema ‚Meinungsfreiheit' beruhen darauf, dass man diese beiden Aspekte des Meinens, also Äußerung und Inhalt, gedanklich nicht auseinanderhält.

So vergisst man etwa häufig, dass sich die Meinungsfreiheit unmittelbar nur auf das Äußern einer Meinung bezieht, nicht dagegen auf deren Inhalt. Manche Meinungsinhalte darf man von Rechts wegen nicht äußern, dies ist durch Gesetze geregelt. Andere Inhalte wiederum darf man rechtlich gesehen zwar äußern, aber man kann sie, sofern man bei klarem Verstand ist, gar nicht ‚ernsthaft meinen'. Es gibt Leute, die der Auffassung sind, dass es außerhalb von Märchen und Sagen Gespenster gibt. Sie sind natürlich vollkommen frei, dies zu meinen und frei zu äußern. Aber was sie da meinen, steht im Gegensatz zu dem, was der Fall ist, und was somit ernsthaft oder sinnvollerweise gemeint werden kann. Solche Meinungsinhalte sind nicht rechtlich verboten, doch verbieten sie sich gewissermaßen von selbst; da sie schlicht auf nichts zutreffen, gehen sie sozusagen ins Leere. Dass sie dennoch gemeint werden können, liegt einfach daran, dass das Äußern von Unzutreffendem oder auch von Unsinn weder rechtlich verboten noch praktisch unmöglich ist. Es gibt, von den einschlägigen Bestimmungen geltenden Rechts (etwa in Bezug auf Falschaussagen) abgesehen, kein Gesetz, das es den Menschen unmöglich macht, Falsches oder Unsinniges zu meinen und zu äußern. Gerade deswegen ist das heutige Leben ja auch so bunt an Meinungsinhalten. Jeder kann im Rahmen der Legalität meinen, was er will, und sei das Gemeinte auch noch so merkwürdig oder geradezu evident widersinnig.

Wie gesagt: Es ist nur eine Vermutung, dass der Zweifel an der Wahrheit irgendwie mit der Idee des Rechts auf freie Meinungsäußerung zusammenhängt. Vielleicht haben einige Menschen das Gefühl, ihre Freiheit sei gefährdet, wenn es die Wahrheit gibt – was dann allerdings darauf hindeutet, dass sie ein einigermaßen klar umrissenes Bild von der Wahrheit haben. Sei es, wie es sei: Ich möchte meine Gedanken über die Wahrheit nicht gleich zu Beginn mit zu vielen Vermutungen belasten. Ich lasse es daher dahingestellt, ob es wirklich eine Angst vor der Wahrheit ist, die – vor allem bei freiheitsliebenden Menschen – zu Zweifeln an der Wahrheit führt.

Dass die Wahrheit auf eine noch näher zu bestimmende Weise für Verbindlichkeit sorgt, ahnt wohl jeder. Doch anstatt darüber zu spekulieren, welche Ängste mit dieser Ahnung verbunden sind, zitiere ich einen Satz des griechischen Philosophen Aristoteles (384-322): „Nicht darum, weil unsere Meinung, du seist weiß, wahr ist, bist du weiß, sondern darum, weil du weiß bist, sagen wir die Wahrheit, indem wir dies behaupten“[4]. Meinen, so möchte Aristoteles sagen, kann man vieles; ja letztlich kann sogar jeder Mensch meinen, was er will. Andererseits ist die Freiheit des

[4] Aristoteles: Metaphysik, übersetzt von Hermann Bonitz, Reinbek bei Hamburg [4]2005, 250.

Meinens doch dadurch begrenzt, dass die Wirklichkeit so ist wie sie ist: Und eine Meinung kann an diesem Sosein der Realität nichts ändern. Natürlich kann man die Wirklichkeit durch Meinungen richtig oder falsch wiedergeben, aber man kann sie durch Meinungsäußerungen nicht manipulieren. Und erst recht nicht wird etwas dadurch, dass man zu ihm eine Meinung hat, zu dem, was es ist. Meinungen beziehen sich auf Sachen, aber die Sachen selbst sind ihrerseits keine Meinungen.

Welche Meinung inhaltlich wahr ist, liegt also nicht im Belieben der Meinenden. Vielmehr gilt, dass das Wahrsein eines Meinungsinhalts daran hängt, wie die Wirklichkeit beschaffen ist; und diese wiederum ist als solche nicht auf ein menschliches Meinen angewiesen. Es mag sein, dass gerade moderne Menschen vor dieser Einschränkung ihrer Meinungen seitens der Realität Angst haben – dass sie also davor zurückschrecken, sich im Reden und Denken auf die Wirklichkeit, wie sie nun einmal ist, einzulassen. Doch, wie gesagt, ich möchte diesbezüglich nichts mutmaßen und auch keine sozialpsychologischen Spekulationen anstellen.

2. Instinkt und Expertise

Ebensowenig wie Vermutungen möchte ich weit verbreitete Wertvorstellungen über die Wahrheit zum Ausgangspunkt meiner Gedanken machen. Zwar halten viele Menschen die Wahrheit für etwas derart Erhabenes und Bedeutsames, dass sämtliche Versuche, allgemeine Aussagen über sie zu machen, aus ihrer Sicht mit großen Schwierigkeiten verbunden sind. Man muss jedoch das Vorurteil der Erhabenheit der Wahrheit so lange nicht teilen, bis man diese Eigenschaft am Phänomen der Wahrheit tatsächlich festgestellt hat. Und das ist eben nur durch eine gezielte Untersuchung der Wahrheit möglich, nicht dagegen durch ein blindes Vertrauen auf die Richtigkeit von Vorurteilen.

Vorurteile sind Urteile, die man hat, ohne selbst über die jeweiligen Urteilsinhalte nachgedacht zu haben. Zwar sind Vorurteile nicht notwendig falsch oder irreführend, und lebenspraktisch kann man auf sie auch kaum verzichten. Aber sie sind eben nicht der persönlichen Einsicht entsprungen, sondern werden, gleichsam als fest verschnürte Meinungspakete, von anderer Seite her übernommen – und zwar ganz unabhängig davon, ob sie wahr sind oder nicht. Was die Wahrheit angeht, werden wir einige solche Vorurteile im Laufe dieses Essays näher kennenlernen. Es wird sich zeigen, ob sie jeweils berechtigt sind oder nicht.

Was die Idee der Erhabenheit der Wahrheit betrifft, so sind die Philosophen der verschiedenen Zeiten an der Kristallisation dieses Vorurteils nicht ganz unbeteiligt gewesen. Viele von ihnen haben sich in einer Weise über die Wahrheit geäußert, die auf beachtliche Probleme bei ihrem Verständnis hindeutet; und dies ganz abgesehen davon, dass auch die entsprechenden Texte dieser Philosophen nicht immer leicht zu verstehen sind. Es ist immerhin denkbar, dass professionelle Wahrheitstheoretiker von Schwierigkeiten berichten, die außerhalb ihrer Theorien und Ideen nicht existieren. Natürlich ist die Philosophie von Hause aus eine Art Expertin in Sachen Wahrheit: Welche andere Wissenschaft sollte es auch sein, die sich unmittelbar mit der Wahrheit und ihren Merkmalen beschäftigt? Aber es könnte sein, dass eine zu tief greifende Expertise den Horizont der Fachleute verengt. Man kann nämlich durch ein Zuviel an Theorie die Phänomene, auf die die Theorie sich eigentlich beziehen soll, auch aus den Augen verlieren.

Wo dies geschieht, spricht man von Fachidiotie. Gerade in einer Zeit, in der die Probleme sowie die Ansprüche an deren erwünschte Lösung komplex sind, erscheint diese häufig unvermeidbar. Es kann vorkommen, dass der Kenner oder Entwickler komplexer Theorien und Lösungswege seinerseits an den Problemen, die es eigentlich zu lösen gilt, aktiv mitstrickt. Die Philosophie jedenfalls hat, auch hinsichtlich ihrer diversen Wahrheitstheorien, ein hohes Maß an Kompliziertheit erreicht. Das schlichte Gefühl für die Wahrheit, das die Menschen im täglichen Leben begleitet, ist in diesen Theorien nicht ganz verdrängt. Aber es ist doch weit in den Hintergrund gerückt. Dass einige ‚Wahrheitsprobleme' theoretisch hausgemacht, also erst durch intensives

Theoretisieren entstanden sind, ist nicht grundsätzlich auszuschließen. Dies lässt sich aber erneut nur herausfinden, wenn man das Phänomen der Wahrheit möglichst direkt untersucht. Man wird philosophischen Theorien jedenfalls nicht per se eine größere Autorität einräumen dürfen als der eigenen Intuition. Und man wird spätestens dann skeptisch sein dürfen, wenn die Theorien etwas behaupten, was den eigenen Intuitionen massiv zuwiderläuft.

Im Grunde ist bereits die Idee, es könne Experten in Sachen Wahrheit geben, mit Vorsicht zu genießen. Zumindest ist nicht unmittelbar einzusehen, warum man bei Fragen der Wahrheit eigentlich auf irgendwelche belehrenden Instanzen hören sollte. Dass es Lehrer oder Experten für bestimmte Wirklichkeitsbereiche gibt, ist zweifelsohne richtig. Aber die Wahrheit ist kein Erfahrungsgegenstand, auf den man sich so spezialisieren kann wie etwa auf Antike oder Neuere Geschichte, Computersysteme, Landschaftsgärtnerei oder Automotoren. Kann die Wahrheit für philosophische Experten denn etwas anderes sein als für die entsprechenden Laien? Ich denke nein. Philosophen können sicherlich besser erklären, was die Wahrheit ist. Aber zu meinen, die Wahrheit als solche sei für Theoretiker etwas anderes ist als für andere Menschen, das widerspricht eindeutig unserem normalen Wahrheitsgefühl.

Wenn professionelle Denker den fachlich Uneingeweihten darlegen, was es mit der Wahrheit auf sich hat, dann ist das so ähnlich wie wenn ein Mechaniker einer Person ohne technische Kenntnisse einen Automotor erklärt. Die jeweiligen Experten verfügen über Sachwissen, und die Wahrheit ist ebenso eine erklärbare Sache wie ein Automotor (wenngleich sicherlich eine weniger greifbare und offensichtliche Sache). Der Punkt ist der, dass jemand, dem irgendeine Sache erklärt wird, nicht vollständig ahnungslos ist; wäre er es, so würde er nichts von dem verstehen, was ihm erklärt wird. Absolutes Nichtverstehen oder völlige Unkenntnis gibt es gar nicht, denn dies würde voraussetzen, dass der menschliche Geist eine unbeschriebene Tafel ist – und das ist er, vom geburtlichen Beginn der individuellen Existenz an, nie und nimmer. Machen Sie selbst die Probe, und fragen Sie sich: „Welche Sache verstehe ich absolut nicht, welche Sache ist mir total unbekannt?“ Wenn Sie eine beliebige Sache finden, dann wissen Sie immerhin schon, dass es diese Sache irgendwie gibt und dass es sich um eine Sache handelt; und Sie wissen bestimmt auch, in welchem Zusammenhang Ihnen diese Sache trotz all ihrer vermeintlichen Unvertrautheit begegnet ist (oder begegnen könnte). Ihr vermeintlich absolutes Nichtwissen hat also immer schon angefangen aufzuhören. Oder genauer, es hat gar nicht wirklich bestanden, es war letztlich nichts weiter als eine reine Idee.

Absolut keine Ahnung von etwas haben: Das gibt es nicht. Man kann zwar sagen, man habe absolut keine Ahnung von etwas, aber wörtlich genommen stimmt es nicht. Man weiß immer schon irgendetwas über die Dinge, und sei es auch nur im Sinne eines instinktiven Spürens, Fühlens oder eben Ahnens. Ohne jedes Vorwissen wäre es unmöglich, dass einem Kenner irgendeine Sache genauer erklären. Es ist aber möglich, und zwar im Falle von Automotoren genauso wie im Falle der Wahrheit. Letztlich haben auch die Kenner mit ihrem Wissen oder ihrem Können nicht bei null angefangen; so etwas wie eine Anlage, ein Talent, ein Interesse war auch bei ihnen vor aller Übung, die schließlich den Meister gemacht hat, da. Natürlich bringt die Erfahrung nach und nach einen inhaltlichen Zuwachs an Kenntnissen und Fertigkeiten. Aber man darf sich keinen rohen oder punktuellen Anfangszustand des Lernens und Bildens vorstellen, in dem zunächst ‚nichts‘ da ist, während dann in einem zweiten Schritt ‚alles‘ hinzukäme. Für das Verstehen gilt das gleiche wie für das Handeln: Einen Sprung von ‚nichts‘ zu ‚etwas‘ gibt es nicht. Zumindest kann weder unsere Sinnlichkeit noch unser Verstand einen solchen radikalen Übergang erleben oder denken.

Der Begriff des Instinkts drückt dieses immer schon ansatzweise Dasein von Wissen und Können sehr schön aus; denn der Instinkt ist ja dasjenige, was Lebewesen auch dann relativ sicher leitet, wenn ihnen – wie im normalen Leben – keine klaren Leitvorstellungen und keine formulierten Handlungsregeln zur Verfügung stehen. Tiere haben in diesem Sinne ‚keinen Plan‘, sie verhalten sich, und zwar selbst noch dort, wo sie dem Anschein nach lernen, gemäß instinktiver Leitfäden. Und was das Instinktive beim Menschen angeht, so bin ich keineswegs der Meinung, dass wir im Gegensatz zu den Tieren instinktschwache Lebewesen sind. Ich halte es in diesem Punkt mit dem Philosophen Richard Müller-Freienfels (1882-1849), der schreibt: „Der Mensch hat sogar mehr Instinkte als das Tier; sie ragen hinein in sein Verstandesleben, wenn sie auch vielfach durchkreuzt und unsicher gemacht werden“[5]. Natürlich haben die Menschen die Welt nach und nach immer mehr rationalisiert und sich selbst immer sublimer kultiviert. Doch das heißt nicht, dass sie jemals zur Gänze rationalisiert oder kultiviert sein werden. Instinktives Fühlen, Ahnen oder auch Wittern sind Eigenschaften, die bei den Menschen trotz aller Rationalisierung und Kultivierung nicht einfach ‚verschwinden‘ können. Da ist etwa der Instinkt des Politikers für die passende Gelegenheit des Handelns, der sichere Torinstinkt des Stürmers beim Fußball oder auch einfach der richtige Riecher des Alltagsmenschen (z.B. für das rechte Wort zur rechten Zeit). Und selbst über ein scheinbar so entlegenes Phänomen wie die Wahrheit weiß der Mensch vieles auf eher instinktive Weise, also lange bevor das eigentliche Begreifen und geistige Durchdringen des Wahrheitsphänomens einsetzt. Der entsprechende Instinkt ist freilich auch irritierbar: In diesem Fall hält ein Mensch etwas für die Wahrheit, was auf sie gar nicht zutrifft.

Ich möchte es so ausdrücken: Ich habe das sichere Gefühl, dass viele Menschen ein sicheres Gefühl dafür haben, was die Wahrheit ist. Natürlich behaupte ich nicht, dass die Wahrheit für alle Menschen dermaßen transparent ist, dass sie darüber akademische Reden halten könnten. Ich meine aber, dass ein Gespür dafür, was die Wahrheit im Wesentlichen ausmacht, bei vielen Menschen da ist. Natürlich können die Philosophen den Nicht-Philosophen helfen, ihr instinktives Vorwissen gedanklich zu präzisieren. Aber auch Philosophen können ihr professionelles Wissen über die

---

[5] Richard Müller-Freienfels: Irrationalismus. Umrisse einer Erkenntnislehre, Leipzig 1922, 158.

Wahrheit nur dadurch schärfen, dass sie aus dem Bereich des zunächst instinktiv Erlebten schöpfen: Schließlich können sie die Wahrheit nicht erfinden, und sie können auch nicht darauf warten, dass sie ihnen von einem ideellen Himmel, gleichsam wie aus dem Nichts, zufällt. Die normalen Quellen des Wissens über die Wahrheit sind der Instinkt und die Alltagserfahrung. Und philosophische Wahrheitstheorien sind im Grunde das Ergebnis einer besonders intensiven geistigen Auseinandersetzung mit dem, was viele Menschen auch ohne Theorien ahnungsweise wissen.

Die Tatsache, dass ein solches alltägliches Vorwissen besteht, deutet darauf hin, dass die Wahrheit nicht ganz so geheimnisvoll ist, wie öfter behauptet wird. Ich erlaube mir daher im Folgenden bewusst den Gedanken, dass die Wahrheit weder ein unlösbares Problem darstellt noch eine Aura des Erhabenen besitzt. Auf diese Weise distanziere ich mich von zahlreichen Geschichten oder auch Dogmen, die sich im Laufe der Ideengeschichte um die Wahrheit herum gebildet haben. Ich wende mich stattdessen jenen Merkmalen der Wahrheit zu, die mir, wie instinktiv und diffus sie auch immer sein mögen, als allgemein bekannt sowie als gut fasslich erscheinen.

Damit ist auch gesagt, dass meine Gedanken über die Wahrheit nicht im strengen Sinne auf eine Theorie hinauslaufen. Theorien, die etwas Bestimmtes erklären wollen, müssen das, was sie erklären wollen, zunächst stets wie eine Art Rätsel erscheinen lassen. Sie müssen Dinge, die den meisten Menschen vor aller Theorie in groben Zügen vertraut sind, zu etwas Unbekanntem verklären, damit sie sie nachfolgend aufklären können. Es würde an dieser Stelle zu weit führen nachzuweisen, dass dies bei Theorien tatsächlich immer so ist; dass sich also Theoretiker gegenüber demjenigen Ausschnitt der Wirklichkeit, den sie erforschen möchten, sozusagen dümmer stellen als sie tatsächlich sind[6]. Philosophische Wahrheitstheoretiker machen hierbei keine Ausnahme. Auch sie stellen ihren Gegenstand oft als etwas ursprünglich Unbekanntes

---

[6] Der Nachweis dieses Phänomens findet sich bei Maurice Merleau-Ponty: Das Sichtbare und das Unsichtbare, übersetzt von Regula Giuliani und Bernhard Waldenfels, München ^{2}1994, 31ff.

und Fremdes dar, um dann das Licht philosophischer Aufklärung umso heller leuchten zu lassen.

Dieses Vorgehen, das keineswegs zynisch oder gar betrügerisch sein muss, hat dann seine Berechtigung, wenn es das theoretische Denken zur Aufklärung des vortheoretischen Wahrheitsgefühls einsetzt. Ich selbst möchte einen solchen Ansatz in diesem Essay aber bewusst vermeiden. Ich möchte in den folgenden Abschnitten weder eine Theorie der Wahrheit präsentieren noch auf wissenschaftliche Distanz zur Wahrheit gehen. Für mich ist die Wahrheit weniger ein Rätsel oder ein Problem, als vielmehr eine Gegebenheit – eben ein *Phänomen*, und noch dazu eines, das aus dem normalen Alltagsleben heraus in Umrissen vertraut ist. Mit dem Wort ‚Phänomen' meine ich hier erneut keinen Fachbegriff (was man ja vermuten könnte, wenn man an die philosophische Strömung der Phänomenologie denkt). Ich meine damit einfach, dass die Wahrheit im Leben der Menschen da ist und eine ganz praktische Rolle spielt. In dieser grundlegenden Vertrautheit der Wahrheit einer elementaren menschlichen Lebensfunktion liegt aus meiner Sicht die Normalität der Wahrheit.

Was die Wahrheit ist, und warum sie ein normales Phänomen darstellt: Das ist damit natürlich noch nicht gesagt. Aber noch stehen wir ja ganz am Anfang, und die folgenden Gedanken werden diese Fragen nach und nach zu beantworten suchen.

3. Die Wahrheit sagen: Ein Beispiel

Beginnen wir mit einem einfachen Beispiel, auf das ich im Laufe des Essays immer wieder zurückkommen werde. Angenommen, ein Mann kommt spät am Abend von einer Feier bei seinem Freund nach Hause, und seine Frau fragt ihn: „Wo warst Du?". Auf diese Frage kann der Mann antworten: „Ich war auf Dieters Feier!". Es mag banal klingen, aber es ist so: Indem der Mann dies sagt, sagt er die Wahrheit; und jeder Leser, so denke ich, kann das ohne Probleme zugeben. Wir haben es hier mit einem ebenso schlichten wie klassischen Fall von die-Wahrheit-Sagen zu tun –

ein Fall, der zudem nicht ausgedacht ist, sondern direkt aus dem Leben gegriffen ist. Natürlich sind nicht alle Beispiele für das Sagen der Wahrheit so einfach wie dieses Beispiel. Das Beispiel reicht aber dennoch aus, um einerseits radikale Zweifel an der Wahrheit auszuschließen, und um andererseits das Prinzip des die-Wahrheit-Sagens zu verdeutlichen.

Das Beispiel macht vor allem eins deutlich: Bestimmte Antworten auf bestimmte Fragen – etwa auf die Frage danach, wo man gewesen ist – können unmittelbar als ein *Sagen* der Wahrheit identifiziert werden. Dass die Frau von ihrem Mann wahrheitsgemäß über dessen Aufenthaltsort unterrichtet wird, bedeutet, dass der Mann wirklich oder tatsächlich an dem Ort war, von dem er *sagt*, dass er dort gewesen ist: Im Laufe des Essay wird sich zeigen, dass die Wahrheit stets etwas mit dem Verhältnis zwischen etwas Wirklichem und dem, was jemand über dieses Wirkliche sagt oder denkt, zu tun hat. Das Prinzip ist denkbar einfach, so kompliziert oder komplex die Inhalte, um die es jeweils geht, auch sein mögen.

Bei unserem Beispiel fällt auf, dass die Antwort des Mannes recht knapp ausfällt. Es fällt dem Mann nicht im Traum ein, jede einzelne Stelle der Wohnung, an der er sich während des Besuchs bei seinem Freund aufgehalten hat, zu erwähnen. Er antwortet er auf die Frage nicht mit einer exakten Wiedergabe aller Raumpositionen, die er im Laufe des Abends eingenommen hat, sondern mit einer groben, aber eben durchaus zutreffenden Andeutung, die das Ganze seines Aufenthaltsortes treffend bezeichnet: „Ich war auf Dieters Feier!“. Man kann das Sagen der Wahrheit also entweder detailreich gestalten, indem man viele Einzelheiten der fraglichen Situation wiedergibt – so wie man es etwa als Zeuge bei einer Gerichtsverhandlung tut. Oder aber man deutet, wie der Mann im Beispielfall es tut, nur ein einziges aber prägnantes bzw. wesentliches Rahmendatum an, das die gesamte Situation überblickhaft repräsentiert.

Dabei gilt es zu beachten, dass die eher grobe oder großzügige Wiedergabe eines Geschehens nicht ‚weniger‘ wahr ist als eine entsprechende Detailschilderung. Der Unterschied liegt allein im mehr oder minder großen Inhaltsreichtum der jeweiligen Aussage. Für das Sagen der Wahrheit kommt es, wie wir noch sehen werden, nicht in erster Linie auf die Menge oder die Differenziertheit der Informationen über das Wirkliche an. Wesentlich ist, dass das jeweils Gesagte oder allgemein das Dargestellte auf das Wirkliche zutrifft. Die von einem Kind angefertigte Strichzeichnung eines Menschen ist zwar inhaltlich viel weniger differenziert als die Darstellung in einem Anatomielehrbuch. Aber da es sich in beiden Fällen um die Darstellung eines Menschen handelt, wird man in beiden Fällen auf die Frage „Was ist das?" wahrheitsgemäß das gleiche antworten: „Ein Mensch" – oder eben, in reflektierter Fassung: „Ein Bild von einem Menschen".

Wohl jeder dürfte ohne großes Nachdenken verstehen, was es heißt, in diesem Sinne die Wahrheit zu sagen. Es passiert im Alltag sehr häufig, dass jemand die Wahrheit sagt, und daran ist nichts rätselhaft oder geheimnisvoll. Das generelle Schema ist immer identisch: Jemand war irgendwo, und dann wird er gefragt, wo er war. Und dann sagt er, wo er war – das ist es auch schon. Jeder hat so etwas schon oft erlebt, sei es als Fragender, sei es als Antwortender. Denn es geschieht sehr häufig, dass man gefragt wird und dann die Wahrheit sagt. Ich will damit natürlich nicht behaupten, dass sich die menschliche Kommunikation in einem nüchternen Austausch von Informationen erschöpft. Der Reichtum der gesprochenen Sprache und ihrer Funktionen ist enorm, und vieles, was Menschen sagen, hat mit der Wahrheit unmittelbar gar nichts zu tun. (Ich komme auf diesen Punkt später noch zurück.) Fest steht aber, dass sich das Sagen der Wahrheit auch dann relativ klar identifizieren lässt, wenn das Meiste von dem, was Menschen im Rahmen der alltäglichen Kommunikation tun, unmittelbar gar nichts mit einem direkten Aussagen der Wahrheit (oder auch der Unwahrheit) zu tun hat.

Um die besondere Art, wie das Sagen der Wahrheit im Alltag eingebettet ist, noch deutlicher zu machen, betrachten wir ein weiteres Beispiel. Jemand hat sich ein neues Auto gekauft, einen blauen Citroen C1. Nun ruft er einen Bekannten an und erzählt ihm nach einigem Hin und Her: „Ach übrigens, Walter, ich habe mir vorgestern einen neuen Wagen gekauft!". „Sag' bloß! Na dann Glückwunsch! Was denn für einen?". „Den neuen C1; als Cabrio und in dunkelblau!". „Ach ja! Und wo hast Du den gekauft?". Dann erzählt der Anrufer, wo er den Wagen gekauft hat, wie teuer er war, was mit dem alten Wagen passiert und vieles andere mehr. Ein ganz alltägliches Gespräch, ein Gespräch wie tausend andere auch. Aber, und darauf kommt es mir an: Es ist eben ein Gespräch, in dem mehrere Male die Wahrheit gesagt wird, ohne dass die Sprechenden darauf achten oder sich irgendwie theoretisch daran stoßen.

Dass der Ausdruck ‚die Wahrheit sagen', wenn man ihn näher beleuchtet, nicht ganz unproblematisch ist, wird sich noch zeigen. Hier geht es mir zunächst nur darum festzuhalten, dass das Phänomen selbst – also die Tatsache, dass Gespräche dieser Art im Alltag häufig stattfinden – unbestreitbar ist. Und da das Sagen der Wahrheit oft ein Aspekt solcher Gespräche ist, ist auch das Vorkommen der Wahrheit im Alltag nicht weiter problematisch oder diskutabel. Die Wahrheit ist in solchen Gesprächen wie selbstverständlich anwesend, ohne dass das Licht unserer Aufmerksamkeit auf sie fällt. Sie ist im Alltag ebenso hintergründig und unbemerkt da wie etwa die Atmung oder der Boden unter unseren Füßen. Und gerade weil wir normalerweise nicht bemerken, dass wir atmen, fest auf dem Boden stehen oder die Wahrheit sagen, kommt es ihnen auch nicht in den Sinn, diese Phänomene anzuzweifeln. Wie soll man etwas auch bezweifeln, dessen Dasein einem gar nicht ausdrücklich vor Augen steht?

Wer gegen diese Überlegung einwendet, sie sei im Grunde höchst trivial, dem würde ich entgegnen: Ganz richtig, das Sagen der Wahrheit ist trivial! Aber das bedeutet im Grunde nur, dass die Wahrheit, was ihr pures Vorkommen und Dasein im Lebensalltag angeht, eben viel einfacher beschaffen ist als wir, von Vorurteilen über die Geheimnisnatur der Wahrheit geleitet, denken. Überhaupt wird der Essay den Leser des Öfteren mit Sachverhalten konfrontieren, die letztlich selbstverständlich erscheinen. Aus meiner Sicht sollte man diese Selbstverständlichkeit gerade nicht als ein Problem ansehen, sondern darin einen unmittelbaren

Hinweis auf die Phänomenalität der Wahrheit sehen. Ob das, was auf den ersten Blick so trivial erscheint, dann auch wirklich trivial *ist*, muss sich ohnehin noch zeigen.

Zurück zum Beispiel des Ehepaares. Wenn der Mann von seiner Frau gefragt wird, wo er gewesen ist, dann muss er auf diese Frage natürlich nicht antworten. Er kann auch schweigend in sein Zimmer gehen, mit einer Lüge antworten oder anfangen, von ganz anderen Dingen zu reden. Es besteht für ihn also grundsätzlich kein Zwang, die Wahrheit zu sagen. Wenn er auf die Frage seiner Frau aber den Ort angibt, an dem er war, dann sagt er die Wahrheit. Gleiches würde gelten, wenn er seiner Frau unaufgefordert erzählen würde, wo er am Abend war – wenn er also nicht nach seinem Aufenthaltsort gefragt würde, sondern diesen von sich aus mitteilte. Es ist offensichtlich, dass für das Sagen der Wahrheit eine explizite Frage-Antwort-Situation nicht nötig ist.

Wir haben damit bereits ein erstes Ergebnis. Wir wissen, dass die Wahrheit im zwischenmenschlichen Reden vorkommt, und zwar konkret dort, wo jemand wahrheitsgemäß etwas mitteilt oder Menschen einander wahrheitsgemäß über etwas informieren. Etwas Wahres im Alltag sprachlich zu äußern: Das ist die vertrauteste Art und Weise, wie einem die Wahrheit begegnet. Dass so etwas geschieht, ist aus der Erfahrung bekannt und bereitet kaum Verständnisprobleme. Es ist auch gar nicht recht klar, was daran unverständlich oder problematisch sein sollte.

Natürlich kann die Wahrheit in inhaltlicher Hinsicht für die Menschen hart oder auch peinlich sein; etwa dann, wenn über eine Person unschöne Dinge öffentlich zur Sprache kommen. Ob die Äußerung der Wahrheit allerdings notwendig schmerzlich ist, das ist eine speziellere Frage, um die es an dieser Stelle nicht geht. Hier sei lediglich festgehalten, dass Menschen im Alltag ohne Anwendung irgendeiner Theorie wissen, was es bedeutet, die Wahrheit zu sagen. Sie wissen dies, ohne zugleich bewusst darauf zu achten, was sie beim Sagen der Wahrheit eigentlich tun. Dass ein solches Wissen besteht, zeigt sich ganz deutlich in Fällen, in denen jemand durch die Äußerungen eines anderen bloßgestellt oder entlarvt wird. Bloßstellen und entlarven können Menschen einander nur, wenn sie wissen, worum es beim Sagen der Wahrheit geht – und das wissen sie durchaus auch dann, auch wenn sie beim Sagen der Wahrheit keine besondere Aufmerksamkeit auf ihr Tun lenken.

Es besteht also kein Grund, die Wahrheit bereits am Anfang unserer Überlegungen künstlich zu ‚problematisieren'; etwa dadurch, dass wir unser Nachdenken mit einer Begriffsdefinition oder einer vorformulierten Theorie der Wahrheit beginnen. Vor jeder Theorie liegen stets die Phänomene, von denen die später entwickelten Theorien handeln. So gibt es die Biologie als Theorie des Lebens nur, weil es das Leben, die Soziologie als Theorie gesellschaftlichen Lebens nur, weil es das Phänomen Gesellschaft gibt. Das Leben und die Gesellschaft selbst sind keine Theorien; es sind Phänomene, die man theoretisch, also wissenschaftlich oder philosophisch, untersuchen kann. Kann, aber nicht muss – denn niemand wird ernsthaft sagen wollen, dass es Leben und Gesellschaft nur deshalb gibt, wenn es zu ihnen Theorien gibt. Im Gegenteil: Die Theorien über Leben und Gesellschaft könnten auch fehlen, ohne dass deshalb die Phänomene selbst verschwänden.

Das gleiche gilt für die Wahrheit. Auch diese ist zunächst als Phänomen schlicht da, aber die Menschen im Alltag haben über sie normalerweise keine theoretischen Ideen. Und wenn sie gelegentlich doch anfangen, über die Wahrheit, die sie ansonsten einfach unbewusst aussprechen, zu philosophieren, dann ist der Grund für dieses Theoretisieren in der Regel erneut irgendeine alltägliche Begebenheit: etwa eine Gesprächsrunde, in der sich die Redenden der Wahrheit einmal etwas prinzipieller als sonst üblich zuwenden. In solchen eher seltenen Fällen wird die Wahrheit, wie es dann heißt, zu einem ‚Thema'; also zu einem Gegenstand gezielter Untersuchungen. Aber ein Thema (ebenso wie eine Theorie) kann es natürlich nur geben, wenn zuvor – also buchstäblich vorthematisch und vortheoretisch – das entsprechende Phänomen da ist, welchem man sich nunmehr gezielt zuwendet.

Dass die Wahrheit im Alltag ein Phänomen ist, ist sehr leicht zu erkennen. Man braucht nur an Situationen zu denken, in denen jemand sagt, was der Fall ist: Ein Mann mit einem Wintermantel steigt in die U-Bahn, ein Kind hat eine Schultasche auf dem Rücken und geht lachend in eine Bäckerei, eine Frau schaut auf ihr Smartphone und steckt es dann in die Handtasche...: Die Welt ist voller Phänomene, über die man mit Sätzen wie diesen etwas Wahres sagen könnte. Natürlich ist es nicht so, dass die Menschen andauernd bewusst darauf achten, was um sie herum geschieht. Aber sie können es prinzipiell tun, und sie tun es auch ständig mal mehr und mal weniger. Stellen Sie sich vor, jemand würde denken: „Klaus, der mir gerade gesagt hat, das mein Kragen schief sitzt, hat mir damit gerade etwas Wahres gesagt, weil mein Kragen ja wirklich schief sitzt". Dass Menschen so etwas denken können, ist eine erstaunliche Fähigkeit. Und es ist klar, dass sie diese Fähigkeit selbst dann haben, wenn sie im alltäglichen Leben nur selten von ihr Gebrauch machen. Das aber heißt: Im normalen Alltag und seinen Phänomenen liegt die Wurzel für das Nachdenken über die Wahrheit. Denn wie wir nach und nach sehen werden, besteht die Wahrheit letztlich in einer ganz bestimmten Stellungnahme des Menschen zu den Phänomenen.

4. Es passiert einfach: Über informelles Wissen

Das Sagen der Wahrheit ist ein Musterbeispiel für ein Phänomen – also für etwas, das da ist oder geschieht, ohne dass zum Verstehen dessen, was da ist oder geschieht, eine Wissenschaft benötigt wird. Tagtäglich sagen die Menschen im zwischenmenschlichen Reden die Wahrheit, ohne jemals schulmäßig in die Theorie der Wahrheit eingeführt worden zu sein. Es ist mit der Wahrheit nicht anders als mit anderen Dingen: Was Kinder, Jugendliche und Erwachsene von der Wahrheit wissen, lernen sie nicht durch wissenschaftliche oder philosophische Schulung, sondern durch alltagspraktischen Nachvollzug. Sie beherrschen auf diese Weise das Sagen der Wahrheit, bevor sie sich, wenn es dazu überhaupt kommt, über deren Eigenschaften theoretisch klarwerden. Für die Praxis des Sagens der Wahrheit gibt es keine Ausbildung. Autofahren lernt man in der Fahrschule, aber eine Schule der Wahrheit gibt es nicht.

Tatsächlich macht man sich, während man die Wahrheit sagt, oft gar nicht klar, dass man es gerade tut und, vor allem, was genau man dabei tut. Ein Bewusstsein des eigenen Tuns ist, ebenso wie für das Meiste im täglichen Leben, nicht erforderlich: Man kann die Wahrheit sagen, ohne zu bemerken, dass man es tut oder zu wissen, was man dabei macht oder was Wahrheit überhaupt ist. Diese Unreflektiertheit ist kein Mangel. Sie gehört unmittelbar zum Phänomen, und sie ist auch generell ein Merkmal normaler Geschehnisse. Es passiert etwas, aber man achtet nicht oder nur beiläufig darauf, dass es passiert und was im Einzelnen geschieht. Das heißt natürlich nicht, dass man überhaupt nicht weiß, was vor sich geht. Im Gegenteil: Man ‚weiß' im Zustand normalen Halbdämmerns oft mehr als in Zuständen gesteigerter Konzentration oder Bewusstheit. Allerdings hat das ‚Wissen' in solchen Fällen eine besondere Qualität, die sich von rationaler Kenntnisnahme oder geistiger Durchdringung erheblich unterscheidet. Der Philosoph Wolfram Hogrebe (*1945) hat sich intensiv mit jenen informellen Weisen menschlichen Wissens befasst, die jenseits der vernünftigen Auffassung liegen[7]. Seine überaus subtilen Beschreibungen machen deutlich, dass menschliches Bewusstseinsleben in einem tiefensensitiven Ahnen und Spüren gründet, welches alles rationale Begreifen von Situationen oder Lebensszenen trägt und durchdringt. So luzide und fokussiert es an den Oberflächen des Geistes auch zugehen mag: Die primären Quellen der Einsicht liegen in jenen instinktähnlichen Fühlungnahmen, deren bleibendes Wirken die Deutungsnatur der Menschen ausmacht.

Das Aufruhen der Vernunft auf Instinkt, Ahnung und Gefühl hat durchaus eine vitale, lebensdienliche Funktion. Es stellt sicher, dass die Rationalität des Menschen eine leibseelisch rückgebundene Instanz bleibt, die weder sich selbst noch das von ihr

[7] Siehe beispielhaft Wolfram Hogrebe: Metaphysik und Mantik. Die Deutungsnatur des Menschen, Frankfurt/M. 1992.

Erkannte in absolute Transparenz verwandeln kann. Die Unterkellerung der Ratio durch eine (keineswegs immer bedrohliche) vitale Vorvernünftigkeit bewahrt die Menschen nicht nur vor einer Überrationalisierung der Welt, sondern sie dient auch dem Schutz der Vernunft vor sich selbst. Denn als reine, nur für sich agierende Bewusstseinsfunktion verlöre die Ratio jeden Sinn für die Schwerkraft des Lebens und das Eigengewicht der Welt – sie würde zu einer „freischwebenden Intelligenz" (Karl Mannheim), deren reine Einsichten keine konkrete bzw. praktische Lebensbedeutsamkeit hätten.

Gerade dieses Gewicht der Welt und des Selbst jedoch existiert; und es ist nicht zuletzt die Trägheit menschlichen Bewusstseinslebens, durch die eine vollkommene Transparenz des Wissens unmöglich gemacht wird. Versucht man etwa, hoch konzentriert auf ein Geschehen zu achten, so ist das, was geschieht, immer bereits passiert (‚passé'), wenn die Aufmerksamkeit bei Aspekten des Geschehenden ankommt – es sind eben zeitliche Verläufe (‚Prozesse'), welche die Wirklichkeit ausmachen, und denen die rationale Erkenntnis, gleichsam verzweifelt, habhaft zu werden versucht. Um aufmerksam und konzentriert zu sein, muss der Mensch sein Bewusstsein stets auf eine soeben abgelaufene Geschehensphase zurücklenken; die so genannten ‚Ereignisse' sind nämlich keine zeitlos-monumentalen Seins-Blöcke, sondern sie ‚bestehen' aus immer schon im Vergehen begriffenen Kontinuen, die der Geist zuletzt nur gleichnisweise ‚dingfest' machen kann. Das buchstäbliche Passieren der Geschehnisse lässt sich durch die Ratio nicht anhalten, sondern allenfalls geistig ‚feststellen': Das vorbewusste (Er-)Leben selbst ist kein aus Einzelbildern zusammengesetzter Film, den man nach Belieben stoppen und wieder in Gang setzen könnte. Vielmehr deutet das Passieren auf einen Wesenszug menschlicher Erfahrung vor aller rationalen Festgestelltheit hin: Nämlich darauf, dass alles, was Menschen widerfährt, buchstäblich auf vergehende Weise existiert. Der unspektakuläre Sinn dessen, was man Vergänglichkeit nennt, ist der, dass nicht etwa ‚die Zeit' vergeht, sondern das, was ‚in' der Zeit verläuft – also das Zeitliche: Und alles, was wirklich ist, ist zeitlich, d.h., es vergeht bzw. ist fortlaufend im Vergehen begriffen. Rationale Erkenntnis kann dieses elementare Werden zwar geistig konstatieren, aber es kann das Werden nicht ändern. Es ist vielmehr seinerseits auf höchst eigentümliche Weise in die Zeitlichkeit der Geschehnisse eingewoben, indem es eben – anders als das reine Erleben – als geistige bzw. feststellende Form des Lebens vor sich geht.

Nicht alles, was passiert, wird bewusst erfasst, vieles bleibt unbeachtet. Und selbst dort, wo das Bewusstsein dominant im Spiel ist, kommt es, rein zeitlich gesehen, stets zu spät, um das jeweilige Geschehen in seiner Totalität zu umfassen. Das ist kein Defekt des Geistes, sondern liegt an der reaktiven Natur des menschlichen Geisteslebens: Es muss zunächst immer etwas ‚geistlos' (oder im Modus des Spürens oder Ahnens) passieren, damit sich der Geist darauf beziehen kann, ohne es dann freilich ‚ganz' haben oder erfassen zu können. Das Bewusstsein ist, gerade in zeitlicher Hinsicht, niemals völlig auf der Höhe des Geschehens. Nie taucht das, was geschieht, unmittelbar im Spiegel des Bewusstseins auf; denn immer ist da diese geringfügige Verspätung, mit der das Bewusstsein beim Geschehenden eintrifft, um es sich selbst mit jener Nachträglichkeit, die dem Geist in der Regel vollkommen intransparent bliebt, zu *re*präsentieren.

Die Beschränkung des Geistes gilt nicht nur für das Gewesene, sondern auch für das Künftige. Liefe das Bewusstsein dem realen Verlauf der Ereignisse beständig voraus, dann würden Menschen im Grunde nichts mehr erleben oder erfahren. Der Geist würde in diesem Fall das Kommende im Vorhinein (*a priori*) ‚erfassen': Vor lauter Erwartung würde man dann jedoch das, was sich zu seiner Zeit wirklich einstellt, kaum noch als solches wahrnehmen, da das Bewusstsein dann bereits schematische Konzepte des vermeintlich Kommenden vor das tatsächlich Anrückende geschoben hätte. Die geistige Vorwegnahme dessen, was kommt bzw. zu erwarten ist, ist in gewissen Umfangs- und Inhaltsgrenzen natürlich möglich. Aber man wird das Antizipieren sicherlich nicht zum allgemeinen Prinzip menschlichen Erlebens erklären können.

Dass dies unmöglich ist, hat viele Gründe, die ich hier nicht erörtern will. Vor allem hängt es, soviel sei gesagt, damit zusammen, dass die Zukunft etwas *von sich aus Kommendes* (‚Künftiges') ist, sich also nicht nach den Antizipationen des Geistes richtet: „Es kommt stets anders als man denkt". In gewisser Weise bedeutet dies, dass die gängige Vorstellung der Zukunft als etwas, das sich aus der Gegenwart heraus beliebig gestalten lässt, illusorische Züge hat. Jedenfalls gilt: Wenn wir uns die Zukunft als etwas unbestimmt Offenes denken, in dem sehr vieles ‚Mögliche' sich verwirklichen ‚kann', so denken wir sie gemäß unserer Antizipationen. Natürlich kann man sich die Zukunft als ein ‚Projekt' mit offenem Ausgang denken. Aber man muss es nicht. Fest steht wohl, dass das, was die Menschen von der Zukunft erwarten, niemals strikt identisch mit dem ist, was schließlich *von ihr selbst her* auf uns zukommt – denn die Weichen für das, was kommen wird, werden ja ihrerseits fortlaufend durch die realen Geschehnisse gestellt.

Die geistige Totalreflexion auf Geschehenes sowie die vollendete Vorwegnahme des Künftigen sind Gedankenspiele, welche der erlebbaren Realität menschlichen Erfahrens nicht gerecht werden. Und auch das Reden über Geschehendes oder Geschehenes, das beim Sagen der Wahrheit passiert, verläuft zunächst einmal unbeachtet bzw. buchstäblich unbedacht ab, bevor es bedacht und thematisiert wird. Dazu kommt es natürlich längst nicht immer. Und selbst dort, wo es dazu kommt, wo Menschen also direkt damit konfrontiert werden, was sie gesagt (oder auch getan) haben, kommt es zumeist nicht zu großen Überraschungen. Im Falle der Reflexion bemerken wir, dass während der Zeit, in der unsere Aufmerksamkeit von bestimmten Dingen gefesselt war, etwas relativ Vertrautes im Hintergrund unseres Bewusstseins vor sich gegangen ist. In der Regel finden die dramatischen Erkenntnisse und Entscheidungen des Bewusstseins allein an der rationalen Oberfläche des Geistes statt. Das Selbstverständliche und Vertraute hingegen liegt unterhalb der Reichweiten der Ratio – in leibseelischen Erlebnissen, die gegen das Erkennen ebenso indifferent sind wie gegenüber dem rationalen Gegensatz von Wahrheit und Unwahrheit. Gefühle, Stimmungen und auch Körperzustände als solche sind wirklich, aber weder wahr noch falsch. Hingegen ist die Realität des Denkens, Erkennens und Sprechens durch ‚Wahrheitsfähigkeit' gekennzeichnet – denn geistige Gebilde (Gedanken, Erkenntnisse oder Aussagen) können, sofern sie das Wirkliche ausschnitthaft repräsentieren, wahr oder falsch sein.

Nicht alles, was es gibt, liegt im rationalen Modus des Geistigen vor. Im Gegenteil: Viele Dinge sind und bleiben hintergründig, ohne klar erfasst oder voll durchschaut zu werden – wobei die fehlende geistige Aneignung keinen Einfluss auf ihr Dasein hat. Eine absichtliche und bewusste Beeinflussung wird zumeist ohnehin nur auf Dinge ausgeübt, die bereits in den Fokus der Aufmerksamkeit oder des Interesses aufgerückt sind; Bewusstheit, Zielorientierung, Handlungswille und Handlungsmacht hängen sachlich eng zusammen. Demgegenüber sind hintergründig mitexistierende Dinge oder Prozesse dem bewussten Zugriff oft weitgehend entzogen. Das zeigt sich etwa bei automatisierten Prozessen, deren Funktionieren durch eine geistige Einflussnahme auf sie eher behindert als gefördert würde; viele organische Prozesse sowie weite Teile des unbewussten Seelenlebens gehören hierher. „Was ich nicht weiß, macht mich nicht heiß", sagt der Volksmund, der damit sehr pauschal auf das sinnvolle Verborgensein solcher Phänomene abzielt.

Verborgenheit bedeutet natürlich nicht Nichtexistenz. Es heißt nicht, dass das, was Menschen nicht bewusst wahrnehmen oder explizit wissen, überhaupt nicht da ist. Gemeint ist nur, dass Dinge oder Ereignisse, die uns dauerhaft unbekannt bleiben, keine störende Macht auf uns ausüben können; vorausgesetzt natürlich, dass sie ihren stillen Dienst in normaler Weise tun. Dinge, zu denen wir keine bewusste Beziehung haben, können uns nicht aufstören oder aus der Ruhe bringen – denn wir wissen eben gar nicht um sie, und ihr verborgenes Dasein übt offenbar auch keinen schädlichen Einfluss auf unser Leben aus. In diese Richtung zielt auch eine Bemerkung des Philosophen Malte Hossenfelder (1935-2011), in der sich Trivialität und Weisheit unmittelbar berühren: „Wünsche, die wir noch gar nicht kennen, weil wir sie nicht erst erschaffen, bereiten uns keinen Kummer. Es ist schwer vorstellbar, dass Lucullus je die Zigaretten vermisst hätte"[8].

5. Der Alltag und das Phantom der Echtheit

Mit sprachlichen Äußerungen, zu denen das Sagen der Wahrheit zählt, steht es nun ähnlich wie mit nicht-sprachlichen Prozessen oder Verhaltensweisen. Die Menschen machen fast ständig Äußerungen, oder, etwas bissiger formuliert: ‚Sie reden und reden'. (Und sie reden übrigens, dies nur am Rande, heute weitaus schneller als jemals zuvor im Laufe ihrer Geschichte.) Aber indem sie reden, beachten oder beobachten oder spiegeln sie ihr Reden nicht; es sei denn in pathologischen Fällen oder in künstlich arrangierten Übungssituationen. Das bedeutet aber nicht, dass das alltägliche Sprechen aufgrund seiner Unbewusstheit zu einem bloßen Gerede wird: Was halbbewusst gesagt wird, muss keineswegs weniger seriös oder gar zwangsläufig unwahr sein; und umgekehrt können formulierte Reden anlässlich eines offiziellen Vortrags (oder einer so genannten ‚Präsentation') durchaus auch von bloß hohler oder teilnahmsloser Klarheit sein. Das Formelle solcher Reden ist jedenfalls kein Garant für die Wahrheit des Gesagten, während umgekehrt das wortfindungsgestörte, also um treffende Worte ringende Sprechen immerhin eine gewisse Echtheit des Suchens und Forschens anzeigt.

‚Ureigentliches' Reden in höchster Bewusstheit und Wahrhaftigkeit darf somit nicht klischeehaft verklärt werden. Auch als scheinbar ‚freies' Sprechen verliert es niemals seine Bindung ans Alltägliche. Es findet, nicht anders als ein beliebiger small talk, nach wie vor im Strom des normalen Gesprächslebens statt, aus welchem es sich auch durch die vermeintliche Tiefe seiner Inhalte und Redeabsichten nicht ‚freisprechen' kann. Man stelle sich ein-

---

[8] Malte Hossenfelder: Antike Glückslehren. Quellen zur hellenistischen Ethik in deutscher Übersetzung, Stuttgart [2]2013, XXXVII.

mal vor – und mehr als vorstellen kann man es sich wohl nicht – die Menschen wären in Wort und Tat ständig absolut präsent, authentisch und achtsam: Es gäbe dann so etwas wie Normalität und Alltäglichkeit gar nicht mehr, und vor lauter Authentizität und Pathetik käme niemand mehr auch nur einen einzigen Schritt weiter. Insofern ist Luthers Satz: „Hier stehe ich, und ich kann nicht anders!“ nicht nur in historischer, sondern auch in sachlicher Hinsicht legendär. Der Mensch kann immer anders. Wenn nicht er, wer denn sonst!

Absolute Echtheit in Wort und Tat: Malen Sie sich diesen irrealen Zustand einmal bildlich aus. Sie wären in jedem Augenblick Ihres Daseins geistig hellwach, während die dahindämmernde Rückseite Ihres Geistes zur Unwirksamkeit verurteilt wäre. In einem solchen Zustand wären Sie in alle Richtungen offen – hochgradig aufnahmebereit und für andere Menschen im höchsten Maße transparent. Vollkommen bei sich und zugleich vollkommen bei allem, was in der Welt vor sich geht, würden Sie schließlich jedes Gespür für den Unterschied zwischen Wesentlichem und Unwesentlichem verlieren: Alles erschiene Ihnen gleichermaßen sensationell und brandaktuell, oder, was auf dasselbe hinausläuft, alles würde gleichermaßen belanglos und nichtig erscheinen.

Das Gemeinschaftsleben in einer solchen Welt wäre durchflutet von einer Art kollektiver Geistesgegenwart sowie von einem Gefühl der totalen Grenzenlosigkeit. Vielleicht würden die Menschen in diesem existenziellen Daseinszustand nur noch (und dann vermutlich ‚in allerhöchsten Tönen‘) über Dinge wie die Wahrheit sprechen. Und wer weiß: Vielleicht würde sich die Wahrheit tatsächlich in vollkommener Unverborgenheit vor ihre geistigen Augen hinstellen. Ein derartiges Leben ist jedoch, wie gesagt, nur denkbar – praktisch gelebt werden kann es nicht. Es handelt sich um die Idee einer durchsichtigen und durch alles Existierende hindurchsehenden Menschheit, die ihr Leben auf der Erde als finale Verwirklichung eines von aller Dunkelheit befreiten Wahrheitsgeschehens ansieht.

Ich vermute, dass diese Phantasie bei Ihnen nicht nur erhebende Gefühle auslöst. Wenn dem so ist, bin ich bei Ihnen. Aus meiner Sicht wäre ein vollbewusstes Aufgehen des Menschen in seiner Welt sogar der blanke Horror, und ich bin sehr froh darüber, dass es eine vollends geklärte (wie auch eine restlos erklärte oder aufgeklärte) Welt nicht geben kann. Zwar kann man sich Zustände äußerster Ekstase, Echtheit und Endgültigkeit vage ausmalen oder wünschen. Aber man kann sie, im doppelten Sinne des Wortes, nicht realisieren. Um es mehr anzudeuten als direkt auszusprechen: Irgendwann ist jedes glanzvolle Fest vorbei. Dann gehen die Lichter aus, und es kommen, wie von selbst, Müdigkeit und Schlaf. Sollte es also tatsächlich eine Art ‚letzte Wahrheit' des individuellen wie kollektiven Lebens geben, so besteht diese – jedenfalls solange es um den Menschen, nicht dagegen um Götter oder Maschinen geht – gewiss nicht aus grenzenlosem Licht oder aus unbegrenzter Klarheit, Wachheit und Offenheit.

Aus genau diesem Grund halte ich auch den Gedanken, dass die Wahrheit die Menschen frei machen wird, für irreführend; zumindest dann, wenn man die Wahrheit am Grad ihrer existenziellen Helligkeit und Strahlkraft bemisst. Die Wahrheit hat, wie sich noch zeigen wird, höchstens indirekt mit Freiheit zu tun. Gegenüber anthropologischen Erlösungs- und Befreiungsphantasien ganz unterschiedlichen Zuschnitts möchte ich behaupten, dass die Wahrheit den Menschen nicht befreit, sondern allenfalls *beruhigt*. Genauer gesagt: Angesichts des lebensläufigen Wechsels von Licht und Schatten im Dasein der Menschen sorgt die Wahrheit für relative Beruhigung. Es ist klar, dass der beruhigte Mensch in bestimmter Hinsicht auch ein freier Mensch ist. Aber die Freiheit, die aus der Beruhigung durch die Wahrheit entspringt, hat mit dem Erleuchtungsextremismus einer bloß eingebildeten (und folglich auch niemals zu erlebenden oder zu ‚verwirklichenden') Freiheit nichts gemeinsam. Das versteht sich im Grunde von selbst: Denn Freiheit ist stets nur in gegebenen Situationen, die man ihrerseits weder gewählt hat noch zur Gänze theoretisch durchschaut, zu verwirklichen. Aufklärung kann, anders gesagt, niemals Radikalaufklärung sein. Sie hat die bleibenden Ambivalenzen von Licht und Schatten auszuhalten, von denen sich auch das Streben nach Wahrheit, sofern es eben tatsächlich ein ewiges Streben und Suchen ist, niemals vollkommen freimachen kann.

6. Conditio humana normalis

Natürlich wäre über das sprichwörtliche ‚Licht der Wahrheit' noch viel zu sagen, was übrigens der Philosoph Hans Blumenberg (1920-1996) auf höchst originelle Weise getan hat[9]. Ich habe diesen Aspekt bewusst nur angedeutet, möchte über die existenzielle Dimension des Themas aber weiterhin nur noch selten sprechen. Ich denke nämlich, dass man auf diesem Weg nicht sonderlich viel finden wird, was den Alltagssinn des Wahrheitsphänomens besser verständlich macht.

Dass das Bewusstsein für ein Leben in radikaler Authentizität und Offenheit nicht eingerichtet ist, ist den Menschen aus persönlichem Erleben bekannt, und die Psychologie bestätigt diesen Erlebnisbefund. Der Fokus der Menschen auf die Welt ist psychologisch betrachtet von erstaunlicher Enge und Provinzialität. Man kann noch so wachsam, mobil oder flexibel sein: Das Meiste von dem, was geschieht, entgeht einem, und selbst von dem, was unser Bewusstsein erreicht, dringt vieles gar nicht bis zu einem eigentlichen Erfasstwerden durch. Die Welt, wie sie ist, ist an Umfang und Inhalt reicher als ihr Wahrgenommen- und Erkanntwerden. Und selbst dort, wo so genannte Follower den aktuellen Geschehnissen echtzeitlich folgen, besitzen die wahrgenommenen Inhalte stets Seiten, Facetten und Qualitäten, die der Beachtung und Durchdringung entgehen.

Dieses Verhältnis ist ein anthropologisches. Es hat nichts mit der aktuellen Überfülle an Informationen ‚in unserer Zeit' zu tun, sondern basiert auf einem generellen Zusammenhang zwischen

---

[9] So etwa in Hans Blumenberg: Licht als Metapher der Wahrheit. In: Studium generale 10 (1957), 432-447.

der Welt und der menschlichen Welterfahrung. Die Wirklichkeit, also der Inbegriff all dessen, was es in der realen Welt gibt, ist jederzeit allerorts ganz und vollständig. Die Welt enthält keine Lücken, keine Leerstellen, keine Löcher, kein ‚Nichts'. Leere und Nichtigkeit sind Eigenschaften der menschlichen Welterfahrung, nicht hingegen Merkmale der Welt selbst: Denn allein durch die Struktur der menschlichen Erfahrung entsteht im Innern der Welt eine gleichsam virtuelle Dimension, innerhalb derer allein es Lückenhaftigkeit, relative Leere oder Mangel an Vollständigkeit gibt. All diese Phänomene haben ihren Ursprung im *Aspekt* der Welt, also in der menschlichen Weltansicht. Aber die Ansicht der Welt ist nicht die Welt selbst. Sie ist lediglich ein ganz bestimmter Teil von ihr, der aus der Eigenart des geistigen Seins der Menschen entspringt.

Natürlich wird die Wirklichkeit dadurch, dass sie die menschliche Wahrnehmung und Erfahrung enthält, nicht zu einem Scheingebilde – eine Vorstellung, die bei Philosophen und Nicht-Philosophen immer mal wieder auftaucht. Diese Idee ist irrig: Denn warum sollte etwas, das erfahren wird, durch sein Erfahrenwerden an Realität verlieren und irreal werden? Wer so denkt, der verwechselt die mangelnde Vollständigkeit unserer bewussten Erfahrung – also etwa die Begrenztheit menschlichen Wissens – mit der Fülle und Vollständigkeit der Welt als solcher. Dass einem Menschen etwas fehlt oder zu viel wird, dass er die Erfahrung eines Mangels oder eines Überschusses macht, ist das eine. Ein anderes aber ist es, dass die Welt als solche sich jederzeit selbst genügt, auch wenn sie aus der Perspektive der Mangel- oder Überschusserfahrung als mangelhaft oder übermäßig erscheint. Zuletzt sind selbst noch Erfahrungen des Mangels oder Überschusses, ebenso wie die Erscheinungsweisen der Welt für den Menschen ganz generell, Teile der einen vollständigen bzw. sich immer wieder im Zeitverlauf erfüllenden Welt. Anders ausgedrückt: Menschen sind eben Wesen, zu deren eigener Vollständigkeit Erfahrungen wie die des Mangels oder des Zuviel dazugehören – wie überhaupt das Erleben und Erfahren der Welt zur normalen Konstitution des Menschen als eines Teils der Welt dazugehört.

Diese Struktur des In-der-Welt-seins hat mit der so genannten ‚Subjektivität‘ der Erfahrung nichts zu tun – und niemals kann die Subjektivität der Erfahrung dafür sorgen, dass Realität zur Erscheinung oder gar zu bloßem Schein wird. Kein normaler Mensch bezweifelt, dass das menschliche Bewusstsein, also unser Wahrnehmen und Auffassen, in Umfang und Inhalt beschränkt ist. Aber das ist nur die eine Seite der Sache. Kein normaler Mensch zweifelt zudem daran, dass die Wirklichkeit aufgrund ihres ausschnittweisen Bewusstwerdens unwirklich wird. Ich gehe an späterer Stelle noch näher darauf ein, was es mit der Subjektivität der Erkenntnis auf sich hat (siehe II, 7). Ich möchte aber bereits hier betonen, dass die menschliche Erfahrung und Erkenntnis der Welt auf jeden Fall ein Realisieren ist, und dass sie somit gerade nicht zu einer Irrealisierung der Wirklichkeit führt.

Ich hebe diesen Punkt besonders hervor, da er für die Frage nach der Wahrheit erhebliche Bedeutung hat. Der entscheidende Gedanke ist der, dass die Welt auf unsere Wahrnehmung und Aufmerksamkeit nicht angewiesen ist, während umgekehrt die menschliche Erfahrung, damit sie *etwas* erfahren kann, der Welt bedarf. Es ist recht offensichtlich, dass etwas, das der Aufmerksamkeit aktuell oder dauerhaft entgeht, keineswegs dadurch nicht-existent oder zu bloßem Schein wird, dass Menschen es nicht bemerken. Jeder weiß aus eigener Erfahrung, dass bereits eine geringfügige Verschiebung der Achtsamkeit bislang unbemerkte Dinge bemerkbar machen kann, während wiederum anderes, das soeben noch in Sicht war, nunmehr unkenntlich wird oder sich entfernt. Allerdings darf uns die Sprache hier nicht irreführen. Es ist nicht zunächst etwas da, um kurz darauf ‚weg‘ oder ‚verschwunden‘ zu sein. Natürlich, die Dinge verändern und verwandeln sich – und zwar viele buchstäblich laufend, andere eher aufgrund unserer Stellungs- oder Perspektivwechsel. Aber gerade das bedeutet, dass sie nicht ‚verschwinden‘ oder einfach ‚weg sind‘, sondern dass sie sich, ebenso wie unsere auf sie gerichteten Hinblicke, in wirklicher Veränderung und Verwandlung befinden.

Von den vielgestaltigen Wandlungsprozessen, die es gibt, geschehen einige ganz oder weitgehend ohne unser aktives Zutun (wie etwa das Altern), während andere sich relativ zu unserer Erfahrungshaltung – etwa unserer aktuellen Blickrichtung oder unserer Sozialisation – verändern oder abwandeln. Aber auch im letzteren Fall sind wir nicht unmittelbare Produzenten dessen, was wir erfahren. Allein der Umstand, dass die Menschen überhaupt erfahrende Wesen sind, ist in keiner Weise Resultat eines humanen Projekts. Das Erfahren ist keine menschliche Erfindung, sondern ein Bestandteil der allgemeinen menschlichen Lage – also die conditio humana, in der wir uns beständig vorfinden.

Menschen können nur erfahren, was da ist, und hierin liegt eine ursprüngliche Angewiesenheit der Erfahrung auf Seiendes. Natürlich sind die Menschen auch aktiv, sie gehen auf die Welt zu und erkunden ihre nähere oder fernere Umgebung. Aber selbst dort, wo ihr spontaner Blick auf bislang Ungesehenes oder Unbekanntes fällt, können sie nur sehen oder entdecken, was ganz unabhängig von ihrer Umschau an Ort und Stelle da ist. Entsprechendes gilt für das Übersehen, also für das Nichtbemerken von etwas: Auch dies ist nur möglich, wenn das, was den menschlichen Blicken entgeht, da ist oder geschieht, indem es eben *an seiner Stelle* Teil der Weltfülle ist. Was der eine übersieht, kann ein anderer von seinem Ort oder mit seiner Sensibilität sehen oder erfahren. Es kann natürlich auch sein, dass Dinge dauerhaft unerfahren oder unentdeckt bleiben, ohne dass sie deswegen aufhören, da zu sein – und so zu sein, wie sie, als von uns Unerkanntes, sind.

Es spricht vieles dafür, dass das absichtliche oder unabsichtliche Übersehen sogar häufiger vorkommt als das bewusste Beachten und intentionale Suchen und Forschen: Auf irgendeinem verlassenen Dorfacker liegt, wie auch immer er dorthin gekommen sein mag, ein langsam verrottender Leinenbeutel, den wohlmöglich niemals jemand, obwohl er doch dort liegt, sehen, geschweige denn näher betrachten oder gar untersuchen wird. Das Meiste auf der Welt ist und bleibt, zumindest vom Einzelnen und seinen Erfahrungsspannen her gesehen, unbemerkt. Die Dinge und Geschehnisse sind, in ihrer völligen Bestimmtheit, zwar vorhanden. Aber sie sind nicht auf den menschlichen Entdeckerblick in seiner theoretischen wie praktischen Neugierde angewiesen, um da sein und so sein zu können, wo und wie sie sind. Wer die Liedzeile „Ich war noch niemals in New York" (Udo Jürgens) schon einmal mit Verstand gehört hat, der ahnt, worauf diese Bemerkung hinauswill. Die Stadt New York ist da, auch wenn jemand sie noch nicht besucht hat oder niemals besuchen wird. So sehr es auch gegen unseren anthropischen Stolz gehen mag, so wenig lässt es sich ändern: New York, diese große Stadt an Amerikas Ostküste, erwartet unser Kommen in keiner Weise. Und vor allem fängt New York nicht dann oder deswegen zu existieren an, wenn oder weil irgendein Mensch dort ankommt.

Natürlich kann man im Film oder im Computerspiel ganze Städte so erscheinen lassen, als ob sie sich mit Leichtigkeit auf- oder wieder abbauen. Aber *das* ist Schein und Illusion: Denn ‚im' Film oder ‚im' Computerspiel ‚sieht' oder ‚bereist' man keine Städte, sondern man hat es – während man mit Leib und Seele zur Gänze in der realen Welt situiert ist – mit bloßen Stadtphantomen zu tun. Es mag sein, dass in Bezug auf solche Phantome und Phantasmen vieles in der Hand von Machern, also etwa von Regisseuren oder Spieledesignern liegt. Aber diese haben Macht nicht über die Wirklichkeit, sondern über ausgedachte und höchst provinzielle ‚Welten'. Diese entspringen der Einbildung von Produzenten und bedienen die Einbildung von Zuschauern und Usern: Aber dass der reale Mensch nicht auf seine Einbildungskraft reduzierbar ist, weiß jeder, der den Kinosaal nach Filmende wieder verlässt oder seinen Computer vom Netz nimmt. Die conditio humana als solche ist eben kein virtuelles Schauspiel; und zwar ganz einfach deshalb, weil sich alle Virtualitäten (Kinobesuche, Computerspiele und dergleichen) innerhalb der menschlichen Erfahrung realisieren.

Mit der Wahrheit steht es in einem wesentlichen Punkt ähnlich wie mit der Wahrnehmung, von der ich bislang schwerpunktmäßig ausgegangen bin. Auch die Wahrheit ist im alltäglichen Äußerungsverhalten der Menschen zwar anwesend, aber ihre Anwesenheit wird oft überhaupt nicht bemerkt. Menschen sagen zwar die Wahrheit, aber sie lenken ihr Bewusstsein nicht darauf, was das eigentlich heißt: ‚die Wahrheit sagen'. Und selbst dann, wenn sie spontan oder auf Nachfrage hin etwas Wahres aussagen, merken sie normalerweise nicht, dass sie es tun. Die Menschen reden dann zwar zutreffend über konkrete Dinge, aber ihr Bewusstsein ist ganz bei diesen Dingen und nicht beim Wahrsein ihrer Äußerungen. Eine Besinnung darauf, dass gerade etwas Wahres gesagt wurde, findet so gut wie nie statt.

Dieser Gedanke impliziert keinen Vorwurf, sondern ist einfach eine Feststellung. Menschen haben im Alltag ja generell keine Theorie darüber, was sie tun, während oder indem sie es tun. Zumindest ist ihr Wissen diesbezüglich nicht kristallklar und exakt, sondern allenfalls nebulös und tastend. Das gilt für das Handeln ebenso wie für das Sprechen. Das die-Wahrheit-Sagen läuft unabhängig von unserem Bemerken ab: Es existiert auch dort, wo keine den Redevollzug begleitende oder ihm nachfolgende Beobachtung dieses Vollzugs stattfindet. Es kann sein, dass jemand täglich sehr viele Male die Wahrheit sagt, ohne dass es ihm oder anderen auffällt. Um praktisch die Wahrheit zu sagen, muss man nicht wissen, was man tut: Man muss es einfach tun – und man tut es. Die theoretische Analyse dessen, was dabei geschieht, kann nachfolgen, muss es aber nicht. Und eine solche Analyse fügt dem, was geschieht, im günstigsten Fall auch kein Element, das nicht dem Phänomen selbst abgewonnen ist, hinzu.

Stellen Sie sich vor, Sie sitzen mit Bekannten zusammen, und einer aus der Runde sagt plötzlich: „Schaut mal, es fängt an zu regnen!". Wenn es zutrifft, was der Sprecher sagt – und das lässt sich leicht durch einen Blick durch das Fenster feststellen – sagt er die Wahrheit. Aber die Wahrheit, obwohl sie nun ausgesagt im

Raum steht, ist dennoch in der Aussage gleichsam versteckt. Sie und Ihre Bekannten nämlich denken nun nicht etwa unmittelbar an ‚die Wahrheit', sondern Sie schauen nach draußen und sehen den einsetzenden Regen. Sie alle *denken* also zunächst überhaupt nicht, sondern Sie *erleben*: Regentropfen auf dem Fensterbrett. Dass soeben die Wahrheit in Gestalt einer wahren Aussage ‚da war', bleibt unbemerkt. Und das gilt selbst dann noch, wenn einer der Anwesenden auf die Bemerkung des Sprechers erwidert: „Oh ja, stimmt!".

Die Art, wie uns im Miteinanderreden die Wahrheit normalerweise begegnet, ist ein Nicht-Bemerken, eine Unmerklichkeit. So merkwürdig das klingt, so verständlich ist es: Denn die Wahrheit ist ja selbst kein Gegenstand, der uns (wie Regen oder die Autos auf der Straße) physisch begegnet. Was die Wahrheit stattdessen ist, wird spätestens im dritten Teil des Essays deutlich werden, wo die Betrachtung der Wesensfrage im Mittelpunkt steht. Halten wir hier zunächst fest, dass die Wahrheit im Alltag normalerweise nicht plakativ oder dinglich, sondern hintergründig da ist. Man könnte auch bildlich sagen, dass die Wahrheit im Alltag umhergeistert, und dass sie, einmal ausgesprochen, gleichsam ‚durch die Situation schwebt'. Mit diesem Bild will ich die Wahrheit nicht mystifizieren. Ich möchte nur festhalten, dass sie da ist, ohne direkt greifbar bzw. begriffen zu sein. Man könnte auch sagen, dass die Wahrheit dort, wo sie gesagt wird, wie selbstverständlich oder beiläufig da ist: Die Menschen müssen es nicht darauf anlegen, sie näher kennenzulernen oder ihr Wesen zu erfassen, zumal ihrer hintergründigen Präsenz nichts Bedrohliches oder Rätselhaftes anhaftet.

Eine derart schwebende Existenz hat die Wahrheit auch dort noch, wo jemand, bewusst und absichtsvoll, die Wahrheit sagt; etwa dann, wenn er als Zeuge vor Gericht aussagt und zuvor auf die Wahrheit vereidigt wird. In solchen Fällen rückt die Wahrheit zwar näher an das Bewusstsein der beteiligten Personen heran, und im Gerichtssaal mag beim Aussprechen der Eidesformel sogar eine knisternde Stimmung entstehen. Häufig aber wird die Wahrheit, gerade in Fällen wie diesen, bereits wieder von einer

Aura der Erhabenheit umhüllt, was sich dann unter anderem in der Formalität solcher Wahrhaftigkeitsrituale zeigt. Fest steht jedenfalls, dass Menschen auch in derart exponierten Situationen keine Theorie darüber haben, was die Wahrheit ist – was wiederum keinen Mangel darstellt, sondern einfach der praktischen Natur solcher Redeanlässe entspricht.

Selbst also eine Person, die sich ausdrücklich zum Ziel setzt, stets und überall die Wahrheit (,und nichts als die Wahrheit') zu sagen, benötigt zur Verwirklichung dieses Vorhabens keine theoretischen Kenntnisse darüber, was die Wahrheit ist. Sie muss sich, um ihrem Anspruch auf Wahrhaftigkeit einigermaßen gerecht zu werden, nur eng an die Wirklichkeit halten: Aufmerksam und konzentriert muss sie dem realen Gang der Ereignisse folgen, damit sie schließlich, spontan oder auf Nachfrage hin, etwas Wahres darüber, was hier und dort geschehen ist, aussagen kann. Es kommt hier nicht darauf an, ob es Menschen, die von Kopf bis Fuß auf die Wahrheit eingestellt sind, tatsächlich gibt. Es geht einfach darum, was ,wahrheitsliebende' Personen effektiv tun müssen und was nicht. Wahrhaftigkeit setzt, soviel dürfte klar sein, keinen akademischen Abschluss voraus; und der Wahrheitsliebende muss uns nicht theoretisch auseinandersetzen können, was die Wahrheit ist. Er muss über die Wahrheit und ihr Wesen letztlich überhaupt nichts wissen, um, ganz praktisch, die Wahrheit sagen zu können. Das Wissen, das zum Wahrhaftigsein erforderlich ist, hat allein die Wirklichkeit zum Inhalt. Ohne Treue zu dem, was in der Welt vor sich geht, kann kein Mensch wahrhaftig sein.

Wahrhaftigkeit, verstanden als Treue zur Wirklichkeit, ist eine Charaktereigenschaft von Personen. Ich möchte im Folgenden jedoch nicht über Persönlichkeitsmerkmale sprechen, die bei einem Menschen da sein oder fehlen können. Zwar bestehen zwischen Wahrheit und Wahrhaftigkeit enge Zusammenhänge, aber sicherlich keine Identität. Jedenfalls führt der Weg, der vor uns liegt, nicht in Richtung auf charakterliche Tugenden, sondern zur unpersönlichen Natur der Wahrheit – und diese ist eben nur sehr äußerlich mit Wahrhaftigkeit als einer besonderen Art menschlichen Gutseins verbunden[10].

8. Wahrheit und Sprache

Kaum jemand wird bestreiten, dass die Wahrheit etwas ist, das man sagen oder aussagen kann. Man kann sogar behaupten, dass das Sagen der Wahrheit die vertrauteste Weise ist, in der die Wahrheit im menschlichen Leben vorkommt. Es ist allerdings noch offen, wie Wahrheit und Sprache miteinander zusammenhängen. Darum soll es jetzt gehen.

An die Beziehung von Wahrheit und Sprache lassen sich zahlreiche Fragen anschließen: Ist die Wahrheit notwendig auf die Sprache oder, ganz praktisch, auf konkretes menschliches Sprechen angewiesen? Gibt es die Wahrheit nur in Form wahrer Aussagen? Wird die Wahrheit vielleicht gar direkt durch das Sprechen hervorgebracht? Oder ist die Wahrheit in der Welt anwesend, um mittels der Sprache lediglich wiedergegeben zu werden? Fragen wie diese kreisen darum, wie das innere Band zwischen Sprache und Wahrheit beschaffen ist. Und die Kernfrage bei alldem ist wohl die, ob wir, wenn wir über die Wahrheit sprechen wollen, letztlich über die Sprache sprechen müssen.

Ich kann mich an dieser Stelle relativ kurz fassen, weil sich mein diesbezüglicher Standpunkt nach und nach von selbst herausschälen wird. Zunächst also nur so viel: Die Sprache ist ein Mittel, mit dessen Hilfe man die Wahrheit nicht nur äußern, sondern auch besonders gut erforschen kann – die Erforschung der Wahrheit mit anderen Mitteln, etwa mittels Blicken, Gesten oder Bildern, würde sich als äußerst schwierig oder als direkt unmöglich erweisen. Außerdem ist von der Wahrheit, praktisch betrachtet, am häufigsten im Zusammenhang mit sprachlichen Äußerungen die Rede, also in Bezug auf das Sagen der Wahrheit, hinter

---

[10] Zur Tugenddimension der Wahrheit, die auf das Phänomen der freimütigen und unverstellten Rede (παρρησία) hindeutet, vgl. Michel Foucault: Der Mut zu Wahrheit, übersetzt von Joachim Schulte, Frankfurt/M. 2012.

dem man in der Regel ein Erkennen der Wahrheit vermutet. (Ein unmittelbares die-Wahrheit-Sehen oder auch ein die-Wahrheit-Schmecken oder -Riechen entspringt dagegen dem Bereich der Phantasie.) Wenn also im Folgenden häufig von (wahren) Aussagen die Rede ist, so deshalb, weil sich die Wahrheit von der Seite der Sprache her am besten fassen lässt – und weil es scheint, dass das Sprechen geradezu Ursprungsort der Wahrheit ist.

Man darf das nicht missverstehen. Die Wahrheit ist nicht direkt ‚Sprache' oder ‚etwas Sprachliches', und sie ist auch nicht allein von der Sprache oder vom Sprechen abhängig. Wie sich zeigen wird, ist es eher umgekehrt. Das Sagen der Wahrheit hängt vom Bestehen der Wahrheit ab; und man könnte die Wahrheit gar nicht aussagen, wenn es unmittelbar die Sprache wäre, die das Wahre allererst hervorbrächte. Wenn es tatsächlich die Wahrheit ist, die jemand äußert, dann ‚erzeugt' seine Äußerung die Wahrheit nicht. Zwar bringt man die Wahrheit, wie es heißt, ‚zur Sprache', aber sie wird dadurch in keiner Weise ‚versprachlicht'. Die Wahrheit wird, einfacher gesagt, nicht durch Sprechen oder Aussagen zu dem, was sie ist; so wie auch der Kölner Dom nicht durch unser Sehen zu jenem gotischen Bauwerk wird, das er ist. Die Sprache ist ein Mittel, um die Wahrheit zu sagen. Aber sie ist kein Mittel, um die Wahrheit nach ‚ihren' Vorstellungen zu produzieren.

Wenn ich hier und im Weiteren vom Bestehen der Wahrheit rede, so darf auch das nicht falsch verstanden werden. Mit Bestehen ist kein Zustand gemeint, der alles Zeitliche überdauert. Dass die Wahrheit besteht, bedeutet, dass sie in wahren Aussagen oder Gedanken stets als dieselbe wiederkehrt. Vereinzelte wahre Behauptungen und Vorstellungen beziehen sich auf unterschiedliche konkrete Inhalte. Aber das Wahrsein dieser Aussagen und Gedanken selbst ist weder etwas Konkretes noch etwas von Mal zu Mal Unterschiedliches. Es ist nicht so, dass die Wahrheit als graue Eminenz hinter der Wirklichkeit lauert und dort auf die Stunde ihrer Aktualisierung wartet. Natürlich wird sie durch Aussagen oder Vorstellungen aktualisiert; aber dieses Aktualisieren hat, wie sich noch zeigen wird, in keiner Weise den Charakter einer geistigen Erzeugung oder Erschaffung, sondern allenfalls den einer *Weckung*. Die Sprache ist, was immer sie sonst noch leisten mag, kein Mittel, um die Wahrheit hervorzubringen – wenn überhaupt etwas durch das Sprechen hervorgebracht oder produziert wird, dann sind es stimmlich artikulierte, bedeutungsvolle Worte, Sätze und Texte. Nicht die sprachliche Äußerung bestimmt, was die Wahrheit ist, sondern umgekehrt: Die Wahrheit konkretisiert und manifestiert sich im Sprechen als das, was sie ist.

Vielleicht spüren Sie bereits intuitiv, dass die These: ‚Ohne Sprache keine Wahrheit' über das Ziel hinausschießt. Dass die Wahrheit nicht allein vom Sprechen abhängt, zeigt sich bereits daran, dass auch Gedanken oder Vorstellungen, die als solche nicht im vollen Sinne etwas Sprachliches sind, wahr sein können. Sie denken etwa, ohne es zu äußern: „Verdammt, schon wieder Stau!" – und indem Sie auf diese Weise Bezug auf den Straßenverkehr nehmen, haben Sie, sofern sie im Stau stecken, eine wahre Vorstellung über ein reales Ereignis außerhalb ihrer Gedanken. Gedanken oder Vorstellungen sind, ebenso wie die Sprache, Mittel zur Vergegenwärtigung der Welt. Der Unterschied zwischen beiden Mitteln besteht im Wesentlichen darin, dass das Denken und Vorstellen, anders als das Sprechen, nicht unmittelbar sinnlich in Erscheinung tritt, und dass man sich, um Gedanken und Vorstellungen zu übermitteln, in der Regel der Sprache bedienen muss. Vorgestelltes kann man für sich behalten, Gesprochenes hingegen ist naturgemäß nach außen gewandt, also an eine Öffentlichkeit gerichtet – es ist eben gesagt.

Sprechen, Denken und Vorstellen stimmen, so verschieden sie ansonsten untereinander sein mögen, in einer Hinsicht überein: Mit ihrer Hilfe können sich Menschen auf Dinge und Geschehnisse in der Welt beziehen – und zwar so, dass dieser Bezug, technisch formuliert, wahrheitsfähig ist. Nun geht es in diesem Essay weder um die Sprache noch um Gedanken oder Vorstellungen: Es geht um die Wahrheit. Wann immer daher künftig von Sprechen, Denken oder Vorstellen die Rede ist, geht es stets nur um Mittel, die zur Wahrheit und ihrer Erkenntnis beitragen. Da heutzutage sehr häufig über Mittel, und zwar vor allem über Mittel im Sinne von *Medien* gesprochen wird, sollte ich noch etwas genauer sagen, worin der Unterschied zwischen der Wahrheit und ihren diversen Medien besteht. Ich treffe dabei allerdings keine willkürliche Unterscheidung, sondern gehe von einem *bestehenden* Unterschied aus, um den wohl jeder normale Mensch insgeheim weiß.

9. Medium und Botschaft, realistisch betrachtet

Jeder normale Mensch weiß zunächst einmal, dass Mittel eben Mittel sind – und gerade niemals jene Sachen, um derentwillen man sie als Mittel verwendet. Mittel sind Werkzeuge, die den Menschen helfen, zur Sache zu kommen, Ziele zu erfüllen, Zwecke zu erreichen. Und damit sind sie nicht selbst die Sachen, Ziele oder Zwecke, welche durch sie erreicht werden sollen. Gemessen daran schießt die Idee der Medialisierung der Welt, die heutzutage weit verbreitet ist, über das Ziel hinaus. Zwar entspringen die Bilder, die sich die Menschen von der Welt machen, dem Einsatz zahlreicher Medien. Aber die Welt wird durch die menschliche Mediennutzung nicht ihrerseits zu einem Bild. Der Gebrauch von Medien – übrigens selbst ein durch und durch realer Vorgang – erfolgt stets im Hinblick auf die Darstellung der Wirklichkeit, die nicht ihrerseits schon Bild oder Medium ist.

Ich lege auf diesen Punkt deshalb so viel Gewicht, weil seit geraumer Zeit eine Art Dogma die Runde macht: Die Auffassung nämlich, dass es die Welt außerhalb von Medien nicht gibt. Die Popularität dieser Idee geht unter anderem zurück auf einen Slogan, der den amerikanischen Literatur- und Medientheoretiker Marshall McLuhan (1911-1980) bekannt gemacht hat: „The Medium is the Message“[11]. Sicherlich ist dieser knappe Satz lediglich die Zuspitzung verzweigter kulturtheoretischer Gedankengänge, die hinter ihm stehen. Aber diese Gedankengänge sind eben so

---

[11] Marshall McLuhan: Understanding Media. The Extensions of Man, London/New York 2008, 7-23.

beschaffen, dass sie in diese (wie ich meine falsche) Zuspitzung münden.

In der Tat ist McLuhan der Auffassung, dass sich die moderne Welt mehr und mehr in das Mediale hinein auflöst. Medien unterschiedlichen Formats vernetzen sich zu einem hochgradig differenzierten System, das die Lebenswelt der Menschen vollständig durchdringt. Was nun den Begriff der Botschaft (*message*) angeht, der in McLuhans Formel eingeht, so verschiebt sich der Sinn dieses Begriffs auf eigenartige Weise gegenüber seiner klassischen Verwendung. Er steht nicht mehr für wahren oder falschen Bezug der Medien auf die Welt, sondern bezeichnet nun vor allem die vielfältigen Effekte, die sich aus der Medialisierung für die Erfahrungen der Menschen ergeben. McLuhans zugespitzte These ist also nur wenig spektakulär, wenn man sie als das nimmt, was sie ist: Nämlich als Quintessenz einer Beschreibung veränderter Erfahrungs- und Lebensverhältnisse in hochgradig technisierten Gesellschaften.

In akademischen Kreisen hat man McLuhans Formel hingegen direkt beim Wort genommen, und dadurch konnte sie wesentlich spektakulärer erscheinen. Man hat die Botschaft in klassischer Weise als den Gegenstand medialer Prozesse gedeutet, um dann eben festzustellen, dass es sie, unabhängig sowie außerhalb der Medien, gar nicht mehr gibt. Diese Interpretation geht über die Beschreibung eines kulturellen Wandels, die McLuhan selbst im Auge hatte, hinaus; und bei gezielter Betrachtung wird deutlich, dass sie es in unhaltbarer Weise tut. Wörtlich genommen nämlich besagt die Formel, dass das, was jemand inhaltlich meint, also die Botschaft, identisch ist mit dem Medium, mit dessen Hilfe er es meint. Man kann über diese Identitätskonstruktion lange nachgrübeln; und Medientheoretiker haben das tatsächlich und in teilweise sehr phantasievoller Weise getan. Aber es ist letztlich nicht möglich, diesem Gedanken einen vernünftigen Sinn abzugewinnen.

Der Grund dafür ist recht einfach. Man kann den Gedanken, dass die Botschaft und die Medien ihrer Übertragung dasselbe sind, schlichtweg nicht fassen. Natürlich ist es richtig, dass Medien an der Darstellung von Botschaften mitwirken; schließlich sind auch sie reale Phänomene, und ihr jeweiliges Format hat reale Auswirkungen auf das, was in ihnen zur Darstellung kommt. Aber die These McLuhans begnügt sich, sofern man sie direkt beim Wort nimmt, keineswegs damit festzustellen, dass Medien die Sicht auf die Botschaft mitbestimmen. Vielmehr identifiziert sie, wörtlich betrachtet, die Botschaft unmittelbar mit ihrer medialen Präsentation, und sie bringt damit den Inhalt, um dessen Vermittlung es geht, praktisch zum Verschwinden. Natürlich ist auch diese Auffassung so lange harmlos, wie sie nur dazu anregen soll, Medientheorie zu betreiben: Also Medien und die Art ihres Darstellens zum Inhalt wissenschaftlichen Forschens zu machen. Aber das ist keineswegs der wörtliche Sinn der These. Sie behauptet vielmehr geradewegs eine Identität von Medium und Inhalt – und eben das ist gedanklich nicht nachvollziehbar.

Versuchen Sie einmal den Gedanken zu fassen, Ihr Smartphone (als triviales Beispiel für ein Medium) sei dasselbe wie die zahlreichen Nachrichten (Messages), die Sie mittels dieses Geräts senden oder empfangen. Sie werden dabei scheitern, denn das lässt sich nicht denken. Bei nicht-technischen Medien, etwa bei denen der Wahrnehmung, wird es Ihnen nicht besser ergehen. Versuchen Sie einmal den Gedanken zu fassen, dass der Gartenzwerg und Ihre Wahrnehmung des Gartenzwergs dasselbe sind: Auch das ist unmöglich. Jemand, der von Ihnen verlangt, so etwas zu denken, verlangt etwas vollkommen Absurdes; er verlangt, dass Sie Undenkbares denken – und Sie stehen verdutzt da und können nichts tun. Aber Sie stehen nicht allein da, alle anderen sind bei Ihnen. Denn niemand kann etwas ‚als identisch denken', was, trotz aller Bezogenheit aufeinander, nicht identisch ist.

Was die interpretative Überlastung von McLuhans These angeht, so scheint sie recht gut auf die heutige Zeit zu passen; schon allein deshalb, weil viele Menschen, wie man so schön sagt, ständig ‚medial unterwegs' sind. Doch der Schein trügt. Zwar kann niemand die historisch beispiellose Intensität der Nutzung von Kommunikationsmedien in der Gegenwart leugnen. Und auch niemand kann abstreiten, dass mit der politischen Macht über die

Kommunikationsmittel eine Macht darüber, was dargestellt wird (und wie genau es dargestellt wird), verbunden ist. Das alles aber heißt nicht, dass die Menschen und das, was sie inhaltlich senden oder empfangen, selbst zu Medien mutiert sind. Der Unterschied zwischen der Welt und ihrer medialen Darstellung ist ein bleibender Unterschied, der durch eine Rhetorik der Identifikation nicht überbrückt werden kann. Dieser Unterschied ist in Bezug auf die Frage nach der Wahrheit von Bedeutung. Unter anderem auf ihm nämlich gründet sich die fortdauernde Macht der Wahrheit, der keine Medienmacht etwas anhaben kann.

Machen wir uns etwa klar, dass bereits die Rede vom In-den-Medien-Sein der Menschen sich gedanklich am Rande des Unsinns bewegt. Was heißt es eigentlich genau, dass eine Person ‚im' Internet ist oder etwa ‚bei' Amazon etwas kauft? Keiner, der bei Verstand ist, wird solche Ausdrücke beim Wort nehmen. Denn jeder weiß doch oder kann es sich immerhin klarmachen, dass das Internet, nicht anders als andere Medien, an reale Menschen und deren Bedürfnisse angeschlossen ist. Wer ‚im' Internet ist, der sitzt letztlich irgendwo auf der Welt vor einem PC-Bildschirm oder schaut auf das Display seines Mobilfunkgerätes. Und wer künftig ‚im Cyberspace ist', der wird an irgendeiner Stelle im realen Raum stehen, von wo aus er mit seinem Körper allerlei bizarre Bewegungen ausführen wird. McLuhan hatte durchaus Recht damit zu behaupten, dass Medien Erweiterungen des Menschen (*extensions of man*) sind. Aber niemand wird daraus, dass der Mensch durch Medien seine Erfahrungsmöglichkeiten ausbaut, darauf schließen, dass dadurch die Realität ‚verschwindet'.

Ist denn nicht der medial erweitere Mensch nach wie vor realer Mensch? Natürlich ist er das! Und die Welt, die ihrerseits nicht in die Medien eingeht, bleibt auch in Zukunft der reale Bezugspunkt medialer Inhalte und Darstellungen. Ohne Zweifel verändern sich der Mensch und die Welt durch die Medien. Aber im Zuge dieser real geschehenden Veränderung ‚medialisieren' sie sich nicht. Die Rede von der Medialisierung der Welt ist hyperbolisch, d.h., sie ist eine Übertreibung. Wer sie beim Wort nimmt, sorgt vielleicht für Aufregung – aber er verfehlt die Phänomene.

10. Der Weg ist der Weg, das Ziel ist das Ziel

Hinter der Diskussion um Medien und Inhalte stehen letztlich sehr alte und vielleicht sogar zeitlose Fragen. Immer geht es dabei in irgendeiner Weise um Probleme der Repräsentation – also darum, ob und wie etwas oder jemand da sein kann, ohne physisch oder leibhaftig anwesend zu sein. Die Auffassung, dass diese Problemstellung erst mit den heute verbreiteten elektronischen Medien virulent wird, ist falsch. McLuhan hätte mit seiner These bereits im Streit um die platonischen Ideen oder auch im mittelalterlichen Abendmahlsstreit Partei ergreifen können. Nun, zumindest theoretisch. Denn anders als viele Medienwissenschaftler, die sich mit großem Eifer um die Ausdeutung seiner Ideen bemüht haben, hat McLuhan selbst die Sache weniger streng genommen. Er war auch mit einer dadaistischen Variante des Satzes („The Medium is the Massage"), die sich einem Fehler bei der Schriftsetzung verdankt, ganz glücklich. Dass schließlich auch über diese absichtslos entstandene Formulierung zahlreiche ‚Debatten' entbrannt sind, könnte einem ernsthaft zu denken geben – aber die Erheiterung darüber überwiegt.

Natürlich ist nicht abzustreiten, dass es einen geschichtlichen Medienwandel gegeben hat und wohl auch weiterhin geben wird. Und das heißt: Es ist tatsächlich ein Unterschied, ob die Menschen mittels Mimik und Handzeichen, mittels Sprache oder Schrift, mittels Telefon oder Internet kommunizieren. Hätte McLuhan mit seiner These allein auf Unterschiede dieser Art aufmerksam machen wollen, wäre die Angelegenheit relativ harmlos. Aber sein Satz zielt, landläufigen Deutungen zufolge, auf mehr; nämlich auf ein historisch zunehmendes Ununterscheidbarwerden von Medien und Inhalten. Genau hier liegt jene Übertreibung, die den an sich unproblematischen Satz haltlos macht. Denn wie soll der nicht zu leugnende Wandel der Medien praktisch dazu geführt haben, dass die neuesten Medien, anders als etwa Medien früherer Zeiten, unmittelbar selbst zu Botschaften werden? Das ist, jedenfalls für nüchtern denkende Menschen, in keiner Weise nachvollziehbar. Was auch immer der Wandel der

Medien bewirkt hat: Er hat nicht bewirkt (und hätte auch niemals bewirken können), dass Medien Inhalte sind.

Das Internet etwa ist ein Medium, keine Frage. Aber das Internet selbst *ist* keine Message, sondern es vermittelt Botschaften, übermittelt Inhalte. Was Menschen im oder mittels Internet sehen oder hören, das allein ist die Message. Das Medium ‚Internet' ist ein Kanal, durch den Botschaften zu uns gelangen. Ohne Frage hat das Internet das Leben der Menschen verändert. Aber es hat natürlich weder dafür gesorgt, dass es nunmehr überhaupt keine Inhalte mehr gibt noch dass die Inhalte aufgrund ihrer Vermittlung plötzlich etwas anderes als Inhalte sind. So neu und vielgestaltig das Internet auch sein mag: Die Neuheit des Mediums sagt über die Neuheit, Vielgestaltigkeit und Qualität der vermittelten Inhalte kaum etwas aus.

Die geschichtliche Ausdifferenzierung der Kanäle, in denen das Mitteilen von Inhalten und Bedeutungen geschieht, hat mit dem Gegenstand der Mitteilung unmittelbar nichts zu tun. Der Inhalt der Kommunikation ist von den Medien, die bei der Bezugnahme auf den Inhalt zum Einsatz kommen, nicht abhängig. Das gilt im Grunde für alle Arten von Medien, und es beginnt somit schon bei der Sprache. Wenn ich etwa sage: „Das Wetter ist heute sehr schön!", dann sage ich etwas über das Wetter, und nicht etwas über die Sprache, mit deren Hilfe ich mich über das Wetter äußere. Das Wetter selbst ist, wie jeder weiß, nicht mit einer sprachlichen Äußerung über das Wetter identisch. Sprache und Stimme sind hier Medien, aber sie sind nicht die Sache selbst; sie sind nicht das Wetter, das wiederum seinerseits kein Medium ist (jedenfalls dann nicht, wenn man ‚im' Wetter nicht wie in einer Art Text ‚lesen' zu können meint und somit eben meint, das Wetter ‚bedeute' etwas). Generell gilt: Es werden niemals ‚Medien kommuniziert', sondern mittels Medien Inhalte. Inhalte und Medien lassen sich deshalb so klar voneinander unterscheiden, weil sie phänomenal bzw. der Sache nach unterschieden sind.

Diese Zusammenhänge lassen sich ohne Mühe auch auf die Wahrheit beziehen. Auch die Wahrheit ist mit denjenigen Dingen, die man zusammenfassend als Medien der Wahrheit bezeichnen kann – also vor allem mit Sprache, Gedanken oder Vorstellungen – nicht identisch. „Neither language nor thinking nor conception or perception is the truth“: So lautet die Analogie zum irreführenden Slogan McLuhans. Zwar erfolgt die Bezugnahme der Menschen auf die Wirklichkeit im Medium von Aussagen, Gedanken oder Vorstellungen; und diese können wahr oder falsch sein. Aber die Wahrheit selbst ist nicht identisch mit ihrem Auftauchen in Aussagen, Gedanken oder Vorstellungen. Was immer daher als Medium der Wahrheit dienen mag: Die Wahrheit ihrerseits ist kein Medium für irgendetwas. Die Erkenntnis, sei es in gedanklicher oder in sprachlich geäußerter Form, führt zur Wahrheit, wie umgekehrt Irrtum oder Lüge Unwahrheit im Gefolge haben. Die Wahrheit selbst aber führt zu überhaupt nichts: Sie ruht in sich.

Die Wahrheit und ihre Medien verhalten sich letztlich zueinander wie das Ziel und der Weg. Sie hängen auf bestimmte Weise zusammen, sind aber nicht identisch. Letztlich ist der populäresoterische Ausspruch: „Der Weg ist das Ziel“ in ähnlicher Weise absurd wie die populärakademische These McLuhans: „The Medium is the Message“. Der eine Satz mag für Medienwissenschaftler kultig, der andere für Laientheoretiker des Lebens erbaulich klingen. Aber diese rein ästhetischen Wirkungen ändern nichts an der Unsinnigkeit beider Behauptungen. Denken Sie bitte ganz einfach und schnörkellos: Wäre der Weg tatsächlich das Ziel, dann wäre der Gang ins Kino unmöglich – man wäre dann ja auf dem Weg ins Kino bereits im Kino! Gegen diesen evidenten Nonsens möchte ich erneut eine Trivialität ins Spiel bringen, die aber immerhin den Vorteil hat, dass sie wahr ist: Der Weg ist der Weg, das Ziel ist das Ziel.

II.
Die vielen Meinungen und die Einheit der Wahrheit

1. Es gibt keine ‚Wahrheiten'

Wie die Gedanken im ersten Teil gezeigt haben, ist die Wahrheit vor aller Theorie so tief in das menschliche Alltagsleben eingesenkt, dass das Licht der Erkenntnis kaum einmal direkt auf sie fällt. Zu einem eigentlichen Gegenstand wird die Wahrheit erst, wenn man seine Gedanken gezielt auf ihre allgemeinen Merkmale richtet; und dies setzt voraus, dass man – wie ja beim Philosophieren ganz generell – die Perspektive der unreflektierten Alltagseinstellung ein Stück weit hinter sich lässt. Dieser Schritt, der jetzt ansteht, bedeutet aber keineswegs einen willkürlichen Sprung. Denn bereits im Alltag selbst kommt es zu Situationen, in denen Konflikte hinsichtlich der Existenz sowie der Natur der Wahrheit entstehen. Das zentrale Problem, das dann ausgetragen wird, spitzt sich zu in der Frage nach der Einheit der Wahrheit im Angesicht der Vielheit individueller Meinungen und Standpunkte. Jeder, der sich über die Wahrheit Gedanken macht, kommt um eine Diskussion dieses Streitpunktes nicht herum – denn er setzt ja stillschweigend voraus, dass die Wahrheit ein einheitliches Phänomen ist, welches sich trotz der evidenten Vielstimmigkeit des Meinens nicht auflöst oder zersetzt.

Der Idee der Einheitlichkeit des Wahren steht somit bereits in Kontext der Alltäglichkeit ein prinzipieller und durchaus hartnäckiger Einwand gegenüber. Es handelt sich keineswegs bloß um einen theoretisch konstruierten Kritikpunkt, sondern um einen populären Einwand, der tatsächlich oft vorgebracht wird. Ganz allgemein läuft er auf die Behauptung hinaus, dass es die Wahrheit als ein homogenes Gebilde überhaupt nicht gibt. Jeder Mensch hat vielmehr, so der Tenor dieser These, ‚seine' Wahrheit, so dass von der Wahrheit im Singular streng genommen keine Rede sein kann. Es ist klar, dass diese Annahme, sollte sie sich als zutreffend erweisen, über den Sinn oder Unsinn aller weiteren Gedanken über die Wahrheit mitentscheidet. Ich werde mich daher in diesem Teil des Essays gezielt mit ihr auseinandersetzen; und ich beginne auch sogleich mit ihrer Untersuchung.

An der besagten Behauptung ist zunächst auffällig, dass sie sich der Wahrheit aus einer merkwürdigen Richtung nähert, nämlich in Form der Frage nach der Anzahl der... – und schon stocke ich! Wenn ich schriebe „die Anzahl der *Wahrheit*“, so wäre das grammatisch falsch. Schriebe ich dagegen „die Anzahl der *Wahrheiten*“, so wäre das zwar grammatisch korrekt, aber dann wäre mir mit einem Schlag die Bedeutung des Wortes ‚Wahrheit‘ nicht mehr verständlich. Zwar verstehe ich ohne weiteres, was gemeint ist, wenn etwa von einer Anzahl von Häusern die Rede ist; denn Häuser sind einzelne Dinge, die man abzählen kann. Aber gilt das auch für die Wahrheit? Lässt sich Wahrheit zählen: Eine Wahrheit, zwei Wahrheiten, drei Wahrheiten...? Oder kann man ‚Wahrheiten‘ – wie es bei Dingen wie Häusern leicht möglich ist: erstes Haus links, zweites Haus links usw. – in eine Reihenfolge bringen: Wahrheit Nr. 1, Wahrheit Nr. 2, Wahrheit Nr. 3...?

Viele Menschen sprechen heute tatsächlich so. Die Pluralform von ‚Wahrheit‘ ist weit verbreitet, und man hat nicht den Eindruck, dass jemand groß daran Anstoß nimmt. Oft hört man die Leute sagen, dass das, was sie geäußert haben, lediglich ‚ihre‘ Wahrheit sei, die sie aber anderen auf keinen Fall aufdrängen möchten. Jeder Mensch hat ‚seine persönliche‘ Wahrheit – das ist offenbar die Botschaft, die mit solchen Bemerkungen gesendet werden soll. Wer so redet, geht offenbar wie selbstverständlich von der Existenz einer Vielzahl von ‚Wahrheiten‘ aus. Ich frage mich allerdings ernsthaft, warum jemand so etwas sagt. Ist es überhaupt verständlich, wenn jemand so redet? Und besteht irgendeine ersichtliche Notwendigkeit, sich auf diese Weise auszudrücken?

Ich habe die Sache sehr lange hin und her gewendet und bin schließlich zu dem Ergebnis gekommen, dass die Rede von der Wahrheit im Plural sachlich unhaltbar ist. Dass jeder Mensch seine Meinung hat, ist selbstverständlich. Aber daraus folgt nicht, dass sich mit der Anzahl der Meinenden und der entsprechend divergierenden Meinungsinhalte auch die Wahrheit selbst vervielfacht. Wer seine persönliche Meinung direkt als ‚seine‘ Wahrheit bezeichnet, setzt Dinge gleich, die gar nicht gleich sind. Hinter dieser Haltung mag vordergründig der vollkommen berechtigte Respekt vor den Meinungen anderer Menschen stehen; Respekt also davor, dass sich in allen Meinungen jeweils ganz persönliche Weltanschauungen Ausdruck verschaffen. Aber dieser Respekt, so aufrichtig er auch sein mag, geht dennoch ins Leere, wenn er auf die Wahrheit bezogen wird – und das liegt, wie ich nunmehr zeigen möchte, an einer Verwischung des Unterschiedes zwischen Wahrheit und Meinung.

Es spricht nichts dagegen, die Meinungen anderer Menschen zu respektieren: sie also ganz in Ruhe anzuhören und sie, bevor man ihnen etwas erwidert, erst einmal bei sich ankommen und auf sich wirken zu lassen. Teil eines solchen Respekts ist auch sich zu fragen, ob das, was andere Menschen als ihre Meinung äußern, inhaltlich zutreffend ist. Ein jeder weiß oder fühlt doch zumindest, dass sich ein Austausch von Meinungen nicht in formeller Höflichkeit, also etwa bloß in wechselseitigem einander Aussprechenlassen, erschöpfen kann. Gesprächsregeln sind natürlich diskurstechnisch sinnvoll, damit jeder, der etwas zu sagen hat, in angemessenem Umfang zu Wort kommt. Aber zum Wahrsein dessen, was einer sagt, tragen solche Regeln unmittelbar nichts bei.

In jeder Meinungsäußerung steckt vielmehr ein inhaltliches Moment, also eine Überzeugung bezüglich des Soseins die Sache, die zur Diskussion steht. Die Wahrheit dessen, was jemand sagt, liegt nicht im bloßen Behaupten (oder gar im eitlen Sich-Behaupten gegen andere), sondern in der *Trefflichkeit* des Gesagten. Ein Meinungsaustausch mag noch so sehr wie ein Kampf um Anerkennung und Rechthaberei aussehen – das ist nur die spektakuläre Außenansicht von Gesprächen, die bisweilen freilich die Aufmerksamkeit eines Publikums über Gebühr fesseln kann. Hintergründig allerdings wird ein Austausch von Meinungen stets vom jeweiligen Sachthema oder Problem getragen und beherrscht; und fällt dieses aus, so ist alles weitere Reden damit eigentlich hinfällig. Natürlich dominiert an der Oberfläche von Diskussionen häufig die Selbstdarstellung einzelner Personen oder Gruppen. Aber das Dominieren derjenigen, die am meisten, am schnellsten oder am lautesten sprechen, ist ein formelles und durchschaubares Phänomen, das nur selten mit sachlicher Dominanz verwechselt wird. Dass zur Schau gestellte Dominanz zur Sache nichts beiträgt, erkennt man daran, dass ein zufälliges Fehlen von so genannten „Beziehungsaspekten der Kommunikation" (Friedemann Schulz von Thun) insbesondere bei existenziell wichtigen Gesprächsthemen überhaupt nicht als ein Fehlen empfunden wird. Die Sachausrichtung von Gesprächen mag also noch so sehr von Präsentationsritualen oder von der Selbstbezüglichkeit der Teilnehmer überformt sein: Sie ist und bleibt doch stets dasjenige, was in Diskussionen, die diesen Namen verdienen, niemals fehlt.

Die Gesprächsteilnehmer kommen eben wegen der Sache zusammen, nicht dagegen um zu zeigen, dass sie schön zu reden oder sich wirksam zu präsentieren gelernt haben. Zwar weist ein Ausdruck wie ‚Talkshow' in die entgegengesetzte Richtung; so, als solle sich hier das Sprechen (*talking*) allein um seiner selbst willen zeigen (*show*). Aber auch die Gespräche in solchen Vorzeigesituationen sind stets von einem Sachthema her gewichtet, dem sich die Redner mit ihren Redebeiträgen anzugliedern haben. Diese Angliederung gelingt natürlich nicht immer, aber es rächt sich, wenn sie unterbleibt. Denn gerade dort, wo das Sprechen sich zeigt bzw. öffentlich gezeigt wird, ist es dem Instinkt von Zuhörern ausgesetzt, die von ihrem distanzierteren Blickwinkel aus in der Lage sind, Sachargumente von Selbstdarstellungen zu unterscheiden. Denken Sie etwa an gängige Formeln wie „Ich muss es hier und heute einfach einmal in aller Deutlichkeit sagen": Es gehört nicht viel dazu, Äußerungen wie diese als Redegirlanden zu erkennen, die die Sachdiskussion keinen Schritt voranbringen. Das gilt selbst noch für verschwenderische Sätze wie: „Wir müssen uns endlich den Problemen zuwenden, anstatt nur immer wieder um sie herumzureden". Tatsächlich sind es wohl Instinkt und Gefühl, die Äußerungen dieses Typs als ornamental und inhaltslos ausfiltern. Dieses Ausfiltern ist, wie ich denke, ein vitaler geistiger Akt. Der Zuhörende drängt darauf zu erfahren, wie die

Überzeugung desjenigen, der sich bislang nur bei Vorreden aufgehalten hat, konkret beschaffen ist.

Dieses Drängen hat seinerseits einen Grund in der Sache. Denn tatsächlich hat jede Meinungsäußerung eine inhaltliche Ausrichtung. Immer meint jemand *etwas*, und dies wiederum oft im Gegensatz zu inhaltlich anderen Auffassungen. Dass das Meinen stets auf das Gemeinte hin orientiert ist, spricht natürlich nicht gegen die Einführung und Einhaltung von Regeln für den Meinungsaustausch. Es gilt allerdings zu bedenken, dass der Austausch von Meinungen ein Vorgang ist, dessen innere Sachstruktur nicht nach Belieben geregelt werden kann. Unterhalb der Etikette respektvollen Umgangs geht es den Diskutierenden um die Durchsetzung des von ihnen Gemeinten gegenüber den anders Meinenden. Und wenn es dabei schon nicht um einen rohen „Willen zur Macht“ (Friedrich Nietzsche) geht, so doch immerhin um ein persönliches Rechthaben und Rechtbehalten.

Diese Tatsache darf uns freilich nicht dazu verleiten, die Idee der Richtigkeit einer Meinung mit der Idee vom ‚Recht des Stärkeren‘ zu verwechseln. Dass sich jemand mit seiner Auffassung ‚Geltung‘ verschafft und durchsetzt, bedeutet für das Wahrsein seiner Auffassung nichts. *Recht hat immer der, dessen Meinung sachlich richtig ist*: ein Umstand, der im kämpferischen Hin und Her der Meinungspräsentationen oft übersehen wird. Nicht selten entsteht der Eindruck, es gehe den Meinenden lediglich darum, ohne Ende weiterzureden und jeweils das letzte Wort zu behalten. Man kann diese personalistische Seite von Gesprächen nicht leugnen, sie besteht. Aber zugleich gehört die Darstellung persönlicher Macht – nicht anders übrigens als die Zurschaustellung persönlicher Ohnmacht – lediglich der Außenschicht von Diskussionen an: Über das Wahrsein von Meinungen dagegen wird auf dieser Ebene nichts entschieden. Dass es in jedem Meinungsaustausch um die Wahrheit geht, und damit nicht um das Meine oder das Deine, kann zwar leicht in Vergessenheit geraten. Aber diese Dimension ist dennoch immer da, ja mehr noch: Sie ist die tragende Grundlage allen Debattierens. Ob man sie im oberflächlichen Getöse engagierten Redens und Gegenredens ständig bemerkt, ist für ihr Dasein nicht wesentlich. Man merkt ja auch nicht ständig, dass man auf dem Erdboden steht – und doch ist es so.

2. Das Meine, das Deine - und das Wahre

Apropos das Meine und das Deine: In der Tat handelt das Wort ‚Meinung' von der jeweils meinigen Sicht auf die Dinge – Meinigkeit deutet stets auf die persönliche Anschauung einer Person hin. Das ‚Mein' in ‚Meinung' zeigt also eine Art Besitz an, und was hier, zumindest vermeintlich, besessen wird, scheint der Inhalt der jeweiligen Meinung, also das Gemeinte, zu sein. Aus dieser Konstellation ergeben sich freilich einige kuriose Folgen.

Nehmen wir etwa an, jemand teilt die Meinung eines anderen. Er müsste dann, wenn er konsequent sein wollte, zum anderen sagen: „In diesem Punkt teile ich vollkommen deine *Deinung". Oder: „Wir sind hier im Grunde voll und ganz einer, nämlich unserer *Unsung!". Die Sternchen in diesen fiktiven Zitaten signalisieren, dass die Worte ‚Deinung' und ‚Unsung' nicht existieren. Aber warum eigentlich gibt es sie nicht? Warum gibt es nur das (possessiv auf das jeweilige Ich gemünzte) Wort ‚Meinung', während Worte dafür, dass sich jemand der Sicht eines oder mehrerer anderer anschließt, in der alltäglichen Sprache fehlen? Ich deute das hier nur einmal in Frageform an. Vielleicht haben Sie Lust, darüber weiter nachzudenken.

Doch zurück zu der Frage, ob die Rede von der Wahrheit im Plural (‚Wahrheiten') überhaupt verständlich ist. Nach dem bislang Ausgeführten ist sie nun tatsächlich in gewisser Weise verständlich; wobei Verständlichkeit jedoch nicht zwangsläufig etwas mit Sinnhaftigkeit zu tun hat. Es versteht sich nämlich fast von selbst, dass mit der Rede von vielen ‚Wahrheiten' einem Gegeneinanderstehen der Meinungen vorgebaut wird. Wer von ‚Wahrheiten' spricht, stellt im Grunde sicher, dass es im Hin und Her der Meinungen zu keinem ernsthaften Streit über die Wahrheit kommen kann.

Es mag überraschend klingen, aber es ist wohl so: Ein Konfligieren von Meinungen, jedenfalls von Meinungen im engen, egozentrischen Sinne des Wortes, ist ausgeschlossen, sofern jede Meinung eine ‚persönliche Wahrheit' repräsentiert. Meinungen, verstanden als das, was jeweils nur meins ist, laufen ihrer Natur nach unverbunden und unverbindlich nebeneinander her; und es liegt in ihrer eigenen Tendenz, dass sie sich respektvoll und unkontrovers ‚gegeneinander' verhalten. Meinungen, so verstanden, wollen vor allem geäußert, ausgesprochen werden. An der Wahrheit, die das Meine und das Deine in einer Art von innerer Verbundenheit zeigen könnte, haben ‚bloße Meinungen' dieses Typs eher wenig Interesse.

Wenn man daher häufig hört, dass es ‚die' Wahrheit nicht gibt, so ist das als Zeichen des Respekts durchaus verständlich. Aber das ist nur eine und gleichsam die offizielle Seite der Sache. Denn hinter diesem Reden steht zum anderen die Überzeugung, dass man über den Inhalt des Wortes ‚Wahrheit' eigentlich gar nicht gemeinsam reden, geschweige denn miteinander streiten kann – und zwar einfach deshalb, weil sich eine jede solche Meinung eben nur auf ‚ihre' Wahrheit beziehen kann. Die populäre Idee, dass es die Wahrheit (im Singular) gar nicht gibt, ist also insofern verständlich, als sie mit der Dominanz des Meinens im egozentrischen Sinne des Wortes vollkommen harmoniert. Anders gesagt: Sollte die Wahrheit Eigenschaften besitzen, die den einzelnen Menschen in ihrer meinungsbedingten Unverbundenheit nicht behagen, so wäre damit zumindest teilweise verständlich, warum so viele Menschen die Rede von der Wahrheit im Singular ablehnen. Tatsächlich denke ich, dass diese Ablehnung eng mit der Dominanz eines Individualismus, der den Meinungsegozentrismus stützt, zusammenhängt. So verständlich die Ablehnung der Wahrheit im Singular durch den Hinweis auf diese Dominanz auch ist, so wenig ist damit über die Richtigkeit dieser Ablehnung festgestellt. Allein jedoch um diese muss es letztlich gehen, wenn es darum geht, die Wahrheit zu erforschen.

Um es ganz direkt zu sagen: Es ist falsch, dass es die Wahrheit im Singular nicht gibt. Und entsprechend falsch ist die Meinung, die sich in folgendem Satz ausspricht: „Es gibt viele persönliche Wahrheiten, aber nicht *die* Wahrheit!". Vermutlich werden Sie nun von mir verlangen, ich möge meine Behauptung beweisen. Denn möglicherweise macht sich in Ihnen soeben genau jener meinungsbedingte Unmut breit, von dem ich soeben gesprochen habe.

Ehrlich gesagt hoffe ich nicht, dass es so ist. Ich hoffe vielmehr, dass Ihr instinktives Gefühl für die Wahrheit an dieser Stelle die Oberhand behält. Wie dem auch sei: Was einen Beweis für die Singularität der Wahrheit angeht, muss ich Sie enttäuschen. Ich kann einen solchen Beweis nicht erbringen, und ich denke, dass niemand das kann. Stattdessen kann und werde ich etwas anderes tun. Ich werde weiterhin einfach dem Phänomen der Wahrheit nachgehen, zumal wir eine erste Witterung ja bereits aufgenommen haben. Was sich daraus ergibt, wird am Ende hoffentlich befriedigend genug sein und das Verlangen nach einem theoretischen Wahrheitsbeweis angemessen ersetzen.

3. Wahrheit ohne Maß und Zahl

Aus dieser Witterung ergibt sich nun weiterhin ein klarer Verdacht. Er lautet: Dort, wo von einer Vielzahl von ‚Wahrheiten' die Rede ist, geht es gar nicht um die Wahrheit. Es geht dabei vielmehr um Dinge, bei denen es durchaus sinnvoll ist, ein Mein und Dein zu unterscheiden. Das ist nicht nur bei gegenständlichem Eigentum (mein Fahrrad, dein Fahrrad) der Fall, sondern auch bei weniger handgreiflichen Zuständen oder Einstellungen. So ist es zum Beispiel sinnvoll zu sagen, jeder Mensch habe *seine* Lebensgeschichte, *seine* Glaubensvorstellungen, *seine* Gefühlserlebnisse oder *seine* Weltanschauung. Zwar gehören einem das eigene Leben, der eigene Glaube oder die eigenen Gefühle nicht so, wie einem das eigene Fahrrad gehört; man kann sein Leben oder seinen Glauben zum Beispiel nicht wie einen Gegenstand verleihen, verkaufen oder austauschen. Aber ganz offensichtlich sind Leben, Glaube oder Gefühle an konkrete Wesen gebunden, die leben, glauben oder fühlen; frei flottierendes Leben, Glauben oder Fühlen ohne einen derartigen Bezug sind jedenfalls nicht bekannt. Im Falle des Menschen gehen wir davon aus, dass Zustände wie diese an Personen gebunden und von diesen nicht ablösbar sind. Das Leben, Glauben und Fühlen einer bestimmten Person ist *ihr* Leben, Glauben und Fühlen. Andere Personen können ein ähnliches Leben führen oder inhaltlich ganz ähnliche Glaubenserfahrungen und Gefühlserlebnisse haben. Aber es sind stets *ihre* Erfahrungen und Erlebnisse, nicht die irgendwelcher anderen.

Das sieht bei der Wahrheit anders aus. In Bezug auf sie hat ein ‚mein' und ‚dein' keinen vernünftigen Sinn. Im Gegenteil: Das Wahre ist ein Musterbeispiel von etwas, das nicht ‚für jemanden' oder auch ‚durch jemanden' existiert. Die Wahrheit ist, und diese Formulierung ist weniger provisorisch gemeint als sie vielleicht klingt, schlicht und einfach da – sie besteht, ohne einem konkreten Wesen, etwa einer Person, anzugehören. Man kann ohne weiteres sinnvoll davon sprechen, dass jemand um das eigene Leben oder um das eines anderen kämpft, oder dass er sich für den eigenen Glauben oder denjenigen anderer Menschen einsetzt. Aber kein Mensch kann für ‚seine eigene' Wahrheit kämpfen oder sich für ‚die Wahrheit eines anderen' einsetzen. Wer von der Wahrheit spricht, der spricht nicht von individuellen bzw. existenziell verschiedenen Lebensläufen, Glaubensüberzeugungen, Gefühlserlebnissen oder Weltanschauungen. Während die Idee der persönlichen Zugehörigkeit bei Dingen dieser Art gut nachvollziehbar ist, ist die Frage, wem die Wahrheit ‚gehört' oder ‚zugeordnet ist', bereits im Ansatz verfehlt. Wovon genau jemand redet, wenn er von der Wahrheit spricht, wird sich noch zeigen. Offensichtlich ist aber schon jetzt, dass er über etwas redet, das kein Mensch sein Eigen nennen kann.

Nehmen wir, um das besser zu verstehen, das Verb ‚meinen' probeweise einmal als Tätigkeitswort – und zwar als ein Wort, das die Tätigkeit des Überführens von etwas in den persönlichen Besitz bedeutet. (Jemand, der sich soeben ein Auto gekauft hat, könnte in diesem Sinne etwa sagen: „Ich habe gerade ein Auto gemeint!". Etwas zu kaufen wäre natürlich nur eine Art des so verstandenen Meinens, eine andere Art wäre etwa das Stehlen.) Deutet man das Meinen versuchsweise einmal auf diese Weise, dann wird schlagartig deutlich, dass man die Wahrheit *so nicht* meinen kann. Man kann sie sich eben nicht zu Eigen machen, wie man sich etwa eine Weltanschauung oder eine religiöse Überzeugung aneignen kann. Es ist klar: Menschen können sich einer Ideologie oder einer Glaubensgemeinschaft übereignen, sich ihnen also geistig oder auch rituell-praktisch zugehörig machen. Aber sie können, im Gegensatz dazu, nicht bei der Wahrheit mitmachen. Weder kann man in die Wahrheit wie in eine Partei, die dann die eigene ist, eintreten noch kann man, wie im Falle einer religiösen Umorientierung, zur Wahrheit übertreten. Die Wahrheit kann einem nicht gehören, und man kann umgekehrt auch nicht ihr gehören. Denn weder bindet oder klammert sich die Wahrheit an einzelne Personen, während sie andere ‚im Stich lässt', noch lässt sie sich, wie ein erobertes Land oder ein annektiertes Gebiet, in Besitz nehmen.

Ich habe schon oft gehört, wie jemand einen Satz mit den Worten: „*Meiner* Meinung nach..." oder „*Meinem* Gefühl zufolge..." begonnen hat. Solche Redewendungen sind im Grunde redundant, zumindest wenn die Betonung, wie es ja meistens der Fall ist, auf dem Wort ‚mein' liegt. Es ist auch ohne Worte klar, dass, wenn *diese* Person spricht und keine andere, sie natürlich *ihre* Meinung äußert. Es ist natürlich kein ernsthaftes Problem damit verbunden, dass Menschen die Floskel: „*Meiner* Meinung nach..." als stereotypen Redeauftakt verwenden. Das ist an sich eine harmlose Redeweise, die einmal mehr zeigt, wie gedankenlos es im eingeschliffenen Alltag der Menschen zugeht.

Die Situation ändert sich, wenn sich der Akzent nur leicht verschiebt – wenn etwa jemand sagte: „Meiner *Meinung* nach ist Peter ein feiner Kerl, aber ob alle das so sehen, *weiß* ich nicht!". Eine kleine Differenz in der Betonung kann, wie man sieht, zu einer Verschiebung in der logischen Stellung des Meinens nach sich ziehen. In dieser Äußerung nämlich wird das Meinen dem Wissen kontrastiert, und damit wird eine höchst sinnvolle Unterscheidung getroffen. Es ist eben ein kategorialer Unterschied, ob jemand einen Satz mit einer Redundanz („*Meiner* Meinung nach…") beginnt, oder ob er eine Äußerung mit den Worten: „Meiner *Meinung* nach…" eröffnet. Ich möchte sogar behaupten, dass eine Veränderung unseres Sprechens in Richtung auf die letztere Form der Akzentsetzung einen beachtlichen Kulturfortschritt bedeuten würde; zumindest aber einen großen Schritt in Richtung auf ein besseres Verständnis der Wahrheit.

Im zweiten Falle ist dem Sprechenden ersichtlich klar, dass jegliches Meinen seinen Sachbezug nicht durch eine Abgrenzung zu anderen Meinungsäußerungen gewinnt, sondern durch den Gegensatz zum *Wissen*. Insgeheim weiß wohl ein jeder, dass der *wesentliche* Gegensatz zum persönlichen Meinen nicht ein anderes persönliches Meinen ist – ein solcher durch nichts gebremster Gegensatz liefe sich in der Vielzahl meinender Individuen ja gleichsam tot – sondern das mit der Wahrheit eng verklammerte Wissen. Ich habe übrigens noch nie gehört, dass jemand einen Satz mit den Worten: „Meiner Wahrheit zufolge…" beginnt; und ich hoffe auch, dass das so bleibt. Denn eine solche Satzeröffnung wäre einfach deshalb unsinnig, weil man die Wahrheit zwar wissen oder erkennen, aber nicht im egozentrischen Sinne des Wortes meinen, also in Besitz nehmen kann.

Menschen, die auch sonst ohne Probleme von ‚ihrer' Wahrheit sprechen, werden natürlich auch mit einem solchen Satzauftakt ‚kein Problem haben'. Ich denke aber, dass sie einem leicht aufzudeckenden Missverständnis unterliegen. Kehren wir erneut zu unserem Ausgangsbeispiel zurück. Wenn der Ehemann von seiner Frau gefragt wird, wo er gewesen ist, und darauf wahrheitsgemäß antwortet, dann ist natürlich er und nur er es, der antwortet. Er ist eine Person, und er spricht faktisch als diese Person: Die Antwort ist also naturgemäß *seine* Antwort. Aber genau an dieser Stelle schleicht sich der Irrtum ein. Denn die Antwort, die der Mann gibt, beinhaltet nicht etwa deshalb, weil *er* sie äußert, ‚seine' Wahrheit. Der entscheidende Punkt ist dieser: Das Wort ‚seine' passt zwar auf das reine Sich-Äußern des Mannes, aber nicht auf den Inhalt der Äußerung. Wahr sein kann eben überhaupt nicht das faktische Sich-Äußern – dieses geschieht einfach und ist

‚lediglich' wirklich; wahr sein kann stets nur das Inhaltliche einer Äußerung oder an einem Gedanken. Wenn es schneit, dann ist es gleichgültig, wer ‚meint', dass es schneit; wer also den Satz es schneit, praktisch aussagt. Entscheidend für die Wahrheit der Äußerung ist, dass „es schneit" gesagt wird (und nicht etwa „es regnet"). Welche Person das im konkreten Fall tut, ist unter dem Gesichtspunkt der Wahrheit nicht von Belang, weil für das Wahrsein einer Aussage in erster Instanz der Zustand der Welt, über die etwas gesagt wird, entscheidend ist.

Im Durcheinanderwerfen von Meinungsäußerung und Meinungsinhalt versteckt sich erneut die Idee, dass die Wahrheit eine Art Besitz ist, und dass der, der etwas Wahres aussagt, eine Art Inhaber der Wahrheit ist. Eben das ist falsch. Es ist nicht so, dass der nach Hause kommende Ehemann ‚seine Wahrheit hat', die er nun an seine Frau ‚weiterreicht', so dass daraufhin diese, falls sie ‚seine' Wahrheit ‚akzeptiert', sie zu ‚ihrer' Wahrheit ‚macht'. Als Versuch zu beschreiben, was beim Sagen der Wahrheit passiert, ist diese Beschreibung vollkommen schief. Die Wahrheit ist kein Handelsgut, das getauscht, verliehen oder jemandem übergeben werden kann. Wie sollte das auch angehen? Wie sollte der Mann bei der vermeintlichen Übergabe der Wahrheit an seine Frau die Wahrheit seinerseits ‚verlieren'? Und falls es sich bei der Wahrheit gar um eine Tauschware handelte: Was sollte der Mann von seiner Frau als Gegengabe für die von ihm abgelieferte Ware erhalten – etwa irgendeine Wahrheit, die bislang der Frau gehörte? Fragen wie diese sind allesamt rhetorisch. Die Wahrheit wird nicht getauscht, und sie ist auch nicht im bald festen, bald losen Besitz einzelner Menschen. Noch einmal: Kein Mensch ‚hat' oder ‚verfügt über' die Wahrheit. Wahrheit ist kein Besitztum. Und sie ist auch kein Produkt, das sich beliebig oft reproduzieren lässt.

Es dürfte nun schon deutlicher geworden sein, warum man das Wort ‚Wahrheit' nicht sinnvoll im Plural verwenden kann. Wer die Mehrzahlform dennoch verwendet, meint in der Regel gar nicht die Wahrheit, sondern etwas anderes: Meinungen, Gefühle, Anschauungen oder dergleichen. Da die Wahrheit niemals im Besitz der Menschen ist, um zwischen ihnen hin- und hergereicht und dabei beliebig vervielfacht zu werden, kann man natürlich auch nicht von einem Wahrheitsaustausch sprechen; und tatsächlich habe ich dieses Wort noch nie im Leben gehört. Dagegen ist es durchaus treffend, wenn von einem Meinungsaustausch die Rede ist. Denn Meinungen kann man in jenem Prozess, der Kommunikation heißt, abgeben, hin- und herreichen und verändern. Für die Wahrheit gilt das nicht. Anders als Meinungen oder Überzeugungen kann man sie nicht wechseln oder tauschen – und übrigens auch nicht teilen. Man kann sie anderen zwar mitteilen oder sie von ihnen mitgeteilt bekommen. Aber beim Mitteilen (im Sinne von Berichten, Benachrichtigen oder Informieren) wird die Wahrheit nicht buchstäblich geteilt: Sie wird nicht in Teile zerschnitten oder in Stücke gebrochen, um sich in entsprechenden Ausschnitten oder Teilstücken auf wechselnde Inhaber zu verstreuen. Das Bild vom Teilen der Wahrheit ist von Grund auf verfehlt, da die Wahrheit unteilbar eine ist.

Mit dem Wort ‚Einheit' ist es freilich so eine Sache. Dass die Wahrheit *eine* ist, darf man sicherlich nicht im anzahlmäßigen Sinne verstehen; denn etwas, von dem es, anzahlmäßig betrachtet, eins gibt, gibt es prinzipiell immer auch zwei, drei, vier usw. Die Einheit der Wahrheit ist also kein quantitatives bzw. numerisches Einssein. Es handelt sich eher um Einheit im Sinne qualitativer Identität, also im Sinne eines ‚Immer-sie-selbst-Seins'. Als identische ist und bleibt die Wahrheit immer ungeteilt, und zwar selbst noch dort, wo sie jemandem mitgeteilt wird. (Was die wesentliche Qualität ist, hinsichtlich der die Wahrheit identisch ist, wird in Teil II dieses Essays verdeutlicht.)

Vollzieht man diesen nicht leicht verständlichen Gedanken nach, so wird einem klar, warum auch die gelegentliche Rede von der ‚halben Wahrheit' irreführend ist. Als Metapher ist diese Formulierung problemlos, wörtlich betrachtet dagegen ist sie irreführend: Denn gibt es die halbe Wahrheit ebenso wenig wie die ganze Wahrheit, da die Wahrheit eben nicht teilbar ist. Hierin unterscheidet sie sich von nahezu allen uns vertrauten Ganzheiten, die man, wenn schon nicht unmittelbar physisch, so doch zumindest gedanklich teilen bzw. zergliedern (‚analysieren‘) kann.

Insgesamt wird also deutlich: Quantitative Begriffe, aber auch so fundamentale Kategorien wie Ganzes und Teil treffen auf die Wahrheit nicht zu. Daher lässt sich allenfalls bildlich einigermaßen sinnvoll von halber oder ganzer Wahrheit sprechen. Ähnliches ließe sich von Metaphern wie der vollen (im Gegensatz zur ‚leeren‘) Wahrheit oder der reinen (im Gegensatz zur ‚schmutzigen‘) Wahrheit zeigen. Bilder dieser und anderer Art können Hilfsmittel sein, um bestimmte Züge der Wahrheit zu veranschaulichen. Aber es bleibt dabei, dass solche Bilder eben *Bilder* sind, und dass sie nicht identisch sind mit dem, wofür sie stehen.

4. Für-wahr-Halten und Wahrsein

Der Gedanke, dass die Wahrheit *eine* ist, kann natürlich zu Missverständnissen führen. Ich habe ihn deshalb bereits präzisiert und von der Identität der Wahrheit gesprochen. Es empfiehlt sich, diesem Pfad zu folgen und zu erforschen, was es mit der eigentümlichen Identität der Wahrheit auf sich hat.

Zunächst ist festzuhalten, dass es durchaus vieles gibt, das wahr ist: Es gibt zahllose wahre Meinungen, Aussagen und Ideen. Man gelangt damit anscheinend wieder zur Vielheit, zur Pluralität. Aber so einfach ist es nicht. Wer die Pluralform des Wortes ‚Wahrheit‘ für grundlegend hält, weil er ganz richtig sieht, dass vieles Verschiedene wahr ist, ist dennoch im Irrtum, wenn er meint, daraus eine Vielheit von ‚Wahrheiten‘ ableiten zu können. Der Irrtum ist leicht aufzudecken, denn er steckt letztlich im Gegenstand der Meinung selbst. Wer den Plural von ‚Wahrheit‘ verwendet, der meint im Grunde nicht, dass viele, von Person zu Person unterschiedliche ‚Wahrheiten‘ existieren, sondern dass es in der Welt sehr vieles Wirkliche gibt, über das sich, von unterschiedlichen wirklichen Personen, jeweils die Wahrheit sagen oder denken lässt. Und damit hat er durchaus Recht, denn es gibt Vielheit und Pluralität. Aber diese liegt ganz auf Seiten der realen

Dinge sowie der wirklichen Menschen und deren Meinungen. Die Wahrheit selbst ist aber von dieser Pluralität nicht betroffen.

Tatsächlich lässt sich über vieles von dem, was es gibt – rein theoretisch sogar über alles in der Welt – die Wahrheit sagen oder Wahres denken. In diesem schlichten Sinn könnte man durchaus von ‚vielen Wahrheiten' sprechen. Nur würde dieser Ausdruck eben nicht recht zu dem passen, was man meint bzw. ausdrücken möchte. Wer in diesem Punkt sicher gehen will, der wird sagen, dass vieles Verschiedene wirklich ist oder geschieht, und dass man über dies Viele und Unterschiedliche jeweils die Wahrheit sagen oder denken kann. Sprachlich ist der Unterschied gering, aber für den Sinn der Sache ist dieser Unterschied entscheidend: Die Pluralität liegt nicht im Wahrsein selbst, sondern bei den unabsehbar vielen Gegenständen und Inhalten der realen Welt, über die sich jeweils die Wahrheit sagen lässt.

Dass die Wahrheit nicht plural und auch nicht sinnvoll pluralisierbar ist, ist eine Tatsache, die sich kaum sonderlicher Beliebtheit erfreut. Das zeigt sich zumindest am gegenwärtigen Meinungshauptstrom, in dem immer wieder auf der Existenz einer Vielheit von ‚Wahrheiten' bestanden wird. Im Grunde manifestiert sich in diesem Meinungsstrom eine Position, die beinahe akademische Züge trägt – und die zugleich dem hintergründigen Gespür für die qualitative Identität der Wahrheit offensiv oder sogar aggressiv entgegentritt. Dennoch prallt die Offensive an der Normalität alltäglichen Wissens ab. Im praktischen Leben nämlich hat die Wahrheit im Singular ihre Wirksamkeit nie so recht verloren. Es ist hier nicht anders als in ähnlich gelagerten Fällen. Einige Philosophen haben zum Beispiel mit der Idee gespielt, die Wirklichkeit sei nichts weiter als ein Traumgebilde – und dieses Gedankenspiel hat dann auch bis heute in außerakademischen Laienmeinungen die Runde gemacht. Aber praktisch haben weder die professionellen Denker noch die von ihnen geistig angesteckten Laientheoretiker daraus irgendwelche praktischen Schlüsse gezogen; nach wie vor haben sie sich ernährt oder im Straßenverkehr aufgepasst, um ihr reales Leben zu bewahren. Ein hintersinniger Sinn für das Wirklichsein der Welt hat die Gedankenspielerei also stets unbeschadet überstanden, so dass der Gedanke der Irrealität des Realen allenfalls experimentelle, spielerische oder pathologische, niemals hingegen eine reelle Macht über den Instinkt erlangt hat.

Ebenso ist es im Falle der Wahrheit und ihrer Einheit. Normale Menschen, und zwar Theoretiker ebenso wie Leute des praktischen Lebens, haben ein kaum zu trügendes Gespür dafür, dass die Wahrheit nicht in ihrem oder irgendeinem persönlichen Belieben steht. Sie wissen, dass das eigene Meinen etwas nicht willkürlich ‚für wahr erklären' kann, was nicht wahr ist. Natürlich kann man, und auch das ist vielen Menschen klar, etwas Unwahres für wahr halten. Aber dann befindet man sich eben, ob man es nun durchschaut oder nicht, im Irrtum. Den Irrtum übrigens bezweifeln Menschen deutlich seltener als die Wahrheit; und auch dies demonstriert ihr hintergründiges Wissen um die Existenz der Wahrheit. Denn die Existenz des Irrtums deutet implizit ja auf diejenige der Wahrheit hin – macht sie doch indirekt deutlich, dass man nicht nur Wahres zu Recht, sondern auch Unwahres zu Unrecht für wahr halten kann. ‚Etwas für wahr halten': Das ist einfach ein anderer Ausdruck für ‚meinen, dass etwas wahr sei'. Und beides unterscheidet sich, wie man sich leicht klarmachen kann, eindeutig vom schlichten Wahrsein.

Tatsächlich hat das Für-wahr-Halten unmittelbar nichts mit der Wahrheit bzw. dem Wahrsein zu tun. Dass es auf fremden Planeten Leben gibt, ist ein Gedanke, den Sie, aus welchem Grund auch immer, für wahr (oder falsch) halten können. In vielen Fragen begnügen sich die Menschen mit einem bloßen Dafürhalten, und das ist an sich überhaupt nicht problematisch; wie sollten wir auch über alles, was auf der Welt geschieht, die Wahrheit sagen können? Tendenziell ist es wohl so: Je weniger bekannt oder klar den Menschen bestimmte Dinge oder Zusammenhänge sind, desto mehr beruht ihr Auffassen auf einem Für-wahr-oder-falsch-Halten. Aus der Wissenschaft kennt man das entsprechende Phänomen als Hypothese: Man unterstellt einfach so lange das Wahrsein dessen, was man aufgrund der bisherigen Erkenntnislage behaupten kann, bis die Unterstellung durch gegenteilige Tatsachen entkräftet wird und sich als falsch herausstellt.

Während wissenschaftliche Unterstellungen in der Regel sachlich begründet sind, hat das außerwissenschaftliche Dafürhalten oft eher irrationale Gründe. Alltägliches Dafürhalten ist eine Art des Meinens, die stark vom persönlichen Belieben des Meinenden abhängt; denn anders als die Wissenschaft hat es das Alltagsbewusstsein nicht auf eine gezielte Erforschung der Realität abgesehen. Im Alltag können die Menschen auf längere Sicht behaupten und meinen, was sie ‚wollen', ohne dass die Wahrheit aller ihrer Ansichten ständig einer Überprüfung unterzogen wird. Deshalb können sich in einer diffusen öffentlichen Meinung Irrtümer auch tendenziell länger behaupten als in wissenschaftlichen Zusammenhängen, in denen naturgemäß strengere Überzeugungs- sowie Realitätskontrollen durchgeführt werden.

Menschen können sogar, aus welchen persönlichen Motiven auch immer dies im Einzelfall geschieht, unmittelbar etwas Falsches meinen. Um beispielsweise seinen Kopf durchzusetzen oder seine Meinung durchzudrücken, kann jemand selbst von offenkundig Falschem behaupten, es sei wahr. Man sollte diese Dimension des Dafürhaltens nicht als trivial abtun: Denn dass es überhaupt menschenmöglich ist, etwas Falsches mit echter oder gespielter Überzeugung zu meinen, ist im Grunde eine höchst eigenartige Tatsache. Es bedeutet, dass man sich als Mensch nicht nur unbewusst oder unbeabsichtigt täuschen, sondern durchaus mit vollem Bewusstsein etwas vormachen kann – oder auch anderen Menschen, was dann auf das (später noch zu beleuchtende) Phänomen der Lüge verweist.

So kurios es auch ist: Der Mensch ist zu so einem handfesten Widersinn tatsächlich in der Lage; und das liegt eben in der inneren Struktur des Meinens begründet. Meinen ist nämlich so beschaffen, dass man im Prinzip alles meinen kann, was einem im Rahmen geltender Gesetze zu meinen beliebt; und wer die Gesetze nicht achtet, kann auch diesen Rahmen noch sprengen und strafbare Meinungen äußern. Im Gegensatz dazu ist das Denken und Erkennen so frei nicht, wie man gemeinhin meint (!). Denn der Gedanke wird von Normen der logischen Richtigkeit reguliert, und die Erkenntnis ist gebunden an das nicht zu manipulierende Sosein der Wirklichkeit, welches durch sie erfasst wird. Allein das Meinen ist frei und, zumindest prinzipiell, ins Belieben der Meinenden gestellt. Jemand nämlich, der ‚bloß' meinen will („ich mein' ja bloß"), muss weder auf die gedankliche Richtigkeit seiner Anschauungen noch auf die Übereinstimmung seiner Äußerungen mit der Wirklichkeit Rücksicht nehmen.

In der reinsten Form des Meinens, bei der etwas willkürlich als irgendetwas ausgegeben wird, nähert sich das menschliche Meinungsleben der Grenze zum Chaotischen. Damit ist kein Werturteil ausgesprochen; es wird vielmehr einfach der Zustand des rein assoziativen Nebeneinanders von allem, was zu meinen möglich ist, beschrieben. Auffällig ist, dass im Zustand realisierter Meinungsvielfalt die einzelnen Meinungen weder auf inhaltliche Konvergenz noch auf inhaltliche Divergenz hin angelegt sein müssen – die Meinungen können punktuell und beziehungslos dastehen und gleichsam in ihrer bloßen Verlautbarung aufgehen. Man erlebt das in heutiger Zeit besonders deutlich am Beispiel des Internets, wo das Nebeneinander zahlloser unverbundener Meinungsinhalte der tatsächlichen Vereinzelung der Meinenden vor ihren Kommunikationsgeräten entspricht. Das Internet in seinem heutigen Zustand gibt einen exemplarischen Eindruck davon, wie inhaltlich unverbindliche Meinungen in ihrer ganzen Vielfalt aussehen, wenn sie nahezu ungehemmt ‚artikuliert' werden.

Dass man den Zustand der Zeit nicht (als einen ‚Verfall' oder dergleichen) bewertet, sofern man beschreibend auf ihn hinweist, versteht sich wohl von selbst. Und ebenso ist klar dürfte sein, dass über die Wahrheit von Meinungen noch nichts gesagt ist, wenn man auf deren vereinzeltes bzw. bloß lose assoziiertes Auftreten (etwa im Internet) hinweist. Ein generelles Vorurteil für oder gegen das virtuelle Meinungsleben der Gegenwart bliebe in jedem Fall abstrakt. Fest steht jedoch, dass das Wahrsein einer Aussage oder eines Gedankens grundsätzlich nicht nur vom Dafürhalten der Menschen abhängt – denn aus dem Für-wahr-Halten folgt eben nicht unmittelbar das Wahrsein des Für-wahr-

Gehaltenen. Nur Meinungen, die sich in ihrem Inhalt an die vom Meinen selbst nicht zu manipulierende Wirklichkeit halten, haben eine Aussicht darauf, wahr zu sein. Ein ‚bloßes' oder ‚reines' Meinen hingegen verspielt diese Möglichkeit – oder zielt eben von vornherein gar nicht darauf, die Wahrheit zu artikulieren.

Das wiederum bedeutet nicht, dass die Menschen nicht frei sind, zu meinen, was sie wollen. Menschen können ihren Einbildungen jederzeit freien Lauf lassen; sie müssen dann freilich mit den praktischen Folgen, die dem Gebrauch dieser Freiheit entspringen, leben. Es gibt kein natürliches oder metaphysisches Gesetz, das die Menschen nötigt, sich mit ihren Meinungsäußerungen auf die Wirklichkeit zu beziehen. Sie sind zum Sagen der Wahrheit weder schicksalhaft verdammt noch sonst irgendwie determiniert. Wenn sie aber die Wahrheit sagen wollen, ist diese Willkür mit einem Schlag begrenzt. Die Meinenden müssen dann nämlich für Realitätsbezug sorgen und zusehen, dass sie ihre Meinung inhaltlich am Wirklichen ausrichten.

5. Evidenz ist kein Kriterium der Wahrheit

Was ich soeben über das bloße Dafürhalten gesagt habe, gilt im Großen und Ganzen auch für solche Formen des Meinens, die sich auf das Gefühl der Gewissheit berufen. Unter dem Stichwort ‚Gewissheit' sind wir mit der Frage konfrontiert, ob die Evidenz, also das Gefühl des Sich-sicher-Seins, für die Frage nach der Wahrheit von Belang ist. Meine Antwort auf diese Frage lautet: nein. Auch wenn sich jemand in Bezug darauf, wie eine Sache sich verhält, ‚absolut sicher' ist, bleibt seine gefühlsmäßige oder auch intellektuelle Gewissheit ein Meinen im Sinne von persönlichem Besitztum – was sich bereits rein sprachlich darin andeutet, dass man häufig sagt, man sei *sich* absolut sicher oder man sei sich der *je eigenen* Einsicht gewiss. Das Sagen der Wahrheit mag von einem Gefühl der Gewissheit begleitet sein. Aber weder ist diese Begleitung notwendig, noch gilt umgekehrt, dass das Gewissheitsgefühl für sich genommen das Wahrsein einer Auffassung garantiert.

Menschen berufen sich oft auf die Untrüglichkeit ihres Gefühls, und sie wundern sich, dass andere eine Sache nicht genau so ‚klar haben' wie sie selbst: „Das ist doch vollkommen offensichtlich!", denken sie – und ziehen sich mit ihrer Evidenz in sich selbst zurück, weil die anderen ‚einfach nicht sehen wollen', was doch so offensichtlich, klar und deutlich ist. Nun wird niemand solchen Menschen ihr Gewissheitsgefühl absprechen wollen: Das Gefühl der Evidenz ist ein reales Phänomen, und jeder, dem schon einmal etwas wie Schuppen von den Augen gefallen ist, kennt es. Die Frage ist jedoch, was aus diesem Gefühl in Bezug auf die Wahrheit des subjektiv Evidenten folgen soll. Man muss es wohl so deutlich sagen: Praktisch folgt daraus nichts! Gewissheit und Wahrheit sind klar voneinander unterschieden. Was immer daher einer Person als zweifelsfrei gewiss erscheinen mag, braucht noch längst nicht wahr zu sein.

Die Vorstellung, dass es eine bestimmte Höchstform der Einsicht gibt, durch die Menschen unvermittelt ‚ins Mark' der Wahrheit vorstoßen, ist zweifellos ein schöner Gedanke. Aber es handelt sich dabei um ein rationalistisches Vorurteil zugunsten der Macht von Evidenz und Intuition. Zwar hat die Idee einer Art ‚Einwanderung' des Geistes in die Wahrheit mittels Intuition einige Denker stark affiziert – so zum Beispiel den niederländischen Philosophen Baruch de Spinoza (1632-1677), der die Intuition als höchste menschliche Erkenntnisquelle sowie als eigentliches ‚Kriterium' der Wahrheit ansah. Allerdings haben Spinoza und ähnlich denkende Philosophen verkannt, dass ein Bewusstsein oder Gefühl der Wahrheit, mag es auch noch so klar und deutlich sein, weder selbst die Wahrheit ist noch deren Bestehen garantieren kann. Überall dort, wo sich der menschliche Geist intuitiv auf eine Sache richtet, wird die Sache selbst niemals unmittelbar eins mit der geistigen Ausrichtung auf sie. Es kommt zu keiner mystischen Vereinigung von Erkenntnis und Sache – vielmehr kann der Mensch froh sein, dass er überhaupt einige Zipfel jener Sachen, die er zu erkennen versucht, einigermaßen sachgerecht zu fassen bekommt.

Mit der Zurückweisung der Intuition als sicherem Kriterium der Wahrheit wird natürlich nicht die Möglichkeit bestritten, dass Intuitionen und Gefühle ganz allgemein beim Erkennen leitend sein können – schließlich setzt ja auch dieser Essay am allgemeinen Gefühl der Menschen für die Wahrheit an. Intuitionen sind vor allem im Bereich des Empfindens und Erlebens, aber durchaus auch im sachlichen Erkennen wertvolle Wegweiser; etwa dort, wo sich Menschen vor Entscheidungen und Alternativen – lieber hier oder dort lang? – gestellt sehen. Ich leugne also keineswegs die Existenz sowie die lebensdienliche Funktion der Intuition sowie des Evidenzgefühls. Was ich bestreite, ist die unmittelbare Verknüpfung oder Identifikation von Intuition und Wahrheit: Die Art und Weise, wie Menschen zu sicherer Erkenntnis gelangen oder sich in (nicht allein rational zu kalkulierenden) Entscheidungssituationen verhalten, hat nichts mit der Wahrheit und ihrer Beschaffenheit zu tun. Es mag wohl sein – und selbst darüber kann man noch streiten – dass die Intuition ein geeignetes Kriterium der *Erkenntnis* des Wahren ist. Aber ein Kriterium der Wahrheit selbst ist sie nicht; und zwar ganz unabhängig davon, ob man sie eher als rationale oder emotionale Evidenz auffasst. Man darf also die Wahrheit weder mit einem bloßen Meinen ohne jede Überzeugung, noch mit einem Meinen, das der Intuition entspringt, gleichsetzen.

Wäre die Intuition ganz und gar frei von möglichem Irrtum, sähe die Sache natürlich anders aus. Die Intuition wäre dann zwar noch immer nicht direkt die Wahrheit, aber jede intuitive Erkenntnis würde dann zugleich eine wahre Erkenntnis sein. Das ist aber nur ein konstruiertes Szenario, denn tatsächlich sind Intuitionen und Gewissheitsgefühle nicht absolut gegen den Irrtum gefeit. Das ist der entscheidende Punkt: Intuitionen, die uns in die Irre führen, laufen auf Falschheit hinaus, während die Wahrheit als solche unter keinen Umständen zwischen Wahr- oder Falschsein changieren kann. Und da Intuitionen und Evidenzerlebnisse zudem prinzipiell fehlbar sind, sind sie als unmittelbares Kriterium der Wahrheit nicht geeignet.

6. Wirklichkeit, Geistigkeit, Wahrheit

Haben Sie die Wahrheit eigentlich schon einmal gesehen, oder sind Sie ihr irgendwo buchstäblich begegnet? Natürlich nicht. Denn was immer es mit der Identität der Wahrheit auf sich hat: Die Wahrheit ist keine Eigenschaft der Welt oder irgendeines in ihr vorkommenden Dinges oder Ereignisses.

Die Welt und das, was in ihr existiert und geschieht, ist wirklich. Aber als solches Wirkliche ist es keineswegs identisch mit dem, was in Bezug auf dieses Wirkliche wahr ist. Es ist zum Beispiel Unsinn zu meinen oder zu sagen: „Das Auto, das vor der Haustür steht, ist wahr" – denn die Wahrheit ist keine Eigenschaft von Dingen oder Geschehnissen in der Welt, und sie ist auch keine Qualität der Welt als solcher. Die Wirklichkeit bzw. das in der Welt vorkommende oder geschehende Wirkliche ist als solches überhaupt nicht wahr oder falsch. Es ist einfach real: Es besteht, es ist da, es passiert, läuft ab, findet statt, begibt sich usw. Das Wahrsein dagegen ist, und hierin sind sich die Philosophen über die Zeiten hinweg im Wesentlichen einig gewesen, keine Qualität von Gegenständen, Zuständen oder Ereignissen. Dennoch ist sie, und das ist nun das Erstaunliche, keineswegs unwirklich oder irreal: Sie ist vielmehr in der Art, wie sie ist, mit dem Geist des Menschen verbunden. Die Wahrheit kommt ins Spiel, wo sich der menschliche Geist in Gestalt von Aussagen, Gedanken, Vorstellungen oder Theorien auf die Wirklichkeit bezieht. Zwischen Geist und Welt wird dann eine Beziehung aufgebaut, auf deren besondere Form ich noch näher eingehen werde (vgl. Teil III, 2).

Aussagen, Vorstellungen, Gedanken oder Theorien für sich, also rein als Formen des Meinens, sind nicht identisch mit der Wahrheit. Es handelt sich bei ihnen um Gebilde, deren jeweiliger Inhalt wahr (oder falsch) ist. Unter allem, was es auf der Welt gibt, können allein geistige Gebilde dieses Typs wahr oder falsch sein. Der Mensch ist, wie jeder weiß, nicht allein ein geistiges Wesen. Schon unmittelbar ‚unterhalb' der Ebene des Geistigen im Menschen, also im Bereich des unbewusst Seelischen, und dann erst recht im Bereich des Leiblichen, findet sich kein Zustand, der etwas mit einem Sagen oder Denken der Wahrheit zu tun hat.

Das Geistige im Menschen unterscheidet sich überhaupt recht klar vom Psychischen sowie vom Somatischen – und in Bezug auf die Frage nach der Wahrheit tritt diese Differenz besonders scharf hervor. Im psychischen Leben dominieren sinnhafte Erlebnisse, im leiblichen Leben herrschen sinnliche Empfindungen oder unmerkliche organische Prozesse vor. Dass Gedanken, Vorstellungen und Aussagen als typisch geistige Gebilde wahr sein können, leuchtet wohl unmittelbar ein. Niemand dagegen wird – und dies aus gutem Grund – ohne metaphorischen Hintersinn von der ‚Wahrheit' seelischer Erlebnisse oder leiblicher Empfindungen sprechen. Natürlich kann man über seelische oder leibliche Geschehnisse sehr viel Wahres sagen – das Geschehen in beide Bereichen ist wirklich, und über Wirkliches lässt sich eben Wahres sagen. Aber der Punkt ist, dass man die Wahrheit über Seelisches und Leibliches nicht unmittelbar auf dem Wege über Seelisches oder Leibliches kundtun kann. Erlebnisausdrücke sowie Lebensäußerungen ganz allgemein gibt es natürlich. Doch sind solche Ausdrucksformen, die durchaus Bedeutungs- oder auch allgemein Zeichencharakter haben, keine Formen des Meinens oder Sagens der Wahrheit. Worauf auch immer der leibliche, psychische, ästhetische sowie jeder andere nicht-geistige Ausdruck des Lebens und Erlebens bedeutungsmäßig hindeuten mag: Sein Sinn liegt jedenfalls nicht in der sachlichen Darstellung der Realität und somit auch nicht in einer gezielten Artikulation der Wahrheit.

Etwas Inhaltliches meinen, aussagen und denken, das kann allein der menschliche Geist. Seelisch oder körperlich kann sich der Mensch dagegen beispielsweise wohlfühlen; aber dieser Zustand beinhaltet keinerlei inhaltliches Stellungnehmen zu etwas. Leibseelisches Leben geht zu den an ihm ablaufenden Prozessen nicht auf theoretische (also etwa meinende, denkende oder aussagende) Distanz. Diese Prozesse oder Zustände sind ganz und gar Prozess und Zustand: Sie haben von sich her nicht die Funktion, sich gegenständlich (,objektiv') festzustellen – also zu notieren oder zu registrieren, was leibseelisches Wohlgefühl *der Sache nach* ist. Diese Funktion hat allein das Geistige im Menschen, welches sich vom persönlichen Bewusstsein bis hin zum Gemeinschaftsgeist in Kultur und Wissenschaft erstreckt.

Der Geist ist zur Objektivität gerade deshalb in der Lage, weil er, anders als Leib und Seele, beim Feststellen und Erkennen seinerseits nicht empfindet oder fühlt; ein Wohlgefühl zum Beispiel, das leibseelisch besteht, hat der Geist, der es feststellt oder registriert, seinerseits nicht. Auf merkwürdige Weise verhält sich der erkennende Geist zu allem, was leibseelisch geschieht, indifferent – und genau diese Indifferenz kennt man als die Sachlichkeit des menschlichen Geistes. Eine These wie die des Lebensphilosophen Ludwig Klages (1872-1956), der den Geist aufgrund seines Zuges zur Objektivität als Widersacher der Seele und des Leibes bezeichnet, geht dennoch zu weit: Sie verkennt den registrierenden Charakter des menschlichen Geistes, der gerade nichts gegen bzw. wider die Dinge hat oder empfindet, auf bizarre Weise. Der Geist arbeitet keineswegs willentlich und bewusst gegen das leibseelische Leben in Mensch und Natur an; vielmehr ist er es, der überhaupt das Dasein und die Beschaffenheit der inneren wie äußeren Natur erkennen kann. So sehr sich manche Philosophen auch gegen diese Metapher sträuben, so treffend ist sie letztlich doch: Dem Prinzip nach ist der menschliche Geist ein *Spiegel* der Natur, und nur aufgrund dieser Funktion gelangt der Mensch überhaupt zu wahren Erkenntnissen über sich selbst und die sonstige Welt.

Natürlich ist der menschliche Geist fehlbar: *Errare humanum est*. Aber wenn es eine Instanz im Menschen gibt, die – im Gegensatz etwa zur seelischen Zentralinstanz der Phantasie – vollkommen jenseits der Wertalternative des Guten und Bösen operiert, dann ist es der die Welt indifferent registrierende Geist. Er allein ist in der Lage, die Welt in ihrem sachlichen Sosein aufzunehmen;

und dies bedeutet unmittelbar die Fähigkeit zur Theorie, also zur Schau dessen, was da ist und geschieht. Wo sich das Geistige als Bewusstsein und Gedanklichkeit offenbart, dort geht es um das Erkennen der Welt, wie sie ist; oder, in traditioneller philosophischer Terminologie gefasst, um das Seiende als Seiendes, das Seiende als solches. Dass die Menschen, zumindest in groben Umrissen, über Wissen verfügen und fortlaufend neue Realzusammenhänge erkennen, geht auf das Geistige im Menschen zurück. Seelische und leibliche Vorgänge sind ebenso real wie geistige, keine Frage. Aber das Leibseelische hat, jedenfalls im prägnanten Sinne des Wortes, kein Wissen um und kein Bewusstsein von sich – Psychisches ist nicht selbst schon Psychologisches, Körperzustände nicht unmittelbar Somatologisches.

Dass bei allen Gedanken, die man sich über die Wahrheit macht, der Geist zum Instrumentarium der Erkenntnis gehört, versteht sich wohl von selbst. Und da der Geist nun schon einmal im Gespräch ist, möchte ich eins besonders betonen: Ich spreche hier wie im Folgenden allein vom *menschlichen* Geist. Ich tue das, weil allein der Geist des Menschen Geist im normalen Sinne des Wortes ist – und weil bei ihm allein die Zweifel an seiner Existenz keinen sinnvollen Anhalt finden. Wo immer wir es mit Personen zu tun haben, haben wir es mit menschlichem Geist zu tun: und zwar einem Geist, der nicht in luftigen Höhen schwebt, sondern der allein auf leibseelischer Grundlage existiert. Man kann aus ganz unterschiedlichen Gründen am Geist Gottes, am Geist der Tiere, am Geist irgendwelcher anderen (Lebe-)Wesen und darüber hinaus an Geistern als solchen zweifeln. Aber man muss, um all dies zu bezweifeln, eine Person sein und seinen Geist bemühen.

Ich behaupte zudem, dass noch nie ein Mensch in vollem Ernst am Bestehen des menschlichen Geistes gezweifelt hat, oder sich je im Unklaren darüber war, ob ihm eine Person, ein Tier oder eine Sache gegenübersteht. Ob spielerische, methodische oder experimentelle Zweifel in dieser Hinsicht überhaupt Zweifel sind, kann man mit einigem Recht bezweifeln. Fest steht zumindest eins: Sollte irgendwann jemand ernsthaft am menschlichen Geist zweifeln, so wird dieser Jemand ein Mensch sein, der diesen Zweifel nur aufgrund seines Geistes hegen kann. Diese Person wird ein recht klar strukturiertes Gebilde sein: ein an sich selbst zweifelnder menschlicher Geist.

7. Wie sich die Subjektivität einfügt

Es ist im Grunde sehr erstaunlich, dass es in der Welt überhaupt geistige Gebilde gibt; also Gebilde, die – wie Aussagen, Vorstellungen oder Theorien – wahr oder falsch sein können. Dies bedeutet nämlich, dass es in der Welt einige Dinge gibt, die zugleich wirklich und wahr (oder eben zugleich wirklich und falsch) sind. Genau dies kennzeichnet menschliche Aussagen, Vorstellungen oder Gedanken. Sie sind zwar nicht selbst die Wahrheit, aber sie sind dazu disponiert, wahr oder falsch zu sein.

Nicht-geistige Dinge können das nicht. Ein Auto, das morgige Wetter, die Französische Revolution, Goethes „Faust", die Lärchen im Taunus – Dinge wie diese sind zwar wirklich, aber sie sind nicht unmittelbar wahr oder falsch. Dagegen sind menschliche Gedanken oder Aussagen, die Autos, das morgige Wetter, die Französische Revolution, Goethes „Faust" oder die Lärchen im Spessart zum Inhalt haben, nicht nur wirklich, sondern auch wahr oder unwahr. Wir nähern uns damit der wesentlichen Tatsache, dass die Wahrheit eine *Beziehung* ist, die zwischen dem Inhalt geistiger Gebilde und der Wirklichkeit außerhalb dieser Gebilde besteht. Über die Eigenart dieser Beziehung gibt Teil III des Essays weitere Aufschlüsse.

Natürlich erschöpft sich der menschliche Geist nicht darin, Aussagen zu treffen, Meinungen oder Gedanken zu haben oder Theorien aufzustellen. Er kann, etwa beim zwischenmenschlichen Verstehen oder Interpretieren, auch sinnorientiert auftreten. In diesem Fall ist er weniger an der Wahrheit des Gedachten oder Gesagten, als vielmehr an der kommunikativen Anschlussfähigkeit des Denkens und Sprechens an weitere Gedanken oder Aussagen interessiert. Überall dort jedoch, wo Gedanken, Aussagen,

Meinungen oder Theorien da sind, ist notwendig auch der Geist des Menschen im Spiel. Der Mensch ist, wie bereits erwähnt, nicht nur Geist, er ist auch und letztlich vor allem ein körperliches Lebewesen sowie ein Wesen, das aufgrund seiner Leiblichkeit seelische Erlebnisse hat. Aber bereits den ‚allgemeinen Sinn' für Wahres und für die Wahrheit hat der Mensch allein aufgrund seiner leibseelisch getragenen Geistigkeit. Ein sinnliches Organ oder eine psychische Registratur für die Wahrheit gibt es nicht. Und auch die Wahrheit selbst ist weder etwas Körperliches oder Seelisches noch ist sie auf körperliche oder seelische Weise erfahrbar. Allein durch den Geist bzw. das Erkennen im engeren Sinne sind die Menschen fähig, in einen Bezug zur Wahrheit zu gelangen. Wohlgemerkt nur in einen *Bezug* zu ihr: Denn der Wahrheit als solcher ist, wie sich noch zeigen wird, letztlich sogar noch das Erkennen in gewisser Weise äußerlich. Jedenfalls wird die Wahrheit nicht durch den Geist oder die Erkenntnis ‚erzeugt' – eine wahrheitsgemäße Bezugnahme des Geistes auf die Wirklichkeit hat nicht den Charakter einer ‚Herstellung' der Wahrheit.

Ich komme auf die irrtümliche Annahme, dass die wahre Bezugnahme auf die Welt die Identität der Wahrheit verändert oder manipuliert, noch zu sprechen; an dieser Stelle dazu nur einige kurze Hinweise. Natürlich ist es so, dass es zahllose Bezugnahmen auf die Realität gibt, und dass es zudem verschiedene Personen sind, die diese Bezugnahme praktisch herstellen. Was jedoch die Identität der Wahrheit angeht, so ist diese ihrerseits nicht veränderbar. Die Identität der Wahrheit, also das, was die Wahrheit ist, wird durch die erkennende Bezugnahme des menschliches Geistes auf die Welt in keiner Weise berührt. Konkret heißt das: Die Wahrheit wird, nicht anders als jeder sonstige Gegenstand, durch die menschliche Erkenntnis nicht ‚subjektiviert'. Selbstverständlich ist Erkenntnis notwendig Erkenntnis seitens eines Subjekts. Aber ebenso notwendig ist jede Erkenntnis objektiv – und zwar deshalb, weil ein Subjekt eben *etwas* erkennt, und weil es nur insofern Subjekt ist, als es im Zuge des Erkennens mit einem Objekt zu tun bekommt.

Im alltäglichen Denken herrscht über die Beziehungen, die zwischen Objektivität, Subjektivität und Wahrheit bestehen, manche Unklarheit. Bildlich zugespitzt könnte man sagen: Objektivität und Wahrheit sind Prügelknaben, auf welche die Subjektivität nicht selten einschlägt. Das Subjektive gilt dem philosophisch Ungeübten gemeinhin als jenes ‚eigentlich Menschliche', das beim Streben nach Objektivität notorisch vergessen oder verdrängt wird – und das daher anscheinend immer wieder aufs Neue ‚aufgewertet', ‚geschützt' oder ‚gerettet' werden muss. Objektivität hingegen wird assoziiert mit unpersönlicher, grauer Theorie: Sie wird oft direkt mit wissenschaftlichem Denken assoziiert und zudem häufig unmittelbar mit der Wahrheit gleichgesetzt. Nicht selten hört man daher Äußerungen wie die, dass es „objektive Wahrheit" nicht gibt, weil „alles subjektiv" sei – und dabei bleibt unklar, ob jemand, der dieser Auffassung ist, die Wahrheit lieber auf Seiten der Subjektivität sähe, oder ob er schlicht meint, dass es sie gar nicht gibt. Die Möglichkeit, dass Subjektivität und Objektivität untrennbare Teilglieder der Erkenntnisbeziehung sind, wird hier gar nicht in Betracht gezogen – und gerade damit übersieht man die tatsächlichen Verhältnisse. Auch der Umstand, dass Wahrheit und Objektivität keineswegs dasselbe ist, entgeht dieser Auffassung. Die Kategorien verknäueln sich also bis zur völligen Unentwirrbarkeit. Das Resultat ist ein fest verschnürtes Meinungspaket, in dem die Subjektivität in der Regel das befreiende Wort hat.

Ich möchte dieses Knäuel hier nicht als Ganzes entwirren, sondern nur die für die Wahrheit relevanten Aspekte herausgreifen. Was passiert, ist dies: Indem man Objektivität und Wahrheit für dasselbe hält, macht man die Subjektivität gleichsam automatisch zum Gegenpol für beide Phänomene. Auf diese Weise kommt man zwangsläufig dazu, Wahrheit und Subjektivität für unvereinbare Gegensätze zu halten; und da das Subjektive als unbezweifelbar gilt, kann es die Wahrheit letztlich gar nicht geben. Da diese Kategorienverwirrung im Alltagsdenken weit verbreitet ist, entsteht um sie herum der Schein einer gewissen allgemeinen

Gültigkeit. Tatsächlich aber werden die in den Phänomenen liegenden Verhältnisse hierbei erheblich durcheinandergebracht.

Vor allem die hartnäckige Vorstellung einer Identität von Wahrheit und Objektivität ist schlicht falsch. Denn der Gegensatz von Objektivität ist Subjektivität, der Gegensatz von Wahrheit ist Unwahrheit (Falschheit). Beide Gegensatzpaare stehen gewissermaßen quer zueinander: Sie berühren sich in keinem Punkt, und daher können Wahrheit und Objektivität keinesfalls identisch sein. Wären sie es, so wäre ein Erkenntnisakt bereits dadurch, dass er überhaupt einen Gegenstand hat – also gegenstandbezogen bzw. objektiv ist – wahr. Das ist natürlich nicht der Fall. Zwar ist jede (notwendig von einem Subjekt getragene) Erkenntnis objektiv, denn eine Erkenntnis ‚von nichts', also eine Erkenntnis ohne Sachbezug, gibt es nicht. Aber es gibt eben einerseits Erkenntnis, durch die sich der Wahrheitsbezug realisiert, und es gibt andererseits den Irrtum, also die gescheiterte Erkenntnisbemühung, die jedoch nichtsdestotrotz eine *objektive* ‚Erkenntnis' ist. Wahrheit und Objektivität sind daher eindeutig voneinander verschieden.

Auch die geläufige Verabsolutierung der Subjektivität hält einer genaueren Prüfung nicht stand. Es ist eine Selbstverständlichkeit, dass die Erkenntnisrelation in einer ihrer Pole subjektiv ist. Aber das bedeutet lediglich, dass es eines Erkennenden bedarf, damit es Erkenntnis gibt. Die viel beschworene Subjektivität der menschlichen Erkenntnis wird damit auf ihre Normalbedeutung zurückgebracht: Subjektivität spricht nicht im Geringsten gegen Objektivität; denn beides, Erkennender und Erkanntes, gehören untrennbar zusammen. Außerdem wird durch die Tatsache, dass Erkenntnisvollzüge notwendig von Subjekten eingeleitet und getragen werden, das Wahrsein der Erkenntnis weder gefördert noch verhindert. Die Subjektivität ist für das Erkennen also tatsächlich wesentlich, aber dies lediglich als Pol in der Beziehung Erkennender-Erkanntes. Und daher ist dort, wo das Subjektive wirkungsvoll zum Einsatz gelangt, auch Objektivität bereits voll realisiert.

Der weit verbreiteten ‚Aufwertung' der Subjektivität liegt durchaus ein berechtigtes Motiv zugrunde. Allerdings hat dies nichts mit Objektivität oder Wahrheit zu tun, sondern damit, dass das Erkennen nicht die einzige und vor allem nicht die dominante Weise menschlichen Verhaltens ist. Wer die Subjektivität einklagt, möchte vor allem darauf hinweisen, dass Menschsein sich nicht in erkenntnismäßigen Bezugnahmen auf die Welt erschöpft – und das ist zweifelsohne richtig. Die Erkenntnisbeziehung zur Welt ist, gemessen an den zahlreichen Formen nichtsachlicher Verwobenheit der Menschen in die Welt, sogar ein relativ marginales Phänomen. Während das Subjekt-Objekt-Verhältnis für die Erkenntnis wesentlich ist, sind die diversen Arten atmosphärischen oder stimmungsmäßigen Erlebens nicht durch die Subjekt-Objekt-Relation charakterisiert – und ähnliches gilt für alle Fälle, in denen es um das auf Bedeutungen bezogene Verstehen oder Interpretieren von (realen oder fiktionalen) Handlungen und Situationen geht. In solchen Zusammenhängen, die das erkennende Verhältnis des Menschen zur Welt beständig unterbauen, ist weder die reine Sacherkenntnis noch die Wahrheit dominant. Man kann die Wahrheit eben nicht deuten oder verstehen, während man sie eben sehr wohl zum Gegenstand von Erkenntnisprozessen machen kann. Es ist vielleicht nur eine ungeeignete Wortwahl, wenn man die eigentlich beabsichtigte Aufwertung nicht-erkenntnismäßiger Weltbezüge unter dem Stichwort ‚Subjektivität' durchführt. Wer dies tut, wird sicherlich nicht ernsthaft behaupten, dass alles Geistige subjektiv sei. Er möchte eher daran erinnern, dass der Mensch (als Individuum oder als gesellschaftliches Wesen) nicht auf sachorientierte Rationalität reduziert werden kann. Das, wie gesagt, ist völlig richtig: Der Mensch lebt, und vieles von dem, was er durchlebt, bleibt ihm Erlebnis, ohne jemals Erkenntnis zu werden. Man darf aus dieser Tatsache aber nicht die Subjektivität aller menschlichen Weltbezüge ableiten, oder gar Subjektivität gegen Objektivität ausspielen. Das Erkennen ist real, und es steht für das Geistige im Menschen; und in allem Erkennen gehören Subjekt und Objekt als Pole einer Relation notwendig zusammen. Dass nicht alles, was die Menschen tun, Erkenntnischarakter hat, bleibt unabhängig davon vollkommen richtig.

Die Auffassung, dass dort, wo der Geist des Menschen im Spiel ist, die Subjektivität dominiert, ist also offenkundig falsch. Ihre Falschheit tritt noch klarer hervor, wenn man bedenkt, dass insbesondere im Bereich des überpersönlichen geistigen Lebens der von Georg Friedrich Wilhelm Hegel (1770-1831) so genannte „objektive Geist" die entscheidende Rolle spielt. Der objektive Geist ist nicht die anzahlmäßige Summe aller vereinzelten Meinungsträger. Er ist gerade kein Kollektivum, also keine Ansammlung individueller Perspektiven und Sichtweisen. Der objektive Geist ist bestehende Gemeinschaft, lebendige Verbundenheit von Personen; und als solcher offenbart er sich nicht nur im alltäglichen oder wissenschaftlichen Erkennen, sondern vor allem auch in praktischen Lebensbezügen, die die Mitglieder einer Gemeinschaft miteinander verbindet. Ich werde auf diese Art menschlichen Verbundenseins später (IV, 4 und 5) noch näher eingehen, wenn ich auf das Thema ‚Kommunikation' bzw. auf das Verhältnis von Kommunizieren und Informieren zu sprechen komme.

8. Wahre Aussagen, wahre Vorstellungen, Wahrheit

Aus der Zurückweisung der Idee, alles Erkennen sei ‚rein subjektiv', ergibt sich, dass die wahrheitsgemäße geistige Bezogenheit auf etwas konkret Wirkliches keine Vervielfachung der Wahrheit nach sich zieht. Natürlich existieren Vielheit und Unterschiedlichkeit. Aber sie liegen allein auf Seiten des Realen sowie auf Seiten der menschlichen Bezugnahme auf die Realität. Vieles ist wirklich, und entsprechend lässt sich vieles Wahre oder Falsche darüber sagen oder denken. Doch auch wenn das vielfältige Wirkliche in ebenso vielfältigen wahren Aussagen oder Gedanken seinen geistigen Ausdruck findet: Die Wahrheit ist in jedem besonderen Fall, in dem sie zur Sprache kommt oder in Gedanken gefasst wird, identisch.

Man kann sich das an Beispielen leicht klarmachen. Wenn es regnet und jemand sagt, dass es regnet, so spricht er die Wahrheit. Wenn jemand sagt, dass Berlin eine Stadt ist, sagt er ebenfalls die Wahrheit – und es ist dieselbe Wahrheit, die beide aussagen. Beide Personen sagen zwar inhaltlich von etwas anderem die Wahrheit, da der eine über Regen, der andere über Berlin spricht. Aber beide sagen nicht jeweils ‚eine andere Wahrheit'. Was passiert, ist dies: Beide sagen über unterschiedliche wirkliche Dinge jeweils etwas Wahres, aber beide sagen nicht ‚unterschiedliche Wahrheiten'. Vielleicht merken Sie an der Art meines Insistierens, dass es hier um einen zentralen Punkt geht. Jedenfalls erscheint es mir sinnvoll, diesen Gedanken noch etwas mehr Transparenz zu verschaffen.

Es gibt eine Vielzahl wahrer Aussagen und Gedanken, denn es gibt eben vieles Wirkliche, über das man Wahres sagen oder denken kann. ‚Die Vielheit des Wirklichen' – das ist im Grunde nur ein anderer Ausdruck für: ‚die Welt, wie sie ist'. Und die Vielheit der Aussagen ist letztlich eine Art Wiedergabe der Welt an sich selbst mit geistigen Mitteln; wobei natürlich diese Mittel ihrerseits wirklich sind, denn es sind reale Menschen, die das Mittel, also den Geist, im Erkennen und Aussagen anwenden. Und nun ist der Gedanke schlicht folgender: In keinem jener Fälle, in denen Menschen etwas Wahres über die Welt sagen oder denken, ist es die Wahrheit als solche, die geäußert wird. Die Wahrheit selbst wird nie ‚geäußert', denn geäußert werden wahre Sätze, gedacht werden wahre Gedanken. Doch obwohl die Wahrheit selbst weder unmittelbar gesagt noch gedacht werden kann, ist sie auf ihre Weise da, wenn jemand Wahres über etwas, das der Fall ist, sagt oder denkt. Interessant ist natürlich, was die Formulierung ‚auf ihre Weise' bedeutet. Darauf komme ich schon bald zu sprechen.

Vielleicht hilft zunächst ein weiteres Beispiel zum Verständnis dieses eigenartigen Zusammenhangs. Wer einen roten Ball als rot bezeichnet, sagt etwas Wahres, und wer einen grünen Ball als grün bezeichnet, sagt ebenfalls etwas Wahres. Das dürfte soweit verständlich sein. Und nun schauen Sie sich die beiden Sätze – „der Ball ist rot" und „der Ball ist grün" – an: Eine konkrete Anspielung auf die Wahrheit findet sich hier gar nicht, die Rede ist allein vom Rot-Sein eines roten und vom Grün-Sein eines grünen Balles. Zwar wird jeweils etwas Wahres gesagt, aber von der Wahrheit als solcher ist unmittelbar keine Rede. Und das heißt: Was die Wahrheit ist, das wird in beiden wahren Aussagen gar nicht direkt ausgesagt. Es liegt allenfalls hintergründig in dem, was in den beiden Sätzen wörtlich gesagt wird. Natürlich können sie in redundanter Weise sagen: „Die Behauptung, dass der rote Ball rot (und der grüne Ball grün) ist, ist wahr". Aber das tun wir normalerweise nicht. Weder sagen in wahren Sätzen unmittelbar aus, was die Wahrheit wesensmäßig ist, noch verwenden wir in solchen Aussagen das Wort ‚Wahrheit' zur Bekräftigung des Wahrseins dessen, was wir äußern. Das brauchen wir auch nicht zu tun, da die Wahrheit in solchen Fällen eben ‚auf ihre Weise' anwesend ist.

Sie werden jetzt vielleicht fragen, warum die Wahrheit eigentlich ‚da' oder anwesend' sein soll, wenn sie doch gar nicht unmittelbar ausgesagt werden kann. Es handelt sich im obigen Beispiel doch, so werden Sie sagen, einfach nur um zwei verschiedene wahre Sätze; und es ist überhaupt nichts von einer hintergründigen identischen Wahrheit zu bemerken. Nun, das ist teils richtig, teils nicht. Richtig ist: Die Sätze sind unterschiedlich; sie beziehen sich auf Unterschiedliches, sie können von verschiedenen Personen, in unterschiedlichen Sprachen, zu unterschiedlicher Zeit usw. geäußert werden. Nicht richtig ist dagegen, aus Unterschiedlichkeiten dieser Art auf die Vielheit oder Unterschiedlichkeit der Wahrheit zu schließen. Nicht nur ist die Wahrheit ‚in' den beiden Beispielsätzen dieselbe, sondern die Wahrheit ist in sämtlichen Fällen, in denen etwas Wahres gesagt oder gedacht wird, identisch. Ganz gleich nämlich, worüber irgendjemand (irgendwie, irgendwo, irgendwann) Wahres sagt – ob über die Farbe von Bällen, die Höhe von Bergen, die aktuellen Fußballergebnisse, die Ursachen einer Grippeepidemie, die Folgen einer politischen Entscheidung oder dergleichen mehr: In allen ‚Fällen' ist die Wahrheit, die in der jeweiligen Äußerung anklingt, dieselbe. Dies ist letztlich auch der Grund, warum es keine ‚Wahrheiten' (im Plural) gibt, sondern, was die grammatische Pluralform betrifft, allenfalls wahre Aussagen, Vorstellungen, Gedanken oder Theorien.

Bedenken Sie im Zuge dieses Gedankenganges auch Folgendes. Aussagen oder Gedanken können wahr oder falsch sein, und zwar in Abhängigkeit davon, ob sie das Wirkliche darstellen, wie es ist oder nicht ist. Aber kann eigentlich auch die Wahrheit falsch sein? Natürlich nicht – sie kann ebenso wenig falsch wie wahr sein! Zur Identität der Wahrheit gehört, dass sie selbst weder wahr noch falsch ist. Und genau deshalb ist sie auch nicht mit einem geistigen Gebilde – einer Aussage, einem Gedanken, einer Vorstellung – unmittelbar identisch. Zwar ist die Wahrheit ‚in' geistigen Gebilden ‚da', aber sie selbst ist kein geistiges Gebilde. Man kann sich Gedanken über die Welt machen oder Weltbilder entwerfen. Aber man kann nicht in gleicher Weise die Wahrheit selbst ‚machen', ‚entwerfen' oder auch ‚verwerfen'.

So einleuchtend dieser Gedanke bei gezieltem Nachdenken auch ist, so sehr wird an ihm deutlich, dass sich hinsichtlich der Beschreibung der Wahrheit die Schwierigkeiten nun zumindest teilweise zuspitzen. Ihre zweifellose Alltagsvertrautheit ist zwar nach wie vor intakt, das heißt: Die Wahrheit steht nach wie vor als ein Phänomen vor uns, um dessen Dasein und ungefähre Beschaffenheit die Menschen wissen. Zugleich aber entpuppt sich der Versuch, dieses Wissen in nachvollziehbarer Weise zu artikulieren, als ein hartes Stück gedanklicher Arbeit.

Umgehen können wir diese Arbeit allerdings nicht; zumindest dann nicht, wenn wir verstehen wollen, was wir auf alltäglich dunkle Weise wissen, wenn wir um das Phänomen der Wahrheit wissen. Es ist immerhin schon einiges erreicht, wenn uns bis hierher deutlich geworden ist, dass zwischen dem Wahrsein eines bestimmten geistigen Gebildes (z.B. einer konkreten Aussage) und der Wahrheit als solcher eine Art Abgrund klafft – ein Abgrund, der, wie wir noch sehen werden, mit den Mitteln unseres Verstandes und unserer Sprache niemals vollständig zu überbrücken ist.

Dass dieser Abgrund wirklich besteht, können Sie indirekt daran erkennen, dass in diesem Essay überhaupt keine Rede davon ist, was denn nun eigentlich konkret und inhaltlich in Bezug auf die Welt wahr ist. Meine Gedanken liefern eben keine Theorie in dem Sinne, dass über irgendetwas Bestimmtes in der Welt gesprochen und dabei überprüft wird, ob das, was Menschen diesbezüglich meinen, sagen oder denken, wahr oder falsch ist. Meine Erforschung der Wahrheit folgt, kurz gesagt, nicht dem Weg der Erfahrungswissenschaften. Und daher richten sich meine Gedanken auch nicht auf empirisch Wahres, sondern unmittelbar auf die Wahrheit selbst und auf das, was sie ist. Natürlich steht die Wahrheit in einem inneren Bezug zur Realität; denn jeder, der etwas Wahres sagt, bezieht sich dabei ja auf einen seienden Ausschnitt der Wirklichkeit. Aber die Wahrheit selbst ist kein Gegenstand empirischer Forschung, und sie kann es auch nicht sein – denn die menschliche Erkenntnis geht auf die Realität, nicht dagegen direkt auf die Wahrheit. Was immer daher die Wahrheit sein mag: Ein ‚weltliches Objekt' unter anderen derartigen Objekten ist sie nicht.

Vielleicht verstehen Sie nun schon besser, woher meine sprachliche Verlegenheit stammt. Sie entstammt dem *Sein* der Wahrheit selbst, welches wir nun immer mehr zu entdecken beginnen. Auch für das Nachdenken und Sprechen über die Wahrheit tut sich freilich ein gewisser Abgrund auf. Denn so gefühlsmäßig vertraut uns die Wahrheit aus dem Alltag heraus auch ist, so schwierig ist ihre distanzierte Beschreibung. Wir werden trotzdem weitermachen: Denn die Alternative kann sicher nicht sein, es sich mit Schlagworten und Vorurteilen zu leicht zu machen.

9. Ist Wahrheit ‚Unverborgenheit'?

Im vorigen Abschnitt habe ich eher beiläufig davon gesprochen, dass sich die Wahrheit in wahren Aussagen oder Gedanken zeigt oder offenbart. Das ist nun allerdings kein glücklicher Ausdruck. Denn da Aussagen oder Gedanken immer auf etwas Besonderes zielen – etwa auf das Rot-Sein eines roten oder das Grün-Sein eines grünen Balles – sollte man eher sagen, dass sich die Wahrheit in solchen Aussagen oder Gedanken versteckt. Natürlich verfolgt die Wahrheit keine geheimen Absichten, sie ist ja keine Person. Mit dem Wort ‚verstecken' meine ich einfach, dass die Wahrheit dort, wo sie in wahren Aussagen zur Sprache kommt, nicht unmittelbar Gegenstand der Sprechens oder Denkens ist. Die Wahrheit liegt gleichsam im Schatten des Äußerungsvorgangs: Und vor lauter Wahrem, das man über die Wirklichkeit konstatiert, sieht man die Wahrheit des jeweils als wahr Erkannten selbst nicht. Es ist also gerade die Identität der Wahrheit, die nicht zum Vorschein kommt, wenn wir etwas vereinzeltes Wahres sagen oder denken. Wir sind dann so sehr auf die realen Sachen gerichtet, dass wir diese bemerken, nicht aber die Beziehung des Wahrseins, die zwischen unseren Äußerungen und den Dingen besteht.

Beim Sprechen wie beim Denken liegt unser gesamtes Augenmerk auf dem Inhalt des Gesagten oder Gedachten. Sagen wir von einem roten Ball, dass er rot ist, dann geht es um den Ball und dessen Farbe; und allein hierauf richtet sich auch unser wahrnehmender Blick, welcher die Farbe des Balles entdeckt. Zwar weiß man, dass man etwas Wahres sagt, wenn man von einem roten Ball sagt, er sei rot. Aber man weiß damit nicht zwangsläufig auch, was die Wahrheit ist oder was das Wort ‚Wahrsein' bedeutet. Für den ‚Erfolg' von Äußerungen ist dieses Wissen auch nicht erforderlich; ebenso wenig wie man wissen muss, was es ‚bedeutet', zu gehen, wenn man geht oder zu gehen beabsichtigt.

Die Sache ändert sich, wenn man unmittelbar die Wahrheitsfrage stellt. Um die Identität der Wahrheit zu erkennen, reicht es nicht aus, die Wirklichkeit zu erforschen. Man muss sich dann vielmehr direkt der Wahrheit selbst zuwenden, also die normale Wirklichkeitsrichtung der Aufmerksamkeit hemmen und sie zur Wahrheit hin umlenken. Indem man die Wahrheit auf diese Weise selbst zum Gegenstand der Erkenntnis macht, unterstellt man aber bereits, dass sie existiert; denn in irgendeiner Weise existiert alles, was jemals Objekt unseres Erkenntnis wird (und eine Erkenntnis ‚von nichts' gibt es nicht). Der eigentliche Sinn dieser Richtungsänderung liegt darin, dass man erfahren möchte, was die Wahrheit ist. Dieses Was- oder Sosein nennen die Philosophen, nebenbei bemerkt, das Wesen (oder, vom Lateinischen her, die Essenz) einer Sache. Eine essenzielle Untersuchung der Wahrheit zielt darauf zu ermitteln, was die Wahrheit selbst ist. Sie kann nicht an beliebigen wahren Aussagen (etwa über das Rot-Sein roter Bälle oder das Grün-Sein grüner Bälle) erfolgen, sondern nur ganz direkt an der ‚einen', identischen Wahrheit. Genau dieser Umstand ist es, der die Beschreibung der Wahrheit so schwierig macht. Denn die Beschreibung muss versuchen, alles wegzulassen, was bloß in der Peripherie der Wahrheit liegt. Dazu gehört das vielfältige Wirkliche ebenso wie die vielfältigen wahren Aussagen über dieses Wirkliche. Denn weder die Wirklichkeit noch wahre Aussagen über sie sind für sich genommen die Wahrheit.

Wann immer im Einzelfall Wahres erkannt wird, ist die Wahrheit selbst ‚irgendwie' anwesend. Aber sie offenbart sich in solchen Fällen nicht direkt, sondern durch etwas, das wie eine Art Gleichnis für sie fungiert. Das vereinzelte Wahre ist *so wie die Wahrheit* – und genau das ist mit der Rede vom *Phänomen* der Wahrheit gemeint. Phänomene sind grundsätzlich niemals die Sachen selbst, aber sie deuten hin auf die ‚in ihnen' steckenden oder sich in ihnen versteckenden Sachen in ihrer Identität. Was etwa das Wahrsein einer Aussagen über einen roten Ball betrifft, so ist dieses spezielle Wahrsein ein Gleichnis der Wahrheit – also ein beliebiges unter unzähligen Beispielen dafür, wie uns die Wahrheit mittels eines Phänomens gegeben ist. Man sieht einen roten Ball, und sagt dessen Rot-Sein aus. In diesem Sehen und Sagen erscheint die Wahrheit, das heißt, hier wird sie Phänomen. Aber sie erscheint im Sehen und Sagen nur indirekt, denn sie ist nur durch ein beliebiges Beispiel ihrer selbst im Hintergrund des jeweiligen Sehens und Sagens da.

Man muss daher vorsichtig sein, wenn es heißt, dass die Wahrheit bereits zur Zeit der antiken Philosophen als Unverborgenheit verstanden wurde. Zwar ist es richtig, dass das griechische Wort

‚*aletheia*' Unverborgenheit bedeutet. Und richtig ist auch, dass die Wahrheit etwas mit einem Offenbarsein oder einem Ans-Licht-Gelangen zu tun hat. Zugleich aber ist es wichtig, die Ambivalenz des Ausdrucks ‚Unverborgenheit' im Auge zu behalten. Denn man darf bei aller Begeisterung für das Offenbare nicht übersehen, dass das Merkmal der Unverborgenheit zunächst einmal für Dinge charakteristisch ist, die schlicht und einfach wirklich sind, ohne zugleich wahr zu sein. Die Blumenvase auf dem Tisch ist – anders als das, was, dem Blick verborgen, unter dem Sofa liegen mag – unverborgen. Aber sie ist, wie wir inzwischen wissen, weder wahr noch gar die Wahrheit. Die Vase ist ein Gegenstand in der realen Welt, der aktuell gut sichtbar sein mag, und der – ohne dadurch unwirklich zu werden – aus dem Blick geraten kann, indem er zum Beispiel unter dem Sofa zu liegen kommt. Zumindest in ihrer elementaren Bedeutung hat Unverborgenheit etwas mit der Wahrnehmung zu tun – und da die Wahrheit selbst nichts Wahrnehmbares ist, wird man bei ihr, wenn überhaupt, an eine andere Art von Unverborgenheit denken müssen.

Man kann nun freilich versuchen, ins Symbolische auszuweichen: etwa dadurch, dass man die Unverborgenheit der Vase für den wahrnehmenden Blick als eine Art Sinnbild der Wahrheit interpretiert. Aber das ist höchst unbefriedigend. Denn was soll das Unverborgensein der Vase und ihrer sinnlichen Merkmale eigentlich anderes besagen als deren pures Existieren und Vorhandensein? Sie können von dort aus, von wo Sie die Vase sehen, ihre Existenz mit Sicherheit feststellen, denn das reine Dasein der Vase ist, mitsamt einiger ihrer Wesenszüge (z.B. die essenzielle Öffnung am oberen Rand des Ovals) tatsächlich unverborgen. Aber wie steht es mit der von Ihrem Standpunkt aus verborgenen Rückseite der Vase? Oder auch mit ihrem Gewicht, das sie ja aktuell nicht erfahren bzw. nur aus sinnlichen Andeutungen heraus erahnen? Natürlich existieren auch diese Qualitäten an der Vase und nicht etwa nur ‚in Ihrem Geist'. Aber sie existieren nicht so offenbar wie das, was Ihnen tatsächlich gegeben ist – und deshalb decken sich Existenz und Unverborgenheit an sinnlichen Objekten auch niemals vollkommen.

So ist es auch im Falle der Wahrheit. Unter allem, was existiert bzw. in der Wirklichkeit da ist, sind allein geistige Gebilde (Meinungen, Aussagen, Gedanken usw.) wahr. Aber sie sind nicht wahr durch ihr reines Existieren – zumal es ja eben auch falsche Meinungen oder Aussagen gibt – sondern allein durch ihren inhaltlichen Bezug auf die Sachen. Sage ich etwa: „Der Ball ist rot", so ist das eine existierende Aussage, die sich einerseits lautlich offenbart (und somit gehört werden kann), und die andererseits einen Inhalt offenbar macht (das Rot-Sein des Balles). Doch was soll der ganze existenzielle Zauber um solche Offenbarungen, wenn der ‚besagte' Ball, sagen wir einmal, blau ist! Die Existenz von Aussagen garantiert in keiner Weise deren Wahrsein – denn es existieren auch Lüge und Irrtum; und die Existenz wahrer Aussagen offenbart zudem nicht direkt, worin deren Wahrheit eigentlich besteht – denn unmittelbar unverborgen ist stets nur das, was konkret ins Offene bzw. in die Öffentlichkeit hinein ausgesagt wird.

Natürlich ist das, was existiert, in seiner Existenz nicht von aktuellen menschlichen Wahrnehmungen abhängig – und der Grundsatz des irischen Philosophen George Berkeley (1685-1753): „Esse est percipi" („Existieren ist Wahrgenommenwerden"), ist schlichtweg falsch, da er allem, was aktuell nicht von uns wahrgenommen wird, das Existieren abspricht. Interessant ist aber, dass sich gerade die Idee der Wahrheit als Unverborgenheit wesentlich auf die (sinnliche) Erfahrung von Dingen oder Sachverhalten stützen muss. Dadurch wird diese Idee tendenziell unbrauchbar, um die besondere Art der ‚Anwesenheit' der Wahrheit in sprachlichen Äußerungen verständlich zu machen. Die Idee der Wahrheit als *aletheia* führt eher ins Abseits, wenn es uns um die Essenz der Wahrheit geht. Denn die Idee der Unverborgenheit ist, gerade von Philosophen, die der Strömung der Phänomenologie nahestehen, in der Regel an das anschauliche Erscheinen der Wahrheit gebunden worden. Ein sinnliches Erscheinen der Wahrheit gibt es jedoch nicht. Um die Essenz der Wahrheit zu bestimmen, helfen uns Augen und Ohren nicht weiter. Wir müssen den Geist zu Hilfe nehmen und kommen um das Denken und

Argumentieren nicht herum. Nur so kommen wir, wie im Teil III des Essays deutlich wird, der Identität der Wahrheit auf die Spur.

10. Noch einmal zurück in den klebrigen Alltag

Im alltäglichen Leben erkennen die Menschen nicht direkt die Wahrheit, sondern sie erleben oder durchleben konkrete Situationen. Wie schon gesagt: Die Erkenntnis ist keineswegs der Normalmodus des Alltagslebens. Man sieht und hört zwar so manches, und irgendwas geschieht ja auch buchstäblich laufend. Aber zu einem eigentlichen Begreifen oder Durchdringen dessen, was einem widerfährt, kommt es im Alltag so gut wie nie. Den ‚anthropologischen' Grund dafür haben wir bereits kennengelernt: Die primäre menschliche Lebenshaltung ist keine erkenntnismäßige, sondern teils eine hingebend-erlebende, teils eine zupackend-handelnde. Im menschlichen Erleben spielen Gefühle, Ahnungen und Instinkte die Hauptrolle, im Handeln dagegen geht es um das aktive Erreichen von Zielen unter Zuhilfenahme ausgewählter Mittel. Natürlich gehen gerade in das praktische Handeln immer auch Erkenntnisse ein. Aber das Handeln als solches erschöpft sich nicht im Erkennen, sondern richtet sich stets auf ein manipulatives Gestalten und Umgestalten der Wirklichkeit. Mit dem Erleben wiederum hat das Erkennen zwar den Charakter des Hinnehmens der Dinge, so wie sie sind, gemeinsam. Aber anders als das Erleben, das jederzeit auf Bedeutungen und Werte hin orientiert ist, ist die geistige Wiedergabe der Welt im Erkennen ein rein sachorientiertes und tendenziell wertindifferentes Registrieren.

Im Erleben und Handeln sind die Menschen in alltägliche Situationen verstrickt. Sie sind engagiert und interessiert, nur selten agieren sie nüchtern und distanziert. Praktisch ständig sind sie in dringenden Geschäften unterwegs – und sie sind dabei so tief in die Aktualitäten ihrer Projekte versenkt, dass das meiste von dem, was ihnen erlebnismäßig widerfährt, in einer Art Halbbewusstheit verbleibt. Dieser Zustand hat natürlich sein eigenes ‚Recht', ja er ist in gewissem Sinne geradezu die Essenz der menschlichen Alltäglichkeit in ihrer ebenso stillschweigenden wie zähflüssigen Dynamik. Für eine klare Identifikation der Wahrheit und ihrer Merkmale ist der Alltag so freilich kein günstiges Milieu. Es fehlt hier einfach die Distanz, die zur Erkenntnis ganz generell, aber eben auch zur Erkenntnis der Wahrheit im Speziellen erforderlich ist.

Der französische Schriftsteller und Philosoph Jean-Paul Sartre (1905-1980) hat für das zuständliche Lebensgefühl der Menschen im Alltag das höchst treffende Bild des Klebrigen gewählt[12]. Man wird, so Sartres Idee, den Alltag und die für ihn typische Erfahrung der Halbbewusstheit einfach nicht los, denn sämtliche Alltagsbezüge haften am Menschen mit der eigenartigen Zähigkeit des Honigs. Interessant ist übrigens, dass Sartre die Daseinsmetapher des Klebrigen, die er selbst am Charakter zähfließenden Honigs konkretisiert, unter anderem verwendet, um die faszinierende Süße des normalen Lebens zu veranschaulichen. Der Alltag ist weder ein Leben in reiner *aletheia* noch in völliger Verdunklung (‚Lethe'), sondern die – wie Sartre schreibt – „kompromittierende" Verdichtung und Kompression der beiden ihrerseits bloß vorgestellten Extremzuständlichkeiten. Man kann auch sagen: Alltäglichkeit ist Verbindlichkeit. Damit bleibt man auf glückliche Weise im Bild des Honigs, der das, was mit ihm in Berührung kommt, unnachgiebig ansaugt und dauerhaft mit sich zu verschmelzen sucht.

Weniger poetisch als Sartre kann man auch sagen, dass der Alltag hinsichtlich seiner durchschnittlichen Bewältigung einen Kompromiss darstellt. Weder geschieht alles, was vor sich geht, in der Einsamkeit privaten Fühlens und Meinens, noch vollzieht es sich in totaler Unverborgenheit und Transparenz. Ein solcher Gegensatz passt einfach nicht zur Normalität alltäglicher Erfahrungen und Prozesse. Der Alltag ist gewissermaßen die Verwachsenheit dieser beiden Extremismen, welche es ‚in Reinform' ohnehin nur für das Denken gibt. Ein Moment dieser Verwachsen-

[12] Jean-Paul Sartre: Das Sein und das Nichts. Versuch einer phänomenologischen Ontologie, deutsch von Hans Schöneberg und Traugott König, Reinbek bei Hamburg [15]2009, 1033ff.

heit besteht darin, dass sich im Alltagleben das gegenständliche Erkennen, das jederzeit auf die klare Unterscheidung des an sich selbst Unterschiedenen drängt, dem Erleben und dem Handeln unterordnet. Weil das so ist, kommt es im Alltag nur selten zu einer umfassenden rationalen Reflexion auf das, was passiert. Und noch seltener ist hier natürlich das gezielte Nachdenken über die Wahrheit.

Natürlich kann man das ‚Aufgehen' der Menschen in der Halbbewusstheit des Alltags auf abwertende Weise dramatisieren – es also so beschreiben, als wäre das alltägliche Leben der Individuen eine nichtige Welle im allumfassenden Wahrheitsgeschehen. Aber das zu tun hieße, dem menschlichen Leben seine Normalität zu rauben, um es in die phantastischen Extreme von persönlicher Emanzipation einerseits sowie von Vereinzelung, Primitivität, Anonymität und Bedeutungslosigkeit andererseits auseinanderzureißen. In der ersten Hälfte des 20. Jahrhunderts haben einige Theoretiker des Existenzialismus dies getan. Sie haben damit jedoch eher ein phantasievolles Gemälde als eine realistische Zeichnung der Alltagsexistenz angefertigt. Ihr Bild war bereits von seiner Komposition her nicht stimmig, es wirkte konstruiert. Denn auf der einen Seite behaupten diese Denker, der Alltag sei ein Ort bedeutsamer Kämpfe und heroischer Entscheidungen, auf der anderen Seite beklagen sie das Versinken der Menschen in stupider Gewohnheit und Routine. Den Widerspruch, der damit in ihrem Bild des Alltags auftritt, haben sie teils einfach übersehen, teils haben sie ihn zugunsten einer Abwertung des Alltagslebens aufzulösen versucht.

Damit greifen die Existenzialisten jedoch zu kurz. Sie verkennen, dass der Alltag zwar nicht gegen Bewegung im Allgemeinen, wohl aber gegen entschiedene, also gegen rational oder irrational gewählte Veränderung großen Stils immun ist. Der Existenzialismus will, anders gesagt, die relativ undramatische Ambivalenz des Alltags, also seinen essenziellen Kompromisscharakter, nicht wahrhaben. Stattdessen erklären sie das Alltagsleben einerseits zu einer Quelle der ‚Wahrheit' (im Sinne von Unverborgenheit und persönlicher Authentizität), andererseits zu einer Art Morast aus

Unechtheit, Korruption, Verstellung oder Stumpfsinn. Es ist wie so oft, wenn man ‚etwas zu etwas erklärt': Die vermeintliche Erklärung führt zur Verklärung all jener Phänomene, die sich nicht in das erwünschte Bild fügen wollen.

Auch die existenzialistische Erklärung des Alltagslebens entgeht diesem Schicksal nicht. In ihrer Konstruktivität vermag sie keine geistige Verbindlichkeit herzustellen, da sie die originäre Klebrigkeit des Daseins nicht anerkennt bzw. sie als Form ‚uneigentlichen' Existierens brandmarkt. Tatsächlich ist das Bild der „Eigentlichkeit des Daseins" (Martin Heidegger) phänomenal nur lose und assoziativ mit der Wirklichkeit des Alltags verbunden. Und auch, wenn einige Existenzphilosophen damals wie heute das Gegenteil behaupten: Ihre Konstruktion alltäglicher Realität hat keine wirkliche Fühlung mit der bleibenden Normallage der Menschen, in deren Alltag es Eigentliches, Reines, Finales und Entschiedenes schlichtweg nicht gibt.

Man könnte nun einwenden, dass sich gerade in großen Bewegungen, die aus der Unscheinbarkeit des Alltags heraus auftauchen, das Gegenteil zeigt. Politische Bewegungen etwa, in denen es um die aktive und entschlossene Veränderung der Welt und des Weltbewusstseins geht, fallen doch nicht vom Himmel, sondern sie erwachsen auf dem Boden alltäglichen Handelns. So schlagkräftig dieser Einwand auch erscheint: Auch er verkennt den bleibend doppeldeutigen und unentschiedenen Charakter der Alltäglichkeit sowie die Klebrigkeit menschlichen Alltagsbewusstseins. Politische Revolutionen sind ebenso wenig wie persönliche Lebenswenden von außen her gezielt steuerbar; zumindest ist dies nicht die normale Art, in der sich solche Wendungen historisch vollziehen. Wie politische Bewegungen genau entstehen, mögen die Historiker und Politologen im Einzelfall untersuchen. Uns mag die Einsicht genügen, dass sie aus den Sumpfgeländen der Alltäglichkeit heraus auftauchen, ohne aus diesen jemals ganz aufzusteigen. Weder entspringen Bewegungen dieser Art ‚aus dem Nichts', noch verdanken sie ihren konkreten Realverlauf dem autonomen Wollen und Wirken einzelner oder vieler ‚Aktivisten'.

Hinzu kommt der Umstand, dass sich die Zähflüssigkeit des Alltags immer wieder hemmend auf die relative Abstraktheit des Wunsches nach radikaler Veränderung auswirkt. Wie der Soziologie Dieter Claessens (1921-1997) betont, betrifft dies insbesondere die Motivationsmöglichkeit des Menschen – also die Chance, Menschen nachhaltig zu Großem und Weltstürzendem zu bewegen. Claessens schätzt diese Möglichkeit eher skeptisch ein. Aus seiner Sicht sind Menschen im Grunde unfähig, „zum Organisieren großer Populationen und den sich dabei unvermeidlich ergebenden Komplikationen ein direktes emotionales, d.h. *unmittelbar motivierendes* Verhältnis zu finden“[13]. Es ist, wie Claessens fortfährt, dem Menschen nicht möglich, „über das ihm evolutionär mitgegebene Verhältnis zu Gruppengrößen à la Horde hinaus ein Verhältnis zu größeren Zahlen, Massen und Massenereignissen *direkt* zu haben, d.h., sich zu der von ihm selbst produzierten Indirektheit und Abstraktheit *direkt* verhalten zu können, dieser Abstraktheit gegenüber *direkt* motiviert zu sein“ (ebd.).

Es handelt sich hier natürlich um eine soziologische Hypothese, über deren Trefflichkeit man ebenso streiten kann wie über ihre evolutionsbiologische Verankerung. Interessant ist allerdings, dass sie sich recht zwanglos mit dem Phänomen der Klebrigkeit alltäglicher Lebensvollzüge verbinden lässt. Was die Frage der tatsächlichen (und nicht bloß ‚bekundeten‘) Motiviertheit der Menschen angeht, ist von Seiten der Anthropologie das letzte Wort sicherlich noch nicht gesprochen. Insofern bleibt einem einstweilen nur übrig, sich an die Phänomene des realalltäglichen Weltlaufs zu halten. Das Gute daran ist, dass die Phänomene jenseits aller Theorien ihr Eigenleben führen. Man kann den Lauf der Dinge in seiner historischen Konkretheit einfach mitverfolgen, ohne zu einem allgemeinen Urteil über seine ‚prinzipiellen‘ Bewegungsmöglichkeiten genötigt zu sein.

Bleiben wir noch einen Moment bei dem Band zwischen Alltäglichkeit und Ambivalenz. Was diese Verbindung angeht, so

---

[13] Dieter Claessens: Das Konkrete und das Abstrakte. Soziologische Skizzen zur Anthropologie, Frankfurt/M. 1993, 17.

wird sie nicht zuletzt an der Art, wie Menschen normalerweise miteinander sprechen, sichtbar. Alltagsgespräche verlaufen weder vollkommen geschliffen und authentisch, noch sind sie vollkommen roh und unecht. Tatsächlich gleicht das Reden der Menschen oft einem halbbewussten Quatschen – es findet auf Chat-Niveau statt, ohne jedoch in ‚bloßes Gequatsche' oder gar in ‚totalen Quatsch' auszuarten.

Ein Charakteristikum alltäglichen Redens ist seine situativ-lebensfreudige Vielseitigkeit: Man redet mal so, mal so, je nach Bedarf und nach Anlass. Es ist interessant zu sehen, wie manchmal ein neues Wort oder ein origineller Spruch ohne Ankündigung im Alltagsleben auftaucht und für gewisse Zeit ohne klaren Absender oder Adressaten durch die Alltagssprache geistert. Kaum wird diese neue ‚Sage' begrüßt und hyperbolisch gefeiert, taucht die aufgetauchte Redewendung schon wieder unter; und währenddessen tun viele sprachliche Evergreens – altbekannte Wendungen und Phrasen, die jeder kennt – weiterhin ihren hintergründigen Dienst. Es herrscht also, was das Sprechen sowie die sprachlichen Bedeutungen angeht, immer eine gewisse Bewegung zwischen Bekanntem und Unbekanntem. Es handelt sich um eine Dynamik, die niemals radikal innovativ ist, sondern in der sich Neues und Modisches an die Seite von Altem und Klassischem stellt, ohne dass eins das andere dabei ‚völlig verdrängt'.

Doch nicht nur in sprachlicher Hinsicht ist der Alltag durch mangelnden Extremismus, also durch ein ruhiges Bewegtsein, das zwischen den Ideen von Stillstand und Getriebenheit vermittelt, charakterisiert. Die semantische Bewegungsnormalform des Alltags ist das Gehen oder allenfalls das langsame Laufen („Na, wie geht's?" – „Läuft!"). Anstelle des seiner Natur nach immer weiter steigerungsfähigen Extremen herrscht im Alltag jenes eigentümliche Ungefähr vor, das ein jeder kennt, der – manchmal, aber eben nicht ‚immer' – fünf gerade sein lässt. Dem Alltag eignet in seiner Klebrigkeit eine sozusagen ‚sonntagsfahrerische' Dynamik. Ruhige Lebensfreude und praktische Lebbarkeit berühren hier einander: Denn Sonntagsfahrerei entspannt und endet eher selten tödlich.

Mit dieser zugegebenermaßen sehr blumigen Schilderung möchte ich mehr andeuten als aussagen, dass die Menschen im täglichen Dahinleben weder zum vereinzelt Wahren noch zur Wahrheit als solcher einen praktischen Bezug haben. Dies ist auch dann nicht der Fall, wenn sie, mehr beiläufig als mit klarem Bewusstsein, tatsächlich etwas Wahres sagen. Stets sind die Menschen in der Normalität des Dahinlebens auf konkrete Inhalte fokussiert, sei es nun beim Sprechen, sei es in ihrem sonstigen Verhalten. Gerade weil dies so ist, ist es mit der als Unverborgenheit gedeuteten Wahrheit so eine Sache. Man muss schon überdurchschnittlich beruhigt, sensibel und aufmerksam durchs Leben gehen, damit sich einem überhaupt ‚etwas zeigen' oder ‚offenbaren' kann. Übertriebene existenzielle Entschiedenheit führt eher nicht zu jener Ruhe, die nötig ist, um die Dinge in ihrer vermeintlichen Unverborgenheit anschauen zu können. Entspannung und Beruhigung ist Sache langer Übung – und schon das schlichte sinnliche Empfinden und Wahrnehmen von etwas in seinem Sosein fordert von den Menschen angesichts ihrer vitalen Unruhe eine Menge an Übung. Fragen Sie sich einmal selbst: Wann haben Sie zuletzt ein Ding mit wachen Sinnen angeschaut, es also ohne den Drang zur Veränderung oder zum manipulativen Eingriff in seinem Eigensein einfach hingenommen?

Die Dinge zu sehen ist das eine, sie zu begreifen etwas anderes. Ein noch höherer Grad an Beruhigung und Reifung dürfte daher erforderlich sein, um über alles sinnliche Hinnehmen hinaus zu einer geistigen Einsicht in allgemeine und überpersönliche Weltzusammenhänge zu gelangen. Sicher ist das habituelle Auf-Dauer-Stellen einer hinnehmenden Erkenntnishaltung eng mit der Erfüllung der Forderung: „Du musst dein Leben ändern" (Peter Sloterdijk) verbunden; ein Imperativ, den man aus meiner Sicht jedoch nicht vielen, geschweige denn ‚allen' Menschen zumuten sollte. Ich sage nicht ‚zumuten kann', sondern ‚zumuten *sollte*'. Denn ich bin der Überzeugung, dass die möglichst virtuose Beherrschung des Alltags weit mehr zum Erwachsen und zur Reifung der Menschen beiträgt als eine durch zweckfreies Erkennen und ‚Philosophieren' gewonnene Querstellung zum normalen

Leben. Reifung erwächst aus meiner Sicht wesentlich daraus, dass Menschen sich ihr Leben lang in den halbschattigen Souterrains der Alltäglichkeit aufhalten, ohne diesen Bezirk längerfristig gegen eingebildete Höhenlagen oder geistige Ekstasen einzutauschen. Sofern die Horizontalität menschlicher ‚Ambitionen' nur einigermaßen in Spannung ist, ist sie aus meiner Sicht der ins Vertikale strebenden Steigerungsspannung vorzuziehen – und zwar vor allem deshalb, weil ein auf mittleren Höhen flachgespannter *modus vivendi* letztlich der einzige Lebensmodus ist, welchen die Menschen wirklich kennen und verstehen. Damit ist auch gesagt: Wenn sich irgendwo in der Welt etwas Wahres wirklich offenbart, dann nur im halbgaren Sud des alltäglichen Lebens. Man muss wohl schon sehr lange in diesem Sud geköchelt und gleichsam zur Normalität gereift sein, bevor man überhaupt damit beginnen kann, halbwegs sinnvolle Dinge über das Leben, das Wahre und die Wahrheit denken und sagen zu können. Der griechische Philosoph Platon (427-348) wusste das. Er riet dazu, mit dem selbständigen Philosophieren erst ab der Lebensmitte zu beginnen.

Das alles bedeutet nicht, dass die Wahrheit im Alltag gar keinen Platz hat. Es bedeutet lediglich, dass die Menschen normalerweise nur indirekt, nämlich über den Umweg des praktischen Umgangs mit Personen und Dingen, in Berührung mit ihr kommen. Sie sagen und hören Wahres über die Wirklichkeit, aber diesem Hörensagen haftet stets die Konkretheit gelebter Augenblicke und Situationen an. Man kann nicht sagen, dass die Wahrheit im Alltag ‚überhaupt nicht' existiert. Aber sie ist hier gleichsam im Reden und Meinen verkapselt, ohne von hier aus ins volle Bewusstsein der Menschen vorzudringen. Was die Wahrheit ausmacht, wird dunkel erahnt, aber diese Ahnung reift nicht zur Erkenntnis heran. Und doch ist in dieser Ahnung bereits alles Wesentliche enthalten – das gezielte Nachdenken über die Wahrheit muss das, was im Alltagswissen eingekapselt ist, lediglich spruchreif machen. Dass so eine Art des Sprechens oder Nachdenkens im Alltagsleben praktisch nie vorkommt, ist kein Mangel, sondern geradezu ein Qualitätsmerkmal normalen Lebens. Hier ist distanziertes Erkennen einfach nicht am Platz, hier darf die Wahrheit in ihrer Verborgenheit bleiben.

Da die Menschen aus dem Alltag heraus genügend *Ahnung* von der Wahrheit haben, sind sie auf philosophische Belehrung nicht zwingend angewiesen. Es wird ja auch keine konkrete Lebensnot dadurch beseitigt, dass sich jemand über die Wahrheit Gedanken macht. Wenn einer das tut, so tut er es seinerseits aus dem Herzen der Alltäglichkeit heraus. Die Welt wird freilich dadurch, dass es er tut, weder ‚wirklicher' noch ‚wahrer' – und schon gar nicht bringt dieses Tun die Alltäglichkeit des menschlichen Lebens zum Verschwinden.

III.
Zutreffen:
Über das Wesen der Wahrheit

1. Wesentliches und Unwesentliches

Von der Wahrheit hat sich bisher gezeigt, dass sie identisch ist. Das ist nun allerdings keine sehr gehaltvolle Auskunft. Überhaupt wird der Begriff ‚Identität' zwar häufig, aber häufig auch eher unklar verwendet. Ich möchte daher jetzt versuchen, die Identität der Wahrheit inhaltlich zu präzisieren und zu ermitteln, worin, über die bloß nominelle Identität hinaus, das *Wesen* der Wahrheit besteht.

Der Begriff ‚Wesen' klingt freilich zunächst ähnlich inhaltsarm wie der der Identität. Doch das täuscht: Er enthält durchaus ein gewisses Mehr an Fülle, und er zeigt auch die Richtung an, in der das Nachdenken über die Wahrheit weitergehen kann. Bei der Wesensfrage geht es darum zu ermitteln, wodurch die Wahrheit zur Wahrheit wird: Was ist derjenige Grundzug, der an der Wahrheit auf keinen Fall fehlen darf, weil sie ansonsten nicht mehr die Wahrheit wäre?

Mir ist klar, dass der Wesensbegriff in der modernen Philosophie ein ungeliebtes Kind ist. Viele Theoretiker meinen, dass durch ihn ein Gegenstand auf eine Art geheimnisvollen inneren Kern bezogen oder reduziert werden soll: etwa auf eine Substanz, gegenüber der alle nicht-wesenhaften Züge der Sache als bloß oberflächliches und zufälliges Beiwerk erscheinen. Misstrauischen Philosophen sei an dieser Stelle gesagt, dass mir eine essenzialistische Metaphysik der Wahrheit ganz fern liegt, und dass ich mir der Einseitigkeiten des Substanzdenkens sehr wohl bewusst bin. Aber die alte Substanzontologie hat ja, zumindest als allgemeines Modell der Weltauffassung, ohnehin ausgespielt. Die Ontologie des frühen 20. Jahrhunderts hat den Substanzialismus der alten Meister aufgelockert, indem sie unter anderem die Jahrtausende alte Autorität der Essentia überwunden hat. Seitdem geht man, der Wirklichkeit durchaus angemessen, von einer Vielheit von Seinskategorien aus, ohne der Wesenheit weiterhin die allein tragende Rolle einzuräumen.

Dem philosophisch weniger Kundigen empfehle ich, die Rede vom Wesen im Folgenden nicht allzu theoretisch zu nehmen. Am besten ersetzt man das Substantiv ‚Wesen' – bei dem entweder sofort an etwas Dingliches (‚Lebewesen') oder auch an irgendwelche unscharfen Bedeutungsgebilde (‚Rechnungswesen', sein ‚Unwesen' treiben usw.) denkt – durch das Adjektiv ‚wesentlich'. Diese grammatische Akzentverschiebung hilft insofern beim Verständnis, als sie die Brücke zur Alltagssprache schlägt. Wesentlich sind solche Merkmale, die zu etwas notwendig dazugehören, weil die betreffende Sache sonst entweder nicht funktioniert (beim Auto etwa sind Motor, Räder und Lenkrad wesentlich), oder weil sie sonst nicht das ist, was man, als notwendig zur Sache gehörig, von ihr erwartet: Zu einem Kaufhaus gehören die Verkäufer, die Waren und die Kundschaft, zu einer Geburtstagsfeier gehört wesentlich das Gratulieren und zum Segeln braucht es notwendig Wasser, Wind, Segelschiff und Besatzung.

Beispiele wie diese machen deutlich, dass ‚das' Wesentliche an einem Ding oder einer Situation nicht zwangsläufig ein einziges Merkmal zu sein braucht; insofern ist die Rede vom Kern der Sache auch irreführend. In der Regel handelt es eher sich um eine Mehrzahl von Merkmalen, die zum Wesentlichen bzw. zum weniger Wesentlichen und Nebensächlichen eines Gegenstandes oder Ereignisses gehören. Die allgemeine Tatsache hingegen, dass sich an einer Sache überhaupt mehr oder minder Wesentliches von mehr oder minder Unwesentlichem unterscheiden lässt, ist kaum zu bestreiten: Kein Ding oder Geschehnis kann, und zwar rein von der Sache her, nur aus Wesentlichem oder allein aus Unwesentlichem bestehen – denn sonst könnte es, wie ich hier nur andeuten möchte, gar nicht im strengen Sinne des Wortes ‚bestehen' bzw. als ‚etwas' identifizierbar sein.

Ohne darüber bewusst Rechenschaft abzulegen, machen die Menschen im Alltag häufig Gebrauch von dem Unterschied zwischen Wesentlichem oder Unwesentlichem; so etwa bei der Einschätzung anderer Personen oder bei der Beurteilung von Sachlagen. Mit sicherem Instinkt sondern sie dabei das Wesentliche oder auch Entscheidende an einer Sache von dem, was – als nebensächlich – ‚kaum der Rede wert' ist: Ein Auto, als Fahrzeug, muss fahren, das ist an der Sache ‚Auto' die Hauptsache gegenüber der sonstigen Wunschausstattung. Indem die Menschen mit der in den Sachen selbst angelegten Differenz des Wesentlichen und Unwesentlichen operieren, bekommt eine vermeintlich rein theoretische Unterscheidung ihren festen Platz im normalen Leben. Das Operieren mit dem Blick auf das jeweils Wesentliche ist für das alltägliche Leben selbst dermaßen wesentlich, dass man sich ein Denken und Handeln jenseits dieses Unterschieds kaum vorstellen kann. Oder können Sie sich vorstellen, dass ein Mensch tatsächlich alles als ‚gleich wesentlich' erlebt? Ich kann es nicht.

Was nun das Wesentliche an der Wahrheit angeht, so stehen wir mit dieser Frage vor einer ziemlichen gedanklichen Herausforderung – und entsprechend steuert der Essay nun, was den Schwierigkeitsgrad angeht, auf seinen Höhepunkt zu. Ich würde sagen: Augen auf und durch! Auch wenn der Gedankengang jetzt über einige Passagen hinweg etwas schwergängiger wird, das Erreichen des Ziels wird die Mühen des Wegs bestimmt aufwiegen. Und unser Ziel besteht zuletzt darin, dass wir den Inhalt folgenden Satzes geistig nachvollziehen können: *Das wesentliche Merkmal der Wahrheit besteht in der Beziehung des Zutreffens geistiger Gebilde – Aussagen, Vorstellungen oder Gedanken – auf die Wirklichkeit.* Oder, etwas anders formuliert: Das Wesen der Wahrheit liegt in der Trefflichkeit von Aussagen, Vorstellungen oder Gedanken in Bezug auf das, was wirklich ist und geschieht. ‚Trefflichkeit' ist hierbei nicht als moralische Qualität zu verstehen. Das versteht sich von selbst: Denn die Wahrheit ist keine Person, und nur Personen können sich moralisch verhalten oder die Tugend der Trefflichkeit an den Tag legen.

Mein Vorschlag zur Bestimmung des Wesensmerkmals der Wahrheit ist nun weder neu noch originell. Bereits die Denker der griechischen Antike, unter ihnen vor allem Aristoteles, haben die Wahrheit auf diese Weise bestimmt. Von der Antike aus ist der Gedanke, über das christliche Mittelalter sowie die frühe Neuzeit und Aufklärung hinweg, bis in das moderne Denken tradiert worden. Auch heute ist er keineswegs verschwunden, obschon sich die Anzahl an Theorien, die versucht haben, ihn zu problematisieren, im Laufe der letzten vier Jahrhunderte stetig zugenommen hat.

Interessant ist die Tatsache, dass die Bestimmung der Wahrheit als Trefflichkeit geistiger Gebilde im menschlichen Alltagsdenken Fuß gefasst hat. Theoretische Zweifel an der Möglichkeit, die Wahrheit über das Merkmal der Trefflichkeit von Aussagen und Vorstellungen zu begründen, haben den Alltagsverstand entweder nicht erreicht, oder ihn zumindest nicht nachhaltig irritieren können. Wir stehen hier also scheinbar vor einer gewissen Entscheidung: Sollen wir den philosophischen Skeptikern folgen, die die Wesensbestimmung der Wahrheit für problematisch erachten, oder sollen wir uns an das Alltagswissen halten, das ohne theoretische Ambitionen vom Phänomen der Wahrheit als Trefflichkeit ausgeht?

Angesichts der Anlage dieses Essays ist klar, wie die Antwort ausfallen muss. Ich folge weiterhin der ‚Weisheit' des Alltagsverstandes und gehe mit ihm davon aus, dass das Wesentliche an der Wahrheit das Zutreffen geistiger Gebilde auf die Wirklichkeit ist. Philosophen, die der mit dieser Formulierung umrissenen ‚Korrespondenztheorie der Wahrheit' zuneigen, wird diese Entscheidung freuen. Denn auch wenn Korrespondieren nicht unmittelbar dasselbe ist wie Zutreffen, deckt sich die Korrespondenztheorie in weiten Teilen durchaus mit den vortheoretischen Ahnungen der Menschen in Sachen Wahrheit[14]. Wenden wir uns daher jetzt Schritt für Schritt denjenigen Momenten zu, die im Gedanken der Wahrheit als Zutreffen enthalten sind.

---

[14] Das Alltagswissen hält ‚Korrespondenz' nicht für eine Theorieeigenschaft, sondern nimmt sie als Merkmal der Wahrheit selbst. Ich werde in diesem Punkt dem Alltagsbewusstsein folgen und behaupten, dass das Zutreffen geistiger Gebilde auf die (vom Geist unabhängige) Wirklichkeit das *Phänomen* der Wahrheit beschreibt, das dem Alltagsdenken vorschwebt. Das impliziert natürlich, dass aus meiner Sicht die Korrespondenztheorie jene Theorie ist, die über das Wesen der Wahrheit Wahres aussagt: Das Zutreffen auf das Phänomen der Wahrheit unterscheidet die Korrespondenztheorie von Theorien, die auf das Phänomen der Wahrheit nicht zutreffen (und dieses im Grunde auch überhaupt nicht anvisieren). Um welche Theorien es sich dabei handelt, werde ich nach und nach in nicht-lehrbuchmäßiger Weise andeuten.

2. *Volltreffer: Die Wahrheit als Beziehung*

Aus der Wesensbestimmung der Wahrheit wird deutlich, dass die Wahrheit eine Beziehung, eine Relation ist. Das Bestehen dieser Beziehung setzt, wie generell bei Relationen, das Bestehen der Beziehungsglieder voraus: also einerseits das Bestehen von Aussagen oder Vorstellungen, andererseits das Bestehen der Wirklichkeit, auf die sich Aussagen und Vorstellungen beziehen. Diese Glieder sind in der Wahrheitsrelation aufeinander bezogen; wobei sie dabei freilich nicht ‚verschmelzen' oder ‚eins' werden, sondern einander trotz ihrer Bezogenheit äußerlich bleiben.

Das ist im Grunde nicht schwer einzusehen. Ein reales Ereignis und der (seinerseits reale) Gedanke an dieses Ereignis sind nicht dasselbe – denn das Ereignis kann bestehen, ohne dass es durch irgendein geistiges Gebilde wiedergegeben wird. Die Unabhängigkeit des Ereignisses von seiner geistigen Wiedergabe ist sogar notwendig dafür, dass es überhaupt zu einem Treffen der beiden Relationsglieder kommen kann; oder eben, im negativen Fall, zu einem Verfehlen der Wirklichkeit seitens einer Aussage oder eines Gedankens. Ein Zutreffen des Gedankens auf die Wirklichkeit wäre also nicht möglich, sofern eine feste Zuordnung der beiden Beziehungsglieder ohnehin schon bestünde. Das ist aber eben nicht der Fall; denn die Wahrheit besteht nicht in einem festen Anhaften von Gedanken oder Aussagen am Wirklichen, sondern sie stellt sich durch die geistige oder sprachliche Verwirklichung des Zutreffens allererst heraus. Diese Verwirklichung setzt voraus, dass die geistigen Gebilde auf der einen sowie das Wirkliche auf der anderen Seite ihr Eigensein haben. Und genau das haben sie auch: Denn das Reale bleibt, was es ist, auch ohne dass es Gedanken oder Aussagen darüber gibt; und andererseits können Aussagen oder Gedanken auch unzutreffend sein, was zeigt, dass sie gegen das Wirkliche einen gewissen darstellerischen Spielraum besitzen.

Führen wir uns die beiden Pole der Beziehung noch einmal ganz klar vor Augen. Da sind zum einen die realen Dinge, Zustände oder Geschehnisse, so wie sie, ganz unabhängig von jeder geistigen Zuwendung, bestehen und sind. Es handelt sich sozusagen um die Totalität all dessen, was wirklich ist. Man sollte dabei übrigens nicht nur an Dinge und deren Eigenschaften, sondern durchaus an das Wirkliche in der Fülle seiner Formen denken: Konkrete und abstrakte, individuelle und allgemeine, mögliche und notwendige Prozesse, Situationen und Sachverhalte aus allen Feldern der Realität teilen dasselbe Wirklichsein. Wie sollte das auch anders sein? Sind denn etwa historische oder politische Vorgänge ‚wirklicher' oder ‚unwirklicher' als die Lebensvorgänge der Organismen? Sind die individuelle Lebensschicksale von Personen ‚wirklicher' oder ‚unwirklicher' als die Werdegänge von Völkern oder Nationen? Sind zufällige (d.h. hinsichtlich ihrer Gesetzlichkeit undurchschaute oder undurchschaubare) Ereignisse ‚wirklicher' oder ‚unwirklicher' als realnotwendige Zusammenhänge oder Abläufe? Und ist schließlich das jeweils Lebensaktuelle einer bestimmten Zeit ‚wirklicher' oder ‚unwirklicher' als das längst Vergangene oder das sich abzeichnende Kommende oder Künftige? – All diese Fragen sind rhetorischer Natur, denn das Wirkliche als solches lässt kein Mehr oder Weniger an Realität zu. Anders steht es um das Erleben dessen, was wirklich ist. Abstufungen in der Intensität, mit der bestimmte Dinge von Menschen erlebt werden, sind durchaus normal – so dass ein Mensch beim Fallschirmspringen, der andere dagegen beim Briefmarkensammeln ein mehr an Daseinsintensität erfährt. Daraus folgt jedoch nicht, dass Fallschirmspringen ‚realer' ist als das Sammeln von Briefmarken. Das Erleben mag Gefühlsabstufungen zulassen. Aber das betrifft weder das Realsein von Erlebnissen noch das Realsein des Erlebten.

Man kann nun leicht einsehen, dass in der obigen Aufzählung theoretisch alles, was es gibt – und es gibt nichts, was es nicht gibt! – hätte aufgeführt werden können. Denn alles, was es gibt, ist Teil eines einzigen, vollständig in sich gefügten und auf bestimmte Weise sich beständig fortwälzenden Wirklichkeitszusammenhangs. Über diesen Zusammenhang ließe sich, wenn man ihn in seiner höchst differenzierten Eigenart näher kennenlernen wollte, ein eigener Essay mit dem Titel „Was ist Wirklichkeit?"

schreiben. Hier allerdings, wo es uns um die Wahrheit geht, reicht der Hinweis aus, dass die Realität ein notwendiger Pol in der Beziehung des Zutreffens ist: Wahre Aussagen oder Gedanken treffen eben auf reale Dinge und Geschehnisse zu. Letztlich sind Aussagen oder Gedanken sogar ihrerseits Teil des Realzusammenhangs; denn wahre Aussagen und Gedanken sind ja ihrerseits eben wirklich wahr, und sie werden von wirklichen Personen getroffen oder gedacht. Halten wir also fest: Die Realität ist eine konstitutive Seite der Beziehung des Zutreffens, die das Wesen der Wahrheit ausmacht. Sie ist außerdem das die Relation tragende Beziehungsglied – denn das Wirkliche bleibt auch ohne Wiedergabe in geistigen Gebilden es selbst, während es wahre Aussagen und Gedanken nur geben kann, sofern es die Realität gibt.

Hat man sich dies einmal klargemacht, dann wird auch deutlich, warum der Ausdruck ‚Korrespondenz' für die Relation von Geist und Realität nicht ganz passend ist. Bei Korrespondenz denkt man unwillkürlich an eine Wechselseitigkeit der Relationsglieder – an eine Art Zwiegespräch oder Dialog, in dem es Hin und Her geht. Von einem Dialog jedoch kann beim Zutreffen nicht die Rede sein, da die Positionen des Treffenden und dessen, was getroffen wird, nicht vertauschbar sind. Was einer sagt oder denkt, trifft im Falle der Wahrheit auf etwas Wirkliches zu; der Geist ist also auf die Welt hin ausgerichtet. Dagegen wirkt es zumindest gekünstelt zu sagen, dass umgekehrt die Wirklichkeit auf das Wahre, das einer über sie äußert oder denkt, ‚zutrifft'. Der Ausgangspunkt des Treffens sind geistige Gebilde, und nur sie können zutreffen oder unzutreffend sein. Die Wirklichkeit hingegen ist in der Relation das Getroffene oder Verfehlte, veranstaltet ihrerseits aber nichts, das zutreffend oder verfehlt sein könnte.

Man kann auch so sagen: Die Realität selbst ‚zielt nicht' auf etwas ab oder ‚trifft' auf etwas ‚zu'. Das hat seinen Grund einfach darin, dass sie als solche kein geistiges Gebilde ist. Die Tatsache, dass geistige Gebilde selbst ein Teil derjenigen Realität sind, auf die sie im Falle der Wahrheit zutreffen, ändert an dem hier bestehenden Grundverhältnis nichts – es bedeutet jedenfalls keine vollständige ‚Vergeistigung' der Welt. Der Geist ist als wirklicher menschlicher Geist Teil der Welt, aber er ist nicht die Welt und ‚erschafft' sie auch nicht ‚aus sich heraus'. Das Reale ist einerseits stets reicher an Umfang sowie an Bestimmtheit als seine Wiedergabe in geistigen Gebilden; menschliches Erkennen ist eben an Umfang und Inhalt begrenzt. Und andererseits ist es jederzeit möglich, Aussagen und Gedanken auf ihr bloßes Wirklichsein hin zu betrachten, ohne auf ihr Zutreffen oder Nichtzutreffen zu achten. Das dies möglich ist, liegt daran, dass geistige Gebilde eben zugleich wirklich und wahr oder falsch sind. Wie wir bereits gesehen haben, trifft das einzig und allein auf sie zu, nicht hingegen auf das sonstige Reale.

Die Wirklichkeit ist die eine (und sozusagen tragende) Seite der Wahrheitsbeziehung. Die andere Seite besteht aus den vielfältigen Meinungen, Vorstellungen und Aussagen, die sich auf die realen Dinge und Geschehnisse in der Welt beziehen. Dass jedes dieser Gebilde das Reale gleichsam geistig bereichert, ist für das Wesen der Wahrheit nicht entscheidend. Entscheidend ist allein, dass der Geist innerhalb der Realität zur Wiedergabe der Realität in der Lage ist – gerade diese Wiedergabe ist an ihm selbst das Essenzielle. Gäbe es in der Welt keine geistigen Gebilde, so gäbe es nichts, was im Sinne des Wahrseins auf Wirkliches zutrifft. Die Wirklichkeit wäre dann, jenseits von Wahrheit und Unwahrheit, einfach da: Sie liefe ab, ohne von den Menschen bedacht oder besprochen zu werden, so wie sie es vor der (übrigens bleibend rätselhaften) Ankunft oder Entstehung des Geistes auf der Erde auch ‚getan' hat – und wie es noch immer dann ist, wenn der Geist des Menschen sich periodisch – etwa im Erleben, im Schlafen oder auch beim gedankenlosen Dösen – vom Meinen und Aussagen ausruht.

Vorstellungen und Aussagen setzen Menschen und ihre Eigenart als geistige Lebewesen voraus. Ohne den Menschen gäbe es zwar Wirkliches, aber es gäbe keinerlei Vorstellungen von der Welt, keine Mitteilungen, Nachrichten oder Berichte über das Reale. In dieser speziellen Hinsicht, nämlich in seiner Eigenschaft als Träger und Entwickler von Weltvorstellungen, ist der Mensch durchaus ‚aktiv beteiligt' an der Existenz der Wahrheit. Denn die

Beziehung des Zutreffens braucht als eines seiner Relationsglieder notwendig jene geistigen Gebilde, welche Menschen hervorbringen. Zum Dasein und Sosein der Realität allerdings ist der Mensch nicht notwendig – denn das Reale besteht ja, anders als wahre oder unwahre Aussagen und Gedanken, auch ohne den Menschen und seine vielfältigen ‚Weltbilder'. Ohne den realen Vollzug des Sprechens und des Denkens wäre alles Seiende nach wie vor wirklich. Es wäre dann aber weder wahr noch unwahr. Und in diesem eingeschränkten Sinne hat der Gedanke, dass es ohne die Menschen die Wahrheit nicht gäbe, durchaus seine Berechtigung.

Da ist einerseits die Welt, und da ist andererseits der Geist. Aber für das Wesentliche an der Wahrheit ist die Relation zwischen beiden, also die Verbundenheit beider Relationsglieder, das Entscheidende. Genau in ihr liegt jene Trefflichkeit, die bestimmte Aussagen oder Vorstellungen über die Wirklichkeit zu wahren Aussagen oder Vorstellungen macht. Ich habe im Satz zuvor bewusst nicht gesagt, dass Aussagen oder Vorstellungen durch ihr Zutreffen auf die Wirklichkeit wahr ‚werden' oder ‚sich bewahrheiten'. Denn es soll nicht der falsche Eindruck entstehen, dass die Wahrheit eine Art Produkt des Aussagens oder überhaupt des menschlichen Geistes ist. Natürlich können die Menschen vieles Wahre über die Welt meinen und sagen. Aber die Wahrheit geistig erzeugen oder erschaffen, das können sie nicht.

Worte wie ‚Erzeugung' oder ‚Produktion' geben also das Zutreffen nicht angemessen wieder. Zwar kann man sagen, dass die Menschen wahre Aussagen oder Vorstellungen produzieren; denn natürlich sind Sprechen, Vorstellen oder Denken Arten des Hervorholens und sozusagen Vor-sich-Hinstellens der an sich nicht auf Prominenz oder Bekanntwerden hin angelegten Welt. Es ist aber unbedingt festzuhalten, dass der Vollzug wahrer Aussagen oder Vorstellungen keine Hervorbringung der Wahrheit darstellt. Die Trefflichkeit der Wahrheit liegt allein in der Relation, die zwischen Aussage- oder Vorstellungsinhalt und Realität besteht. In Bezug auf diese Relation hat die Metapher der Erzeugung oder Erschaffung keinen nachvollziehbaren Sinn. Zwar wird die Beziehung von Geist und Welt durch Aussagen und Vorstellungen etabliert. Aber dabei wird der Charakter dieser Relation, also das Zutreffendsein als solches, nicht erzeugt. Anders ausgedrückt: Eine wahre Aussage ‚macht' oder ‚bewirkt' nicht ihr Zutreffen auf die Realität. Indem sie zutrifft, macht sie vielmehr auf indirekte Weise das Sein der Trefflichkeitsbeziehung selbst für den menschlichen Geist erfahrbar.

Man kann sich das an einem konkreten Beispiel für eine Treffensrelation klarmachen. Ein Fußballspieler etwa schießt ein Tor, er erzielt einen Treffer. Sofern man dieses Treffen nur daraufhin beurteilt, dass der Spieler den Ball über die Torlinie befördert, wird man sagen können, er habe den Treffer produziert. Entscheidend ist aber, dass der Torschütze mit seinem Treffer nicht die Trefflichkeitsrelation selbst hergestellt hat – diese besteht einfach in dem Umstand, dass der Ball hinter der Torlinie liegt. Ähnliches gilt für einen Bogenschützen, der ins Schwarze trifft. Mit seinem Schuss erzeugt er den Zustand ‚Pfeil im Ziel'. Aber dass dieses Drinstecken des Pfeiles im Ziel eben ein Drinstecken ist, kann er durch sein Treffen nicht produzieren – denn ein Drinstecken ist ja auch dann eben ein Drinstecken, wenn es sich gar nicht tatsächlich ereignet. Auf die Wahrheit bezogen bedeutet dies, dass durch wahre Aussagen oder Vorstellungen die Wahrheit selbst nicht erzielt oder hergestellt wird. Hergestellt wird allein der treffliche geistige Bezug auf die Welt, nicht hingegen die Tatsache, dass das Zutreffen ein Zutreffen ist.

3. Über einige Zusammenhänge zwischen Geist und Welt

Sicherlich ist der zuletzt entfaltete Gedanke nicht leicht nachvollziehbar. Ich möchte daher versuchen, ihn weiter zu erläutern. Zunächst jedoch möchte ich einige allgemeine Überlegungen zum Verhältnis von Geist und Welt vorausschicken, was uns die Arbeit an diesem zentralen Gedanken erleichtern wird.

Ich habe bereits betont, dass das Wesentliche an der Wahrheit die Gestalt einer Relation hat. Insofern ist es leicht irreführend, wenn man die beiden Pole dieser Beziehung in ein Einerseits-Andererseits auseinanderlegt, so wie ich es im Abschnitt zuvor aus Gründen besseren Nachvollziehens getan habe. Die beiden Momente, also menschliche Aussagen und Vorstellungen einerseits sowie das Wirkliche andererseits, sind nicht dermaßen strikt voneinander getrennt wie die sprachliche Darstellung es nahelegt. Die Idee einer Kluft zwischen Geist und Welt ist schon deshalb irreführend, weil auch das Geistige etwas Wirkliches ist. Das Aussagen und Vorstellen passiert tatsächlich – es ist etwas ganz und gar Weltliches und vollzieht sich als solches im Zusammenhang der Realität. Der Geist mitsamt seinen vielfältigen Gebilden hat also seinen sprichwörtlichen ‚Sitz' im Gesamtgefüge realer Vorkommnisse. Er ist, als menschlicher Geist, alles andere als eine überirdische Instanz.

Ein striktes Getrenntsein von Geist und Welt liegt streng genommen also nicht vor. Was die Welt angeht, so ist sie zwar nicht auf die Zuwendung des Geistes angewiesen – sie besteht auch dann als das, was sie ist, wenn kein Mensch durch Aussagen oder Vorstellungen auf sie Bezug nimmt. Aber in dieser Welt, wie wir sie kennen, gibt es nun einmal die Menschen und den menschlichen Geist; und immer dann, wenn der Geist die für ihn typischen Gebilde formt, ist jener eigentümliche Bezug der Welt zu sich selbst da, der Erkenntnis und Irrtum im Gefolge hat. Es ist allein dieser Bezug, durch den die Wahrheit sich aktualisiert. Und besonders deutlich spüren wir das hintergründige Dasein der Wahrheit dort, wo das Geistige im Menschen zu Erkenntnissen über Wirkliches gelangt.

Lassen Sie uns an dieser Stelle kurz innehalten, denn möglicherweise sind Sie irritiert. Sie können sich vielleicht vorstellen, was es heißt, dass der Geist in einem Bezug zur Welt steht. Aber möglicherweise können Sie sich nicht so recht vorstellen, was es heißt, dass die Welt unabhängig von der geistigen Zuwendung des Menschen so ist und bleibt, wie sie ist.

Dass sie in diesem Punkt eventuell Irritation erleben, könnte mit einem der wohl merkwürdigsten Dogmen der menschlichen Denkgeschichte zusammenhängen: Mit der Idee nämlich, dass sich die Welt und alles in ihr letztlich um den Geist des Menschen dreht. Die Hartnäckigkeit und Reichweite dieser erst in der Moderne zum Durchbruch gelangten Vorstellung ist groß. Und sie hat sich nahezu widerstandslos in den Köpfen der Menschen festsetzen können, obwohl sie dem Alltagsverstand und der normalen Lebenserfahrung widerstreitet. Man könnte über dieses Dogma und seine ideellen Hintergründe vieles sagen, aber ich möchte das hier nicht tun. Stattdessen möchte ich mich darauf konzentrieren, die Geistunabhängigkeit der Welt in Umrissen näher zu charakterisieren, ohne sie langatmig ‚theoretisch zu begründen' oder zu ‚rechtfertigen'.

Gerade diese Unabhängigkeit nämlich ist alles andere als rätselhaft. Sie ist ein Phänomen und keine Theorie – und wir erleben sie praktisch ständig: in unserem Ringen mit den konkreten Widerfahrnissen des Alltags, die es zu bewältigen gilt, aber auch allnächtlich, wenn wir im Schlaf einfach bewusstlos da sind. In den Phasen des Schlafens, um dieses Beispiel zu wählen, sind wir wie auch sonst in der Welt, doch unser Geist tritt zurück: Er ruht. Die Welt mitsamt allen in ihr schlafenden Menschen ist einfach eine Zuständlichkeit, ohne dass nunmehr gesprochen, gemeint oder gedacht wird. Man sollte nicht einwenden, dass doch der Traum weiterhin eine geistige Beziehung zur Welt aufrechterhält. Denn selbst angenommen, dem wäre so: Es würde dennoch gelten, dass der Traum weder eine Form von produktiver Welterzeugung noch überhaupt ein geistiger Vorgang ist. Träume sind, als Phänomene betrachtet, seelische Erlebnisse bzw. Widerfahrnisse. Und es bedarf schon einer bewusst auf den Traum angewandten Theorie, um die diffusen Bildfragmente des Traumes als geistige Inhalte aufzufassen, deren verborgenen Sinn man deutend entschlüsseln kann. Die Theorie mag Träume so darstellen, und das mag durchaus berechtigt sein. Aber Träume sind an sich keine Darstellungen: Traumbilder sind keine Geistesprodukte, und Träumen im Ganzen ist – anders als etwa die dichterische Einbildungskraft – keine Form von ‚geistiger Aktivität'.

Nehmen wir weiterhin den traumlosen Schlaf. Schlafen ist ein realer Zustand. Aber während des Schlafes kreist die Wirklichkeit in keiner Weise um die Schlafenden. Ist es also so, dass mit dem Erwachen die Welt beginnt, unser Produkt oder Konstrukt zu sein, während sie es im Schlaf nicht gewesen ist? Das ist ein merkwürdiger Gedanke. Es ist einfach abenteuerlich zu behaupten, dass die Wirklichkeit immer dann, wenn Menschen schlafen, für einige Stunden ‚weg' ist, um dann von den erwachenden ‚Bewusstseinen' immer auf ein Neues vom Geist produktiv hervorgebracht zu werden. Das moderne Denken ist in diesem Punkt in der Tat abenteuerlich. Denn die Idee, dass die Welt ohne den Menschen und seine geistige Aufmerksamkeit gleichsam verschwindet – oder doch zumindest ihre Eigenheit und Eigenständigkeit verliert – ist insgeheim tatsächlich ein fester Bestandteil des oben erwähnten Dogmas.

In einer Kultur, in der die Menschen grundsätzlich von dieser Auffassung überzeugt sind, wird alles nur Erdenkliche unternommen werden, um das jederzeit drohende ‚Verschwinden' der Welt zu verhindern. Gesteigerte Wachheit und Wachsamkeit des Geistes dürfte ein Charakteristikum dieser Kultur sein, die sich selbst so ‚deutet', als würde sie angesichts geistiger Ermüdung letztlich der ganzen Welt beraubt. Da der Schlaf im Geistesleben dieser Kultur gleichsam den Untergang der Welt symbolisiert – und umgekehrt Erkenntnis als Arbeit, Welterzeugung und Konstruktion gedacht wird – setzen die Menschen dieser Kultur alles daran, dauerhaft wach, aktiv, kreativ und gestalterisch zu bleiben; vielleicht auch aus Angst, man könne ansonsten auch als Person einfach verschwinden. Spinnen wir diesen Gedanken noch etwas weiter. Möglicherweise würde man in der besagten Kultur auch dafür sorgen, dass bei Einbruch der Dämmerung Nachtwachen postiert werden: Diese würden einerseits durch ihr Wachsein selber ‚real' bleiben; und sie würden andererseits dafür sorgen, dass durch ihre geistige Wachheit die Welt – stellvertretend für die Schlafenden – als immerhin dünnes Erscheinungsgewebe weiterbesteht.

Gedankenspiele dieser Art sind natürlich Spielereien oder buchstäblich Spinnereien. Aber trotz ihrer Phantastik machen sie doch deutlich, dass aus einer gesteigerten ‚Vergeistigung' des Bildes der Welt theoretisch hausgemachte Probleme entstehen können. Nun laufen derartige Phantasien, ohne übrigens stets als solche durchschaut zu werden, mit einer gewissen Zwangsläufigkeit in der Vorstellung zusammen, dass die Wirklichkeit vom menschlichen Geist abhängig ist. Diese Idee jedoch, so sehr sie unsere Weltsicht auch beherrscht, ist falsch; sie trifft nicht zu auf die Dinge, so wie sie sind.

Bereits der Begriff der Abhängigkeit kann in diesem Zusammenhang leicht einen unsachlichen Nebenklang haben; etwa im Sinne des englischen Wortes ‚addiction', das ‚Sucht' bedeutet. Die Welt ist sicherlich kein Junkie, ganz im Gegenteil: Gerade sie ist, anders als der auf die Welt bezogene der Geist, von überhaupt nichts abhängig – und am Wenigsten ist sie, wie man sich leicht klarmachen kann, vom alltäglichen Reden der Menschen abhängig. Natürlich gibt es eine Vielzahl konkreter Abhängigkeiten und Dependenzen innerhalb der Welt. Manche Dinge in ihr hängen kausal zusammen, manche wiederum sind gemäß anderen Formen des Verbundenseins strukturiert. Und sicherlich hängen einige Zusammenhänge innerhalb der Welt auch vom Geist des Menschen ab – etwa dort, wo der Mensch bestimmte Gegenstände gemäß seiner Vorstellungen gestaltet oder technisch herstellt. Aber hieraus auf die umfassende Bestimmung ‚der' Welt durch ‚den' Geist zu schließen, ist ein Fehlschluss. Man würde damit die vielfältigen geistlosen Formen des Bestimmtseins der Dinge und Verhältnisse außer Acht lassen, die es in der Welt eben auch und sogar in der Überzahl gibt. Zu dieser Einseitigkeit des Beachtens und Nichtbeachtens ist übrigens erneut nur der Mensch in der Lage. Die Wirklichkeit als solche vermag das nicht, da sie als Ganzes eben nicht Geist oder etwas Geistiges ist.

Dass die Welt auch ohne unseren Geist bestehen kann, und dass sie unabhängig von ihm so ist wie sie ist: Das ist für viele Menschen, und naturgemäß vor allem für ‚Intellektuelle', eine schwer verdauliche Tatsache. Aber man kommt an ihr nicht vorbei, so sehr man die Mühlen der Theorie auch mahlen lässt, damit das Phänomen der weitreichenden Geistunabhängigkeit des Realen an Evidenz verliert. Im Gegenzug zu einem übertriebenen

Intellektualismus möchte ich behaupten, dass die Welt als solche unabhängig vom menschlichen Denken besteht. Das aber heißt nicht, dass der Mensch keine zutreffenden Aussagen über die Realität machen kann: Denn das ist, wie ich bereits erläutert habe, sowohl im Alltag als auch in den Wissenschaften sehr oft der Fall. Weiterhin bedeutet es auch nicht, dass eine nicht zu überbrückende Kluft zwischen der Wirklichkeit und dem Geist besteht. Es ist der Geist selbst, der Verbindlichkeit schafft, indem er sich als zugleich weltbezogen und weltabhängig erweist – diese Ambivalenz wird er nie los, sie gehört zu seiner Essenz. Und sofern der Geist ein wesentliches Spezifikum des Menschen ist, trifft diese Bestimmung auch auf ihn zu: Menschen sind von Grund auf ambivalente Wesen.

Mit der Ambivalenz des Geistes im Besonderen ist einfach seine Zweiseitigkeit gemeint. Einerseits ist der Geist wirklich, also als Teil der Welt mit dieser verwoben. Das zeigt sich am deutlichsten an der Tatsache, dass der Geist, so wie wir ihn kennen, auf leibseelischer Grundlage existiert. Das Verbundensein von Geistigkeit und leibseelischer Lebendigkeit ist das, was wir ‚Person' nennen: Personen stehen als geistige Wesen zugleich immer leiblich vor uns, und was sie erfahren, denken und fühlen, geht uns, als mit- und nachdenkende sowie als mit- und nachfühlende Personen an. Es gibt freilich andere, sozusagen nicht-ambivalente ‚Geistwesen', die menschlichen Erzählungen, Sagen und Phantasien entspringen. Aber bei ihnen handelt es sich insofern um Phantome, als sie keinen Körper sowie kein auf Körperlichkeit gründendes leibseelisches Leben haben. ‚Geister' dieser Art sind kreative Produkte des menschlichen Geistes, und nur als solches kommt ihnen Realität zu. Aber sie sind nicht im vollen Sinne da, sie sind – obschon man ihr virtuelles Tun und Treiben (etwa in Romanen oder Filmen) deuten kann – nicht vollsinnlich greifbar. Wenn daher jemand zu uns sagt, er hätte einen Geist *gesehen*, dann kann er ein solches Phantom jedenfalls nicht meinen; und wenn er es dennoch ‚meint', dann handelt es sich im Grunde um einen Grenzfall *bloßen* bzw. eigentlich gegenstandslosen Meinens. Wie alles Eingebildete oder bloß Erzählte kann man Geister nicht sehen, denn ihnen fehlt die Verbindung zur realen Räumlichkeit, in der das personale Leben sich vollzieht. In der realen Irrealität der Phantasie können sie aber sehr wohl umhergeistern, um uns ‚von hier aus' erlebnismäßig zu erfreuen oder zu verstören. Wer dagegen einen Geist tatsächlich sieht, der steht einer menschlichen Person aus Fleisch und Blut gegenüber. Und er sieht auch hier nicht unmittelbar ‚den' Geist der Person, sondern steht in einer Beziehung zu deren Geistigkeit, die sie sich etwa im Miteinander-Sprechen oder auch im Miteinander-Handeln ausdrückt.

Soviel zur einen Seite der Ambivalenz des Geistes. Da ist aber noch die Kehrseite, und diese betrifft den Weltbezug der Menschen. Nur der Geist kann die Welt (einschließlich sich selbst) erkennen; und zwar in gewissen Ausschnitten sowie mit der ständigen Möglichkeit des Irrtums. Wo immer die Erkenntnis glückt, entstehen innerhalb der Welt zutreffende Aussagen, Vorstellungen und Gedanken über die Welt. Aber Vorsicht: Die Tatsache, dass der Geist zu Aussagen und Vorstellungen über die Welt fähig ist, heißt in keiner Weise, dass er seine Verankerung in der Welt verliert: Geistiger Weltbezug hebt Weltabhängigkeit und Weltteilhabe in keiner Weise auf, und niemals gelangt der Mensch zu vollem Weltüberblick oder zu festem Stand über den Dingen. Die irrtümliche Annahme, der menschliche Geist sei etwas Überreales, entspringt allein dem Dogma der geistigen Welterzeugung. Deutet man Erkenntnis nämlich fälschlich als ein Hervorbringen oder Herstellen der Realität – also nach dem Modell geistiger Welterschaffung und -beherrschung – so kommt genau das der Entmenschlichung bzw. Vergöttlichung des Geistes entgegen. In diese Richtung überhaupt zu ‚denken', mag Übermut sein, ist aber vor allem kindisch; und die entsprechende Auffassung ist weniger anthropozentrisch, als vielmehr infantozentrisch. Genau diese im Kindsein zentrierte Haltung liegt aus meiner Sicht der Idee der ‚Abhängigkeit' der Welt vom Geist des Menschen zugrunde. Für unseren Zusammenhang ist es wichtig, sich von *dieser* Abhängigkeitsvorstellung so unabhängig wie möglich zu machen. Denn mit ihr verbindet sich nicht zuletzt die Vorstellung, dass auch die Wahrheit ein Produkt des menschlichen Geistes ist und somit in seinem freien Belieben steht.

In diesem Zusammenhang noch eine Bemerkung. Man hat häufig behauptet, dass die Auffassung von der Wahrheit als einem Zutreffen geistiger Gebilde auf das Wirkliche deshalb unhaltbar sei, weil sie zu einer ‚Verdopplung' der Realität führe. Diese These wird nun nicht dadurch ‚wahrer', dass man sie immer und immer wiederholt. Sie ist einfach deshalb unsinnig, weil sich die Wirklichkeit gar nicht verdoppeln kann – und ich bitte ernsthaft darum, dass mir jemand erklärt, was ‚Realitätsverdopplung' sein soll. Wenn ein Ausschnitt der Wirklichkeit in einer ihrerseits realen Aussage oder Vorstellung eine inhaltliche Wiederkehr erfährt, dann verdoppelt sich nichts. Das eine ist, zum Beispiel, der wirkliche Regen, der ans Fenster prasselt, das andere ist der ebenfalls wirkliche Satz, mit dem jemand aussagt, dass es regnet. Jeder normal denkende Mensch sieht zutreffend ein, dass die Existenz von realem Regen und die Existenz des realen Satzes über den Regen nicht zu einer Verzweifachung der Realität führen. Es regnet, und jemand sagt, dass es sich so verhält: Weder ist dadurch der reale Regen ‚sprachlich geworden' noch ist der Inhalt der Aussage ‚nass'. Es liegt hier keinerlei Verdopplung von Realem vor. Die Wirklichkeit verdoppelt sich nicht, wenn in ihr Regen (oder sonst etwas) und zutreffende Aussagen über Regen (oder sonst etwas) vorkommen.

4. Das Geistige im Menschen oder: Wie die Welt sich selbst begegnet

Kommen wir nach diesem Umweg zum Gedanken des vorletzten Abschnitts zurück: also zur Bestimmung des Wesens der Wahrheit als Zutreffen geistiger Gebilde auf die Wirklichkeit. Ich hatte eine Präzisierung dieses Gedankens in Aussicht gestellt und möchte diese jetzt anbieten.

Gehen wir langsam vor, und gehen wir vor allem anschaulich an die Sache heran. Stellen wir uns zum Beispiel einen Stein vor. Ein Stein ist ein ebenso seelenloses wie geistloses Ding; er ist einfach etwas Physisches, ein aufgrund physischer Kräfte geformtes Stück Materie. Wenn ein Stein einen anderen Stein anstößt, hat er sich nicht von selbst in Bewegung gesetzt, um den anderen Stein absichtlich zu treffen. Weder handelt der Stein absichtlich oder unabsichtlich noch fühlt oder erlebt ‚er' dabei etwas. Vor allem aber ist er angesichts seiner Geistlosigkeit nicht in der Lage, sich ein Bild davon zu machen, dass, wie und warum ‚er' einen anderen Stein anstößt. Ein Erkennen derjenigen Ursachen oder Prinzipien, aufgrund deren mit dem Stein notwendig das geschieht, was wirklich geschieht, haben Steine nicht. Sie betreiben keine Lithologie, also keine wissenschaftliche oder auch nur laienforscherische Gesteinskunde.

Nehmen wir nun weiterhin irgendein Tier. Ein Tier zeigt Verhalten; es scheut zum Beispiel vor ‚Fressfeinden' zurück, während es sich umgekehrt ‚seine' Beute sucht. Ich will hier nicht auf die vielfältigen Erlebensumwelten der Tiere eingehen, sondern den Kernpunkt meines Gedankens im Auge behalten. Tiere können, soviel scheint sicher, angesichts akut drohender Gefahr fliehen – aber sie können sich ‚die Situation Flucht' weder vorstellen oder einbilden noch freigeistig mit ihr experimentieren; also etwa das Fliehen in gefahrloser Lage probeweise simulieren. Die Freiheit des Bildens und Umbildens ihrer jeweiligen „Umwelten" (Jakob von Uexküll) in Richtung auf eine geistig durchgeformte kulturelle Welt ist den Tieren, um es einmal so zu sagen, nicht zuzumuten: schon der Begriff des Feindes (‚Fressfeind') unterlegt dem entsprechenden Such- und Fliehverhalten ein anthropisches Wertschema (Freund/Feind), das auf tierisches Erleben in seiner genuinen und daher nicht sinnvoll kritisierbaren Amoralität nicht passt.

Überhaupt kennt das tierische Leben weder einen Alltag mit seinen zweckrationalen Routinen – denn Tiere *handeln* eben nicht im strengen Sinne, also gemäß eigener Ziel- und Zwecksetzung – noch kommt es bei ihnen zu einem Erforschen ‚der Welt': Man wird vergeblich auf die Einrichtung der ersten Tier-Universität warten, die mit Erkenntnissen über die ‚Tierwelt' sozusagen aus erster Hand aufwartet. Die Lebendigkeit des Tieres ist eine im positiven Sinne geistlose: Tierisches Leben ereignet sich als Aufgehen in leibseelischen Vollzügen, wobei selbst das Seelische am Ehesten die Bereiche sinnlichen Empfindens und Fühlens umfasst, während keines der uns bekannten Tiere durch moralische Gefühle wie etwa Respekt, Achtung oder Ehrfurcht ergriffen wird. Natürlich sind Tiere Lebewesen und keine Maschinen; sie als maschinell aufzufassen oder sie praktisch so zu halten und zu behandeln, als seien sie empfindungslose Automaten, gehört zu den Unarten des Menschen, gegen welche die Tierethik neuerdings zu Recht Einwände erhebt. Wie alle Lebewesen sind Tiere ihrem Wesen nach sogar das Gegenteil alles Maschinellen, das ja einzig der technischen Intelligenz der Menschen entspringt und dass daher auch nur vom menschlichen Geist und seiner in gewissen Anteilen algorithmischen Arbeitsweise her verständlich ist.

Das für uns an dieser Überlegung Wesentliche ist, dass eine den Geist betreffende Konkurrenz zwischen Tieren und Menschen schlechterdings nicht besteht. Der Dichter und Theologe Johann Gottlieb Herder (1744-1803) hat dies erkannt, indem er betont: „Mit dem Menschen ändert sich die Szene ganz“[15]. Herder zufolge darf man den Geist des Menschen nicht als eine rein äußerliche Zutat zur ansonsten nach wie vor ‚tierischen Natur‘ des Menschen auffassen; gleichsam als ob der beizeiten geistlos getriebene Mensch auf die ‚Stufe des Tierischen‘ zurückfiele und ‚wieder Tier würde‘. Der Geist des Menschen ist keine Substanz, die einem animalisch-instinktiven Grundstock an Artungen und Fähigkeiten bloß aufgesetzt ist. Vielmehr durchwirkt das Geistige im Menschen bereits dessen elementare leibliche Bewegungen und Haltungen. Dass die Menschen mit den Tieren (oder umgekehrt diese mit jenen) keine Dialoge führen können, ist richtig, sagt aber im Grunde nur wenig. Ein weitaus tiefer reichender und mehr als nur symbolischer Unterschied ist der, dass Menschen und Tiere einander noch nicht einmal anblicken können. Technisch stilisierte Hochglanzfotographien von Tieren in Wissen-

---

[15] Johann Gottlieb Herder: Abhandlung über den Ursprung der Sprache, Köln 2015, 28.

schaftsmagazinen können uns vielleicht ‚begeistern', vermögen aber niemals unseren Instinkt zu täuschen: Tiere haben kein Gesicht, aus dessen für die Ratio vollkommen rätselhaften ‚Innerlichkeit' heraus sie ins das Antlitz eines anderen Wesens oder überhaupt in das Offene einer Welt zu schauen vermögen. Das ist natürlich kein Mangel: Denn das Tier wird hierdurch in keiner Weise von der ihm eigenen Art des Lebendigseins abgehalten, sondern hat gerade in diesem gesichts- und weltlosen Sein das ihm eigentümliche Sosein. Fest steht zudem, dass die Tiere in keiner Weise davon ‚berührt' werden, dass einige Menschen aufgrund ihrer überaktiven Geistigkeit dazu neigen, die allein ihnen wesentliche Menschlichkeit in Ideen und Theorien über Tiere hineinzulegen.

All dies ist ebenso wenig neu wie originell. Dass Dinge (wie etwa Steine) und nicht-menschliche Lebewesen (wie Tiere) in gewisser Weise in ihrer jeweiligen Art, wirklich zu sein, aufgehen, gehört zum Allgemeingut der Philosophischen Anthropologie; und diese hat denn auch stets versucht, an den Phänomenen, nicht dagegen affirmativ an (biologischen) Theorien anzusetzen. Der entscheidende Punkt ist, dass nicht-geistige Wesen, seien sie nun Lebewesen oder nicht, sich weder ihr eigenes Wirklichsein und Sosein noch ‚das Wirkliche überhaupt' vor Augen führen. Sie bedenken, bereden oder kommentieren nichts, und sie beziehen auch nicht im strengen Sinne des Wortes ‚Stellung' zu irgendetwas. Sie sind eben – neben vielem, was sie untereinander verschieden sein lässt – geistfrei. Und daher sind sie nicht, wie einige Menschen, töricht oder unbelehrbar, sondern existieren in einem vollkommenen Jenseits von Schläue und Dummheit, von Intelligenz und Schwachsinn. Man kann die anthropologische Frage nach der „Sonderstellung des Menschen im Kosmos" (Max Scheler) insofern ruhig auch einmal andersherum stellen, und in der Alternativlosigkeit allen geistlosen Seins gerade dessen Sonderstellung gegenüber dem Menschen erkennen. Da das natürlich erneut nur der Mensch mittels seines Geistes tun kann, schließt sich der Kreis am Ende doch wieder in recht klassischer Weise.

Im Gegensatz zum ungeistig Seienden zeigt sich das Geistige im Menschen in der Bezogenheit auf die Welt. Der menschliche Geist ist beizeiten sogar dermaßen obsessiv weltbezogen, dass man meinen könnte, von diesem Bezug hinge seine nackte Existenz bzw. sein unmittelbares Überleben ab. Menschen entwerfen ohne Unterlass Bilder der Welt – oder, auf das Alltagsleben bezogen: Sie erzeugen mannigfaltige Bilder und Geschichten konkreter Situationen und Lebenslagen. Indem sie dies tun, können sie sich wahr oder falsch auf jene Wirklichkeit, die ihnen als Feld theoretischer Einsicht oder praktischer Einflussnahme dient, beziehen. Bei geistlosen Lebewesen hingegen geschieht das Erleben ununterbrochen, und das bedeutet: Sie ‚wissen' in ihrer lückenlosen Lebendigkeit rein gar nichts von irgendeiner ‚Differenz' zwischen ‚sich' und ‚der Welt'. Letztlich wissen oder erkennen sie überhaupt nicht, ohne dass dies freilich ihren Wert als Lebewesen in irgendeiner Weise mindert.

Der menschliche Geist ist, abgesehen von seiner eigenen Verankerung im Leibseelischen, praktisch nichts anderes als wissend-erkennender und aus Erkenntnissen heraus handlungsmächtiger Weltbezug – so wie das Tier in seiner Vitalität geht er in dieser Sachbezüglichkeit auf. Nicht der Mensch als Ganzer, wohl aber der Geist des Menschen ist in gewisser Weise tatsächlich ‚addicted': Er ist gleichsam besessen von seiner Bezogenheit auf das Wirkliche, weil er ohne diese nicht das ist, was er ist. Natürlich ist der Mensch, um es noch einmal klar zu sagen, nicht ‚reiner' Geist oder bloß Erkennender. Er ist zudem und letztlich sogar vor allem ein leibseelisches Lebewesen – und das ist, wie ich hinzufügen möchte, auch gut so. Denn allein seine unterhalb allen Erkennens fortlaufende Vitalität bringt ihn immer wieder auf den (freilich bloß relativ) geistfreien und somit gegen jedwede Sucht weitgehend immunen Boden des sinnlichen Lebens sowie des zweckfrei sich hingebenden Erlebens zurück. ‚Zum Tier' wird der Mensch aber selbst in solchen Phasen seines Daseins nicht – und die vermeintliche Angst vor einer diesbezüglichen Verrohung des Menschen ist sicherlich selbst nur eine Geistgeburt. Natürlich wird er in solchen Perioden milder und ruhiger, da ihm die Last des Repräsentierens für gewisse Zeit abgenommen ist. In diesen Phasen kann er jenen allgemeinen Lebensbedürfnissen nachgeben, die auch während der Zeit, in der das Geistige die Führung übernimmt, als dauernder Forderungshintergrund da sind.

Die Welt wird vom menschlichen Geist aus mit sich selbst bekannt; und im Falle des Erkennens wird sie sich als das bekannt, was sie ist. Genau hier kommt das Zutreffen, also die Wahrheit, ins Spiel. Die Wahrheit besteht eben in jener bestimmten Art der Bezogenheit des Geistes auf das Wirkliche, die als Zutreffen treffend charakterisiert ist. Auf dem Wort ‚Zutreffen' liegt insofern ein besonderer Nachdruck, als unter den zahlreichen Beziehungen, die die Menschen zur Welt unterhalten, allein diese Relation auf die Anwesenheit der Wahrheit hindeutet. Wer etwas Zutreffendes über die Realität sagt, der sagt etwas Wahres aus. Und wer Zutreffendes über das Zutreffen als solches sagt, sagt etwas Wahres über die Wahrheit. Jeder spürt wohl, dass wir uns nun in einem Bereich bewegen, der mit dem Bereich des dinglichen oder selbst des tierischen Daseins nichts mehr zu tun hat. Ich möchte es sogar zuspitzen: Wahrheit ist weder etwas für Steine oder Affen noch etwas für Menschenkinder. Wahrheit ist ein Thema für erwachsene, oder besser, für fortlaufend erwachsende Menschen: also für Wesen, die ihren Geist in vernünftiger Weise verwenden, und die ihn gerade deshalb als das erkennen, was er ist.

Etwas Wahres und die Wahrheit: Hier liegt ein kardinaler Unterschied, den unser Geist erfassen kann. Die Wahrheit ist nicht als eine Summe wahrer Aussagen zu verstehen. Wahre Aussagen geben inhaltlich Auskunft über die Wirklichkeit, nicht dagegen über die Wahrheit. Natürlich hängen die Wahrheit und das Wahrsein einzelner Aussagen eng zusammen. Aber da das Zutreffen als ein Identisches in allen wahren Aussagen steckt, kann man das Wahrsein von Aussagen, die auf etwas Besonderes abzielen, nur verstehen, wenn man bereits weiß, was es mit dem Zutreffen als solchem auf sich hat.

Wer etwa sagt, dass Berlin im Jahr 2017 die Hauptstadt von Deutschland ist, der sagt etwas Wahres. Wahr ist, wie wir inzwischen wissen, weder der Sachverhalt noch die den Sachverhalt inhaltlich wiedergebende Aussage jeweils für sich. Beide Pole der Wahrheitsrelation sind für sich genommen einfach, was sie sind – und zwar handelt es sich einerseits um die reale Stadt Berlin, andererseits um einen realen Satz über diese Stadt. Die Wahrheit ist nun keine beiläufige Verknüpfung der Beziehungspole, sondern sie ist das bestehende sachliche Verbundensein der Beziehungsglieder, das durch die Aussage in seinem Bestehen evoziert und zugleich bekräftigt wird. Die Aussage trifft zu: Sie sagt aus, wie es sich in der Welt verhält. Man kann auch sagen dass sie einen Weltzustand bedeutet: Sie sagt, dass es sich mit Berlin im Jahr 2017 so wie gesagt verhält.

Gegenüber dem Wort ‚Wahrheit' hat das Wort ‚Zutreffen' den Vorteil, dass mit ihm konkrete Anschauungen verbunden sind; Treffer beim Fußball oder auch beim Bogenschießen. Die Wahrheit besteht in der Relation des Zutreffens. Aber man hat einfach klarer vor Augen, was die Wahrheit ist, wenn man sich beim Verstehen unmittelbar sinnlich an ihr eigenes Charakteristikum, also an das Zutreffen, hält. Führen wir uns das Phänomen des Treffens also noch einmal ganz anschaulich vor Augen. Wir entfernen uns damit nicht etwa von der Wahrheit, sondern lernen sie an ihrem eigenen Gleichnis besser kennen.

Wenn man im Alltagsleben vom Zutreffen von Aussagen oder Vorstellungen auf Wirkliches spricht, so ist dies eine gut verständliche Charakterisierung. Denn das Phänomen des Treffens oder Zutreffens ist nicht auf das Gebiet der Aussagen oder Vorstellungen beschränkt, sondern es findet sich ebenso häufig in außergeistigen Zusammenhängen. Jeder normale Mensch weiß etwa, was passiert, wenn es in unterschiedlichsten Zusammenhängen zu einem Treffen kommt; wenn also etwas buchstäblich getroffen wird. Tatsächlich spricht man oft vom Treffen oder Sich-Treffen, ohne jemals in ernste Zweifel darüber zu geraten, was damit wohl gemeint ist. Denken Sie noch einmal an den Treffer beim Fußball; denken sie daran, was passiert, wenn der Hammer den Nagel auf den Kopf trifft (und was es bedeutet, dass der Schlag daneben geht und dann eben den Finger trifft); oder denken Sie daran, was es bedeutet, wenn jemand in einer bestimmten

Situation das treffende Wort findet (im Gegensatz zu Fällen, in denen jemand mit seinen Worten nicht den Kern der Sache trifft oder die Situation unzutreffend einschätzt). Erfahrungen dieser und ähnlicher Art sind Gleichnisse der Wahrheit, auch wenn man sich das im konkreten Alltagszusammenhang nicht klarmacht. Gleichnisse helfen uns zu verstehen, was es mit dem Zutreffen von Aussagen oder Vorstellungen auf die Wirklichkeit auf sich hat, weil sie Fälle dieses Zutreffens unmittelbar anschaulich machen. So wie in anschaulichen Fällen das Treffen in ganz handfester und praktischer Weise erfolgt, so stellt es sich im Falle der Wahrheit auf geistige Weise ein: Wahre Aussagen oder Gedanken treffen das Wirkliche so wie der Hammerschlag den Nagel trifft. Während ein Hammer und eine Aussage (oder auch das Hämmern und Aussagen) natürlich nicht dasselbe sind, ist das Zutreffen als solches jederzeit und allerorts identisch.

Dieser Zusammenhang lässt sich nun nicht weiter rational ‚begründen' – oder, um es mit einem Gleichnis (!) des österreichischen Philosophen Ludwig Wittgenstein (1889-1951) zu sagen: „Habe ich die Begründungen erschöpft, so bin ich nun auf dem harten Felsen angelangt und der Spaten biegt sich zurück"[16]. Dass die Wahrheit in all ihren Gleichnissen anwesend ist, hat abgesehen davon, dass es sich so verhält, keinen weiteren ‚Grund'. Es ist einfach so, und der menschliche Geist kann dieses ‚es ist einfach so' nurmehr hinnehmen. Immerhin kann er aber sagen: „So ist es eben", und das kann außer den Menschen niemand.

5. *Die Normalität des Treffens und der entfesselte Geist*

Formulieren wir das Ganze nun noch etwas verbindlicher. Das Treffen oder Zutreffen markiert den Punkt, in dem zwei aufeinander bezogene Relationsglieder in Kontakt miteinander kommen. Wenn der Hammer den Nagel trifft, ist dieser Kontakt phy-

---

[16] Ludwig Wittgenstein: Philosophische Untersuchungen. In: Werkausgabe. Band 1: Tractatus-logico-philosophicus, Tagebücher 1914-1916, Philosophische Untersuchungen, Frankfurt/M. 1984, 350.

sischer Art; und das Gleiche gilt, wenn sich zwei Personen (Peter und Paul) auf dem Marktplatz treffen. Beim Zutreffen von Aussagen auf Wirkliches liegt natürlich keine physische Berührung vor. Aber die Beziehung des Zutreffens kann in diesem Fall dennoch in Analogie zum sinnlichen Sich-Treffen oder Sich-Berühren verstanden werden.

Diese Idee ist nicht aus der Luft gegriffen, sondern hat ihre Wurzeln in der Geschichte des Denkens. Es ist kein Zufall, dass bereits in der antiken griechischen Philosophie, etwa bei Aristoteles, das Phänomen der Erkenntnis (im Sinne von Einsicht) durch ein Wort, welches ursprünglich ‚Berühren' bedeutet, wiedergegeben worden ist; und selbst heute ist in Erkenntniszusammenhängen noch häufig von ‚Begreifen' oder ‚Erfassen' die Rede. Sicherlich haben solche Ausdrücke einen metaphorischen oder poetischen Beiklang – sind sie doch jener Verlegenheit geschuldet, in die man gerät, wenn man das Phänomen des geistigen Zutreffens oder Verbundenseins mit rationalen Mitteln, also begrifflich abstrakt artikulieren möchte. Zugleich jedoch gehen diese Ausdrücke nicht im Metaphorischen auf. Denn in einer mehr spürbaren als streng rational zu fassenden Weise kommt es beim Zutreffen geistiger Gebilde auf die Welt durchaus zu einer Fühlung- oder Kontaktnahme des Gesagten mit dem Wirklichen. Zwar ist das Zutreffen, das die Wahrheit charakterisiert, kein physisches bzw. raumzeitliches Ereignis. Dennoch aber greifen wahre Aussagen und Vorstellungen mittels ihres Inhalts in jenen Bereich hinüber, der als solcher jenseits der Aussage sowie der Vorstellung liegt. Die Bezogenheit wahrer Aussagen oder Vorstellungen auf das Wirkliche ist einerseits geistiger Natur. Aber der Geist bleibt gerade im Falle der Wahrheit nicht bei sich: Vielmehr greift er über sich hinaus und erfasst das Seiende selbst – und es ist genau dieses Übergreifen, das sich in umgangssprachlichen Worten wie ‚Begreifen' oder ‚Erfassen' sinnbildlich ausdrückt. Diese Worte stehen für jene buchstäblich metaphysische Art von Kontakt, die der erkennende Geist zur Welt aufnimmt, und die den Geistbezug auf die Realität von ungegenständlichen bzw. nicht in Erkenntnis mündenden Lebens- und Erlebnisbezügen unterscheidet.

Die meisten lebensweltlichen Formen des Treffens bereiten dem Verstehen kaum Probleme. Im Falle der Wahrheit dagegen ist das Zutreffen durch eine Irrationalität gekennzeichnet, die den geistigen Nachvollzug erschwert. Das Problem ist nicht so sehr das intuitive Erkennen dessen, was Wahrheit ist, sondern die Artikulation dieser Einsicht. Und dies wiederum hat mit dem Anspruch des Geistes zu tun, das Zutreffen so punktgenau wie möglich zur Sprache zu bringen oder gedanklich zu fassen – genau das nämlich ist ihm entweder gar nicht oder nur in sehr wenigen Fällen möglich.

Natürlich ist jedem in ganz grobem Umriss bekannt, was Treffen oder Zutreffen ist oder bedeutet. Aber den alltäglichen Bildern und Beispielen für dieses Phänomen haftet, wie es für das Alltagsbegreifen typisch ist, etwas höchst Schematisches und Vages an. Solche Bilder vermögen das instinktiv-ahnende Verstehen, an das sie sich richten, zu befriedigen; der Geist hingegen drängt über das sinnlich-sinnhafte Verstehen hinaus auf ein exaktes Erfassen der Phänomene. Genau hierbei jedoch zeigen sich ihm sehr schnell die eigenen Beschränkungen, d.h.: Es kommt beim Erkennen fortlaufend immer auch zu einem Erkennen der Grenzen, die der auf Analyse seines Gegenstandes zielenden Erkenntnis gezogen sind. Das zeigt sich sehr deutlich etwa bei dem Versuch, so exakt wie möglich zu bestimmen, was ‚Treffen' ist. Der Geist erfährt den Stachel des Erkennens, aber er erfährt zugleich die Stumpfheit dieses Stachels; denn er vermag nicht mit der erwünschten ‚absoluter Eindeutigkeit' jenen eigentlichen ‚Kontaktpunkt' zu markieren, auf dem das Zutreffen beruht. In der Geschichte des Fußballs macht uns das so genannte Wembley-Tor auf den Kern des hier vorliegenden Problems aufmerksam. Problematisch ist, wie wir wissen, die klare und deutliche Erkenntnis des besagten Treff-Punkts, nicht hingegen sein pures Dasein. Denn der Punkt ist dort, wo ein Zutreffen vorliegt und somit ein Treffer erzielt ist, natürlich da, ob er nun erkannt wird oder nicht. Dass es Treffen oder Treffer gibt, wird niemand bestreiten, denn Treffen oder Treffer gehören zur unbezweifelbaren Lebensrealität. Kein Mensch wird behaupten, dass es deshalb, weil sich die

Erkenntnis von Treffern so schwierig gestaltet, im Leben ausschließlich Verfehlungen gibt. Es gibt, wie wir wissen, vielmehr beides: Treffen und Verfehlen. Und was die Erkenntnis angeht, so ist das geistige Erfassen des Falschen und des Verfehlten naturgemäß leichter als das Begreifen des Treffens.

Das gilt zumindest für die Ansprüche der so genannten exakten, auf die Analyse von Dingen, Strukturen und Prozessen ausgerichteten Erkenntnis. Der menschliche Geist gelangt da, wo er auf Exaktheit zielt, immer wieder notwendig an seine Grenzen. Es scheint geradezu so, als komme es ihm nicht zu, die jeweiligen Kontaktstellen von etwas mit etwas anderem punktgenau zu repräsentieren. Zwar ‚weiß' der Geist in pauschaler Form darum, dass sich bei jedem Treffen ein unmittelbarer Kontakt realisiert. Zugleich jedoch ist ihm die exakte Wiedergabe dieses Kontakts, auf die das alltägliche Erleben und Verstehen es gar nicht erst abgesehen hat, verwehrt.

Machen wir uns das an einem einfachen Beispiel klar. Peter und Paul treffen sich auf dem Marktplatz. Das Treffen selbst ist ein Phänomen, keiner wird es ernsthaft bezweifeln, denn da stehen die beiden und haben sich somit ohne Frage getroffen. Aber wo genau treffen sie sich? Nun, am Brunnen auf dem Marktplatz; denn dort haben sie sich verabredet. Aber wo eigentlich genau am Brunnen findet ihr Treffen statt? Nun, auf der Seite des Brunnens, die gegenüber der Bäckerei Meier liegt. Und man möchte meinen, dass hiermit der Punkt des Kontakts hinreichend markiert ist. Alltagspraktisch gesehen ist das auch so. Aber für die Exaktheitsansprüche des erkennenden Geistes ist es nicht so.

Dieser will mehr und immer wieder mehr. Als Geist ist er diejenige Instanz, die – frei nach dem Ausspruch des Mephistopheles in Goethes *Faust* – jedes einmal erreichte Niveau der Erkenntnis stets wieder verneint, es also als bloß vorläufig und näherungsweise wieder überschreiten muss. Und so fragt der Geist in unserem Beispiel, wo nun ‚eigentlich genau' innerhalb des für ihn noch immer ‚zu vagen' Spielraums sich die beiden Freunde treffen. Die schlichten Evidenzen der Alltagsgewissheit, denen ein lockerer Hinweis auf den Ort des Treffens genügt, können die wesentliche

Unstillbarkeit des Geistes nicht zur Ruhe bringen. Denn die Erkenntnis zielt, anders als das von Andeutungen und Bildern lebende Seelische im Menschen, seiner Natur nach auf ‚vollständige' und ‚durchgreifende' Enthüllung des unendlich dicht gewobenen Realitätszusammenhangs. Wenn man so will, zeigt sich hier die Alltagsferne jeder rein theoretischen Sachlichkeit. Diese fragt weiter und weiter ins Mark des Realen hinein, während sich das Alltagsbewusstsein mit ausreichend trefflichen Hinweisen zufriedengibt. Alltagspraktisch gesehen liegt die Antwort auf die Frage nach dem Treffpunkt von Peter und Paul spätestens mit dem gelingenden Treffen der beiden Freunde vor – es reicht eine ungefähre und alles andere als perfekte Treffpunktangabe aus, damit sich Menschen treffen (oder auch, damit Menschen auf Dinge treffen oder mit Dingen wie Hämmern andere Dinge wie Nägel treffen).

Dem Geist hingegen reicht die Angabe vager Kontaktflächen nicht. Er fahndet fortlaufend nach dem Punktuellen in jedem Treffen. Da nun aber die Idee des Punktes – also die paradoxe Vorstellung von etwas ausdehnungslos Ausgedehntem – letztlich sein eigenes Produkt ist, muss er die Analyse des Realen entlang dieses autogenen Projekts bis ‚ins' Unendliche fortsetzen. Der Geist hängt sich, um es sportlich zu sagen, die Latte, die er überspringen will, stets selbst höher und höher: Er wird angesichts der Unstillbarkeit seines Strebens zum eigentlichen Motor menschlicher Unruhe. Das gilt zumindest für jene Form der Geistigkeit, deren Bindungen zur Wirklichkeit merklich gelockert ist: für den, bildlich gesprochen, entfesselten Geist.

Man hat die geistige Unruhe spätestens seit der Aufklärungszeit als ein nicht zu erlösendes metaphysisches Bedürfnis im Menschen bezeichnet. Das ist jedoch nicht ganz zutreffend, denn um ein eigentliches Bedürfen handelt es hierbei nicht. Sämtliche normalen Bedürfnisse des Menschen sind prinzipiell stillbar. Das wissen wir etwa vom Hunger als körperlichem sowie von der Liebe als seelischem Bedürfnis. Man kann satt sein, und man kann lieben und geliebt werden; und auch wenn dieser Zustand immer wieder neu an sein Ziel gebracht werden muss, so ist das Ziel selbst jedoch jeweils erreichbar – auch wenn man dafür, was dieses Ziel ist, keine Worte hat. Diejenigen ‚Zielvorstellungen' hingegen, mit denen der entfesselte Geist sich selbst behelligt, haben allenfalls in sehr abstraktem Sinn den Charakter von Bedürfnissen – und zwar deshalb, weil diese Vorstellungen in sich derart ‚faustisch' angelegt sind, dass der Moment der Beruhigung nie eintritt. Recht deutlich zeigt sich das in der modernen Form des Wirtschaftens, in der dem Menschen das Idol der unendlichen Steigerung und Produktivität in besonders klarer Form entgegentritt.

Man muss nun allerdings das stete Weiterdrängen des entfesselten Geistes keineswegs pauschal ‚kritisieren'. Denn die Provinzen, in denen der Geist als entfesselter auftritt, können weder die Wirklichkeit noch die Wahrheit ernsthaft gefährden. Das ist nicht zynisch, sondern realistisch gemeint: Ich möchte nämlich gerade die Vorstellung, dass die moderne Welt ‚nur noch' von steigerungsbedingten Krisen geschüttelt wird, als einen unmittelbaren Bestandteil der Geschichte, die der entfesselte Geist sich selbst erzählt, verständlich machen. Nicht nur ist es so, dass geistige Entfesselungen jederzeit Gegengeister entfesseln: Sie ruft ‚Kritiker' der Ökonomie, der Wissenschaft oder der Kultur auf den Plan, die für ‚narrativen Ausgleich' sorgen. Es ist vor allem so, dass in den tragenden Bereichen menschlichen Lebens der Geist nur sehr selten in seiner enthemmten Form auftritt. Anders gesagt: Der entfesselte Geist, von dem ich seit einigen Zeilen wie von etwas Selbstverständlichem spreche, hat etwas zutiefst Irreales; ihm haftet spürbar der Geschmack einer bloß metaphysischen Idee an. Demgegenüber ist der gebundene Geist alltägliche Normalität, und als wirklicher Geist ist dieser durchaus der Beruhigung fähig. Er verlässt sich auf die Sinne, auf denen er ruht, und die ihm sagen, dass Peter und Paul soeben aufeinander zugehen; und er verlässt sich auf das Gefühl, welches ihm sagt, dass mit dem Händedruck der beiden Freunde das Treffen vollzogen und somit buchstäblich ‚perfekt' ist. Dieser Geist ist der Normalgeist, insofern er einsieht, dass die Wahrheit, ähnlich wie jedes sonstige Treffen, nicht ‚im Unendlichen liegt' – und weil er weiß, dass ein

Satz, der von dem wirklichen Treffen von Peter und Paul zutreffend berichtet, wahr ist.

Der Alltag mag noch so sehr von rationalistischen Leistungseffekten aus Wissenschaft, Wirtschaft und Technik durchsetzt sein: Er selbst und die ihm innewohnenden Menschen werden niemals zu einer Wissenschaft oder zu einer Zone, in der eine vollends enthemmte Geistigkeit dominiert. Alle für den Menschen überhaupt verständlichen Formen des Treffens und Zutreffens stammen letztlich aus alltäglichen Erfahrungen und Lebensweisen; und an alltäglichen Formen realen Gelingens kann keine ‚Steigerungslogik' irgendetwas ändern. Die Menschen können sich jederzeit praktisch der unüberbietbaren Wirklichkeit des Treffens und Zutreffens versichern – und wie eigentlich soll ein gelingendes Treffen ‚gesteigert' oder ‚optimiert', ja wie die Wahrheit ‚noch wahrer' gemacht werden? Der entfesselte Geist zehrt von selbstgeschaffenen Phantomen der Optimalität und der Exaktheit. Aber ein Wissen darum, was das von ihm vergeblich Gesuchte ist, hat er letztlich nur, weil er es als gebundener Geist in den zahllosen Gestalten der Trefflichkeit längst erlebt und in diesem Erleben gefunden hat.

Die Frage nach dem unendlichen Punkt des Treffens ist somit nicht mehr als ein romantisches Gedankenspiel, dem im normalen menschlichen Leben nichts entspricht. Peter und Paul treffen sich: Das passiert wirklich und ohne Probleme, und es ereignet sich nicht in irgendeinem ‚absoluten' Raum, sondern im trefflichen Ungefähr des verabredeten Ortes. So ist es auch mit unseren Gedanken über die Wahrheit: Man darf von ihnen keine absolute rationale Präzision, wohl aber eine ungefähre, das lebendige Fühlen berührende Richtungs- und Zielangabe erwarten.

6. Zwischenfazit

Die Wahrheit ist das an sich selbst identische Treffen und in-Kontakt-Kommen geistiger Gebilde mit Wirklichem: Damit ist letztlich das Wesentliche über die Wahrheit ausgesagt. Der Satz erklärt die Wahrheit nicht zu einem Ereignis oder einem Erlebnis, denn das ist sie nicht – auch wenn sie, insbesondere von existenzialistischen Theoretikern, gelegentlich so dargestellt worden ist. Das Wesen der Wahrheit, also das Zutreffen geistiger Gebilde auf die Wirklichkeit, ist zudem nichts, was sich Menschen ‚ausgedacht' haben. Und auch wenn man es dem obigen Satz in seiner Formelhaftigkeit nicht direkt ansieht: Er bringt lediglich das allgemein verbreitete Gefühl der Wahrheit zum Ausdruck, von dem bereits im Vorwort dieses Essays die Rede war. Dieses Wahrheitsgefühl selbst wird durch die Formulierung nicht ‚rationalisiert', es bleibt ganz wie es ist. Die artikulierte Beschreibung der Wahrheit soll dieses Gefühl nicht durch Vernunft ersetzen. Sie dient allein dem Zweck, dem Gefühl zu einer klareren Artikulation zu verhelfen.

Mit der Wesensbestimmung der Wahrheit ist der Gipfel des Essays erreicht, und der Weg setzt sich nun gleichsam talwärts fort. In den noch ausstehenden Abschnitten beschäftige ich mich vor allem damit, einige besonders verbreitete Vorurteile in Bezug auf die Wahrheit darzustellen. Angesichts der Vielzahl dieser Vorurteile habe ich unter ihnen eine gewisse Auswahl getroffen; und ich habe mich zudem bei deren Beurteilung nur auf den Kern des jeweiligen Arguments konzentriert. Insgesamt liegt das Eigentümliche an den diversen Vorurteilen bzw. ‚Idolen' der Wahrheit darin, dass sie die Identität des Wahren entweder leugnen oder als etwas hochgradig Problematisches darstellen. Ich will versuchen nachweisen, warum beide Vorbehalte ins Leere gehen.

Dort, wo sich in den Vorurteilen eine Art Besorgnis ausdrückt, wird sich zeigen, dass die betreffende Sorge überflüssig ist. Viele Meinungen, die hinsichtlich der Wahrheit bestehen, sind schlicht unsachlich; und es gibt vielleicht keine größere Quelle der Sorge (oder gar der vitalen Angst) als mangelnde Sachlichkeit. So wie es auch sonst eher unklug ist, das Wesentliche einer Angelegenheit zu ignorieren oder an ihm vorbeizureden, so rächt sich dies auch im Falle der Wahrheit: Man landet argumentativ dann schlicht in der Falschheit. In unserem Fall hat die Falschheit, je nach Lagerung des entsprechenden Idols, viele Gesichter. Bald trifft ein bloß vermeintlich gegen die Wahrheit gerichtetes Urteil gar nicht auf sie zu, und man verfehlt einfach das Thema. Bald wiederum führt die Ignoranz gegenüber dem Wesen der Wahrheit zu aberwitzigen Konstruktionen und Spekulationen – etwa dazu, dass man Wahrsagerei für real möglich hält, oder dazu, dass man das Lügen, also das bewusste Sagen der Unwahrheit, für etwas anthropologisch Unvermeidliches erachtet.

Auch über Phänomene wie das Wahrsagen und die Lüge wird also noch zu sprechen sein; und man kann sich, wie wir sehen werden, in dieser Hinsicht jeweils recht kurz fassen, um die wesentlichen Kritikpunkte zu markieren. Ähnliches gilt für die sich hartnäckig durchhaltende Auffassung, die Wahrheit sei nichts weiter als eine Erfindung oder auch eine soziale oder mediale Konstruktion. Ich werde, wenn die Sprache darauf kommt, natürlich nicht behaupten, dass es das sozial Erfundene oder das medial Konstruierte überhaupt nicht gibt: denn wie könnte jemand ernsthaft die Existenz diese Phänomene leugnen! Ich werde einfach darauf hinweisen, dass dies alles kaum etwas mit dem Wesen der Wahrheit zu tun hat. Oder umgekehrt formuliert: Was immer sozial oder auch diskursiv erzeugt sowie medial konstruiert wird, die Wahrheit ist es nicht. Es herrscht in den vielbeschworenen ‚Debatten' über diese Fragen ein nicht geringes kategoriales Durcheinander. Dabei ist lediglich ein wenig geistige Klarheit und Konzentration nötig, um die thematisch wesentlichen Unterschiede zu erkennen und zu benennen.

Beginnen möchte ich den Abstieg vom Gipfel dieses Essays mit dem aus meiner Sicht gewichtigsten aller Vorurteile gegenüber der Wahrheit. Das Gewicht der Auffassung, um deren Untersuchung es nun gehen wird, ist so groß, dass nahezu alle übrigen Vorurteile in irgendeiner Weise von ihr abhängen. Die Wahrheit ist, so lautet die These, abhängig von der menschlichen Erkenntnis; sie ist, so will es das Vorurteil, relativ auf den jeweiligen Stand menschlichen Wissens, das sich seinerseits in fortwährender Veränderung befindet. Ich habe bereits verschiedentlich auf diese These, der ihre Modernität geradezu auf der Stirn geschrieben steht, hingedeutet, mich ihr aber bislang noch nicht gezielt zugewandt. Das soll in den noch ausstehenden Abschnitten dieses Teils geschehen. Ist das Knäuel der hier zusammenlaufenden Ideen erst einmal entwirrt, fällt auch die Beurteilung der mit dieser Vorstellung weiterhin verknüpften Idole leichter, die Gegenstand des vierten Teils des Essays ist.

7. Wahrheit versus Wahrheitserkenntnis

Ohne den Anspruch, etwas Neues oder Originelles zu äußern, habe ich die Wahrheit bislang so beschrieben, dass man sie auf die im Abschnitt zuvor verwendete Formulierung bringen kann: Die Wahrheit ist das an sich selbst identische Treffen und in-Kontakt-Kommen geistiger Gebilde mit Wirklichem. Jemand könnte nun gegen diese Bestimmung der Wahrheit Folgendes einwenden: „Alles schön und gut! Aber wie immer es mit dieser Beschreibung steht: Man weiß doch oft gar nicht, dass oder ob etwas wahr ist! Ja mehr noch: Man kann vielleicht sogar prinzipiell niemals wissen, dass oder ob etwas wahr ist! Insofern ist das ganze Gerede vom Wesen der Wahrheit seinerseits müßig, wenn nicht gar unsinnig. Woher weiß man eigentlich, dass das, was Sie, Herr Rolf, als Wesen der Wahrheit ‚beschreiben', wirklich das Wesen der Wahrheit ist? Und wenn schon dies alles andere als klar ist, dann ist auch nicht sicher, ob es so etwas wie das Wesen der Wahrheit überhaupt gibt! Auch ihre so genannte ‚Beschreibung' der Wahrheit könnte sich zuletzt als eine bloße Meinung erweisen – also bloß als Ausdruck Ihrer ganz persönlichen Sicht auf die Wahrheit, die eben von Ihrer Erfahrung sowie vom Stand Ihres Wissens abhängt. Ich dagegen werde von der Idee, dass die Wahrheit relativ auf individuelles menschliches Erfahren, Erkennen und Wissen ist, nicht abrücken. Und wenn Sie meine Auffassung ‚modern' nennen, so nehme ich gerade das als Hinweis auf die Qualität meiner Zweifel an dem, was Sie Ihrerseits dagegen setzen".

Ich habe diesen Einwand bewusst wuchtig und engagiert formuliert. Ich denke nämlich, dass ein existenzielles oder auch ‚humanistisches' Engagement dieses Typs letztlich der Spiegel jenes

Sacharguments ist, das dem Einwand zugrunde liegt. Vordergründig wirkt dieser so, als summierten sich in ihm viele unterschiedliche Argumente. Doch trotz aller scheinbaren Komplexität läuft das Behauptete auf eine einzige zentrale Behauptung hinaus: Das Wahrsein von Etwas hängt ab von dem, was die Menschen wissen, und daher ist auch die Wahrheit selbst im Hinblick auf das, was sie ist, an das Wissen und Erkennen der Menschen gebunden.

Wer mit diesem Einwand gegen das bislang Gesagte auftritt, wird vielleicht versuchen, die These von der Erkenntnisrelativität der Wahrheit mit Beispielen zu untermauern. Und Beispiele wird er in Hülle und Fülle zu finden meinen. Er wird etwa sagen, dass es für den Menschen der Antike ‚wahr war', dass die Erde eine Scheibe ist, während es ‚für uns Heutige' aufgrund der veränderten Wissenslage ‚wahr ist', dass die Erde Kugelgestalt hat – wobei weitere Änderungen ‚der Wahrheit' natürlich vorbehalten sind. Unser Kritiker kann aber auch von Fällen menschlichen Nichtwissens ausgehen, um die Wahrheit in Bezug auf diese Fälle entweder zu bezweifeln, oder sie rundheraus für nicht existent zu erklären: Ist es wahr, wird er uns fragen, dass es Gott gibt, und dass dieser noch dazu allgütig ist? Ist es wahr, dass die Erde in einhundert Jahren menschenleer sein wird, um dann von transhumanen Maschinen bevölkert zu sein? Und wie eigentlich kann die Ehefrau im zentralen Beispiel dieses Essays wissen, ob ihr Mann wirklich dort war, wo er gewesen zu sein vorgibt?

All dies und vieles mehr könnte unser Kritiker im Namen gesunder Skepsis einwenden wollen. Wir könnten uns eine schier endlose Reihe von weiteren Zweifelsfragen ausdenken, die darauf zielen, uns an unsere tiefe Unwissenheit hinsichtlich dessen, was ist und was wahr ist, zu erinnern – denn offenkundig ist es die menschliche Unwissenheit, die durch solche Fragen offengelegt werden soll. Andererseits ist derselbe Skeptiker durchaus auch ein Freund jenes Wissens, über das die Menschen, wenn sie es denn tun, verfügen. Seine Freundschaft zum Wissen reicht sogar so weit, dass er bereit ist, sowohl das kosmologische Wissen der Alten als auch das Unsrige und Heutige gleichermaßen für Wissen zu erachten. „Dumm nur, dass sich die wirkliche Gestalt der Erde gar nicht nach dem Meinen oder Wissen der Menschen richtet", möchte man bereits an dieser Stelle gegen den Skeptiker einwerfen. Doch gehen wir langsam vor.

Relativisten geben sich in der Regel intellektuell gelassen, sind es oft aber nicht. Unterhalb ihrer scheinbaren Coolness pulst nicht selten ein existenzieller Wille zum Wissen, hier und da sogar eine gewisse Wut, die in den Wunsch nach Radikalaufklärung mündet. Doch halten wir, unabhängig von dieser charakterologischen Nebenbemerkung, einfach Folgendes fest: Wer gegen die Existenz und das Wesen der Wahrheit Einwände der soeben exemplarisch skizzierten Art vorbringt, der ist der Ansicht, dass die Wahrheit von unserem tatsächlichen (oder zumindest von unserem möglichen) Wissen über die Welt abhängt – und wo es um dieses Wissen eher schlecht bestellt ist, dort sieht es aus seiner Sicht auch mit der Wahrheit schlecht aus. Die Idee ist eben: Wo kein Wissen besteht, dort besteht auch keine Wahrheit, und wo Wissen existiert, dort existieren stets vielerlei sich historisch abwandelnde ‚Wahrheiten'.

Fragen wir uns nun, was von diesem Einwand zu halten ist, und nehmen wir uns dafür Zeit. Der Einwand ist nämlich ebenso verbreitet wie hartnäckig, und er sollte nicht leichtfertig weggewischt werden. Also: Gibt es tatsächlich eine so enge und insbesondere einseitige Verknüpfung von Wissen und Wahrheit, und zwar derart, dass die Wahrheit relativ auf den aktuellen oder möglichen Stand menschlichen Wissens über die Welt ist? Ich schlage vor, dass wir zur Beantwortung dieser Frage zunächst noch einmal zum Ehepaar in unserem Ausgangsbeispiel zurückkehren. Denn auch in Bezug auf dieses Beispiel kann, wie wir gesehen haben, ein entsprechender Einwand laut werden.

Die Frau fragt ihren nach Hause kommenden Mann, wo er gewesen ist, und dieser antwortet, er sei auf der Feier seines Freundes Dieter gewesen. Für die Frau ergibt sich hieraus mit einer gewissen Zwangsläufigkeit die Frage: Ist das, was mein Mann sagt, wirklich wahr? Trifft es tatsächlich zu? Es ist nicht so, dass sich die Frau diese Frage unbedingt stellen muss; sie kann ihrem Mann auch einfach glauben und die Angelegenheit auf sich beruhen lassen. Aber die Sache ist die: Wenn sich die Frau diese Frage stellt, dann ist klar, dass sie dies aus Nichtwissen heraus tut. Die Frau weiß tatsächlich nicht unmittelbar, ob ihr Mann die Wahrheit sagt; denn sie weiß eben nicht um seinen abendlichen Aufenthaltsort, und dieser Umstand liefert ihr einen vernünftigen Grund zum Nachfragen. Das, so wird unser Kritiker hinzufügen, ist bei dem Mann offenbar anders: Er ‚kennt die Wahrheit' bzw. ‚weiß um sie', weil er – wie wir ihm zumindest unterstellen wollen – weiß, wo er den Abend über gewesen ist.

Ich möchte an dieser Stelle einhaken und eine Gegenfrage stellen: Was heißt es eigentlich, dass jemand, der weiß, wo er war, in Bezug auf seinen Aufenthaltsorts die Wahrheit kennt bzw. um die Wahrheit weiß? Wie auch immer es um die Verbindung von Wissen und Wahrheit bestellt sein mag: Es ist nicht so, dass jemand, der weiß wo er war, die Wahrheit über seinen Aufenthaltsort kennt – er weiß vielmehr einfach, wo er gewesen ist. Es geht in der Frage der Frau: „Ist das, was mein Mann sagt, wirklich wahr?", also gar nicht unmittelbar um die Wahrheit. Es ist keineswegs so, dass die Frau ‚die Wahrheit' nicht kennt – überhaupt ‚kennt' man die Wahrheit ja nicht, zumindest nicht so wie man zum Beispiel seine Nachbarn kennt oder auch erkennt, wenn sie vor einem stehen – sondern ihr Nichtwissen bezieht sich auf den Aufenthaltsort des Mannes. Die Wahrheit – oder auch das, was die Wahrheit ist – stellt für die Frau nicht das Problem dar; und danach fragt sie auch gar nicht. Denn natürlich weiß sie, dass die Wahrheit im Zutreffen der Behauptung ihres Mannes auf die Wirklichkeit besteht. Und die Frau weiß auch, dass das, was die Wahrheit ist, ganz unabhängig davon besteht, was der Mann ihr sagt – und ob das, was er ihr sagt, zutrifft oder nicht.

Aber vielleicht kommt dieser Gegeneinwand, der bereits wieder auf das Merkmal des Zutreffens abhebt, zu voreilig. Versuchen wir daher weiterhin nachzuvollziehen, was jemand meint, der im mangelnden Wissen der Frau ein Problem für die Wahrheit sieht, und der, umgekehrt, die Wahrheit der Aussage des Ehemannes vom Wissen seiner Frau abhängig machen möchte.

Natürlich kann sich die Frau fragen, ob das, was der Mann zu ihr sagt, ‚wirklich' wahr ist. Das kann übrigens jeder, der von der möglichen oder grundsätzlichen Ungewissheit von Aussagen, Berichten, Mitteilungen oder Informationen ausgeht. Nicht alle Aussagen haben die Schlichtheit des Satzes „Es regnet!", der wahrheitsgemäß geäußert wird, sofern es regnet. Man kann an derart einfachen Fällen zwar trefflich demonstrieren, was das Wesentliche an der Wahrheit ist. Aber bereits das Beispiel des Ehepaars zeigt, dass die meisten Aussagen ihr Wahrsein nicht so leicht offenbaren, wie Aussagen über Regen es tun. Es ist der Kernpunkt des skeptischen Einwands, dass nicht alle Dinge in der Welt uns dermaßen sinnlich evident vor Augen stehen wie Regen. Das Meiste geht in unserer Abwesenheit vor sich, und daraus resultieren massive Lücken in unserem Weltwissen. Und selbst beim Regen, den wir durch das Fenster wahrzunehmen meinen, könnte es sich prinzipiell um eine Täuschung handeln. Vielleicht ist es doch bereits ein Hageln? Oder vielleicht ist das Fahrzeug der Straßenreinigungsfirma defekt, und der abgelenkte Wasserstrahl erzeugt just in dem Moment, in dem wir durch das Fenster blicken, eine wie Regen anmutende Fontäne? „Wer weiß, wer weiß", murmelt siegesgewiss der Skeptiker, „möglich ist es".

Zweifel dieser Art, wie konstruiert sie auch immer sein mögen, können sehr weit gehen; etwa bis hin zur Idee einer im Geheimen ablaufenden Weltverschwörung. Man sieht also, dass mit diesem Einwand eine alte metaphysische Vorstellung wiederauflebt: Die Idee, dass ‚die Fäden der Welt' auf einer Art Hinterbühne gezogen werden, ohne dass die Menschen jemals Zugang zu diesem Backstage-Bereich der Realität erhalten. Von dieser Vorstellung sind noch immer nahezu alle Überlegungen innerhalb der modernen Erkenntnistheorie durchzogen. Das Leben könnte, so hört man, bloß ein Traum sein, oder es könnte sein, dass wir bloß Gehirne im Tank sind; es könnte sein, dass es Gott (oder Götter) gibt, und es könnte sein, dass wir – ‚letztlich' und ‚im Grunde' – immer bloß Tiere waren und es folglich auch noch sind, ohne dass wir es bemerken. „Wer weiß", sagt der Skeptiker, „möglich ist es". Doch lassen wir diese Zweifel einfach als das stehen, was sie sind:

Zweifel. Die wesentliche Frage bleibt für uns doch die, was genau hier eigentlich bezweifelt wird. Ist es das Wissen, das als zweifelhaft gilt? Oder ist es die Wahrheit? Oder am Ende gar beides? Schauen wir uns die Sache näher an.

8. Berechtigte Zweifel?

Wir haben an einer früheren Stelle des Essays (II, 4) gesehen, dass Menschen grundsätzlich alles meinen oder behaupten können – ‚alles Mögliche', wie es so schön heißt. Das beinhaltet natürlich die Möglichkeit, dass man auch Falsches behaupten kann; sei es, dass man absichtlich die Unwahrheit sagt, sei es, dass man sich unwillkürlich täuscht. Wer an unser Problem von dieser Möglichkeit aus herantritt, bei dem wird sich von vornherein eine Art Generalverdacht gegen den Inhalt von Behauptungen breitmachen: Trifft wirklich zu, was da behauptet wird? Ist es mit einer Sache tatsächlich so, wie von ihr berichtet wird? Ist vieles oder sogar alles letztlich vielleicht ganz anders geschehen als die Berichte uns weismachen wollen? Und weiß der Behauptende eigentlich selbst ganz genau, was er behauptet?

Bange Fragen dieser Art sind durchaus verständlich. Man bekommt eine Information, die schlicht und sachlich daherkommt, und der man – da sie eine konkrete Sache zum Inhalt hat – ihr Wahr- oder Falschsein nicht ansieht. Und dann kommen weitere Nachrichten, Meldungen, Informationen: noch eine, noch eine, noch eine. An Meinungen, Behauptungen und Mitteilungen herrscht seit geraumer Zeit nicht gerade Mangel; und nicht immer (bzw. umgekehrt: fast nie) geht es um schlichte Inhalte wie den Regen oder die Farbe von Gegenständen. Man kann in der Tat bezweifeln, dass Sachlichkeit und Wirklichkeitstreue zu den Hauptmotiven derer gehören, die Nachrichten senden. Manchen Sendenden mag es um gezielte Aufmerksamkeitslenkung, anderen einfach um Sensation oder Selbstdarstellung gehen: Unsachliche Motive sind jedenfalls – und zwar ganz gleich, wo und von wem nun etwas gesendet wird – niemals auszuschließen. Man muss das natürlich weder nostalgisch beklagen noch moralisch bewerten. Man kann es als einen Tatbestand hinnehmen, und es einfach beim Namen nennen, wo es der Fall ist.

Die Frage besteht als solche also ganz zu Recht: Ist es wirklich so gewesen, wie die jeweilige Information besagt? Im Grunde braucht jemand nur den Mund aufzumachen, um etwas zu behaupten – schon kann der Zweifel an die Tore unseres Bewusstseins klopfen: „Er sagt, er war bei Dieter auf der Feier, aber ist das *wirklich* wahr? Trifft *tatsächlich* zu, was er sagt?". Solche Erfahrungen können die Menschen lähmen und in notorische Skepsis hineintreiben. Andererseits sind es aber gerade solche Erfahrungen, die eine Haltung des „Ich will es jetzt genau wissen" hervorrufen können. Wo sich eine solche Haltung in Handlung umsetzt, stoßen die Menschen das Tor zur Wirklichkeit auf. Ob und wie weit sich dieses Tor öffnen lässt, lässt sich zwar im Voraus nicht wissen – aber es zeigt sich mit jedem Schritt, den man auf dem Weg der „Ergreifung des Wirklichen" (Hugo Dingler) zurücklegt. Das Eigentümliche am Zweifel ist, dass er gerichtete Bewegungen auslösen kann. Und die normale Richtung dieser Bewegung geht eben dorthin, wo sich die Skepsis zugunsten des Wissens auflöst. Dass Wissen stets eine Kontaktnahme mit dem Realen bedeutet, weiß auch der Skeptiker. Es liegt jederzeit an ihm, investigativ zu werden, um die Lücken des Wissens, die er beklagt, so weit wie möglich zu schließen.

Ob es darüber hinaus möglich oder besser: ob sinnvoll ist, alle Zweifel, die man theoretisch hegen kann, vollständig auszuräumen, ist eine andere Frage. Es ist zuletzt eine Frage der persönlichen Lebenseinstellung und der praktischen Lebensführung, wie man mit bleibenden Zweifeln umgeht; immer eingedenk, dass viele Zweifel tatsächlich rein theoretischer Natur sind. Es ist sicher nicht lebensnotwendig, mit letzter Sicherheit zu wissen, wie viele Sterne am Nachthimmel stehen – und wen ein diesbezüglicher Zweifel um den Schlaf bringt, sollte sich die Frage stellen, ob es tatsächlich die Sterne sind, um die es ihm in der Sache geht. Die Frage, was eine Person im Einzelnen als ‚unbedingt wissenswert' erachtet, und welche bleibenden Zweifel ihr hingegen gleichgültig sind, das ist vielleicht eher eine Frage des jeweiligen Charakters. Der eine braucht mehr Sicherheit als ein anderer, dies lässt sich jeweils nur im besonderen Fall bestimmen und auch wohl nur individuell verändern. Es erscheint mir jedenfalls offensichtlich, dass es ein ‚totales' Wissen, also ein Wissen um sämtliche bestehenden Realzusammenhänge, für uns Menschen nicht gibt. Es mag sein, dass Menschen nach Wissen streben und dass sie das Wissen dem Nichtwissen vorziehen. Aber normalerweise beschränkt sich dieses Streben auf inhaltlich bestimmte Wissensgebiete; und auf diesen Gebieten sehen die Experten in der Regel zudem ein, dass selbst ihr sachkundiges Wissen Grenzen hat, die nicht mit den inneren Grenzen der erforschten Sache zusammenfallen. Kaum ein Mensch maßt sich an, ‚alles' bis ins letzte Detail hinein wissen zu wollen oder wissen zu können. Ins Positive gewendet heißt das, dass die meisten Menschen kein prinzipielles Problem mit der Existenz des Nichtwissens haben – zumal es ja tatsächlich vieles gibt, was sie wissen: Dinge, die sich nur auf künstliche Weise problematisieren oder in Frage stellen lassen.

Dennoch gibt es natürlich Situationen, in denen – vor einem breiten Hintergrund weiterhin unbezweifelter Dinge – die Frage aufkommt: „Ist das soeben Behauptete *wirklich wahr*?". Aber man achte hier genau auf die Formulierung. Wer die Frage so stellt, spielt gedanklich mit der Möglichkeit, dass das Gesagte ‚in Wirklichkeit' auch unwahr sein könnte. Was Wahrheit und Unwahrheit ist, muss einer, der so zweifelt, natürlich schon wissen. Sein Zweifel richtet sich also nicht gegen das Wesen der Wahrheit, sondern zielt darauf, ob durch die betreffende Behauptung sein Wissen auf einen richtigen, also der Realität entsprechenden Stand gebracht wird. Wäre die Behauptung unwahr – und wer kann das schon wissen, außer, im Normalfall, der Behauptende selbst – so würde man durch sie überhaupt nicht informiert, sondern in bestimmter Weise getäuscht. Und das kann man tatsächlich nicht unmittelbar wissen, man muss es vielmehr von Fall zu Fall herausfinden.

Ich möchte allerdings darauf hinweisen, dass die Formulierung, etwas sei ‚wirklich wahr', höchst irreführend ist. Wahrheit und

Wirklichkeit werden in dieser Formulierung sehr eng verknüpft, und das kommt weder dem Verständnis der einen noch dem der anderen Kategorie zu Gute. Um es ganz direkt zu sagen: Der Unterschied zwischen dem Wahren und dem so genannten ‚wirklich Wahren' ist bloß ein phantastischer Unterschied. Er existiert nur als rhetorische Differenz, jenseits der sprachlich artikulierten Einbildung dagegen existiert er nicht. Und es ist leicht einzusehen, warum: Wenn etwas wahr ist, ist es selbstverständlich wirklich wahr – wie sollte es denn auch ‚unwirklich wahr' oder ‚scheinbar wahr' sein? Der Ehemann war, wo er war, an diesem Sachverhalt ist weder etwas zu deuten noch zu ändern. Und ein Satz, der aussagt, wo der Mann war, ist ein zutreffender Satz. Dass nun die Frau nicht weiß, wo der Mann war bzw. welcher der vielen denkbaren Antwort der wahre Satz ist, ändert an dieser Tatsache nichts. Und der eventuelle Zweifel der Frau an der Wahrheit der Antwort macht die Wahrheit des wahren Satzes weder ‚unwirklich', noch lässt dieser Zweifel die Wahrheit zu einer bloß ‚scheinbaren' werden. Die Wahrheit selbst ist weder wirklich noch unwirklich (oder bloß scheinbar). Diese Attribute mögen in Bezug auf das menschliche Wissen sinnvoll anwendbar sein, auf die Wahrheit selbst hingegen treffen sie nicht zu.

Dass die Frau nicht weiß, wo ihr Mann war, ist ein Fall von Nichtwissen. Mit der Wahrheit als der Relation des Zutreffens von Aussagen auf die Wirklichkeit hat ihr Nichtwissen nichts zu tun. Natürlich kann man sich stets zweifelnd fragen: „Trifft denn wirklich zu, was ich soeben erfahren habe?". Aber trotz des Zweifels der Frau an dem, was ihr Ehemann sagt, wird die Frau nicht daran zweifeln, dass die Wahrheit im Zutreffen geistiger Gebilde auf die Wirklichkeit besteht. Aus sehr gutem Grund lautet ihre Zweifelsfrage nicht: „Ist mein Nichtwissen hinsichtlich des Aufenthaltsortes des Mannes ein Fall von Nichtzutreffen?" – denn die Frage, was Wahrheit oder Unwahrheit ist, ist überhaupt nicht Gegenstand ihres Zweifels. Ich habe, so wie Sie auch, schon viele Zweifelnde getroffen. Aber darunter war in meinem Fall noch keiner, der angesichts des konkreten Bezweifelns von etwas zudem bezweifelt hätte, dass die Wahrheit einer Aussage in ihrem

Zutreffen auf die Realität besteht. In Sachen der Wahrheit ist und bleibt allein dieses Zutreffen der wesentliche Punkt. Deshalb ist die Wahrheit auch nicht abhängig davon, was wir im Einzelnen wissen oder nicht wissen.

Natürlich ist es gefühlsmäßig nachvollziehbar, dass jemand meint, das Wissen müsse mit an Bord sein, wenn es um die Wahrheit geht. Denn es gibt eben die handfeste Möglichkeit, dass Menschen mit dem, was sie sagen, etwas Unwahres behauten. Der Ehemann kann einerseits also sehr wohl sagen, er sei bei seinem Freund Klaus-Dieter gewesen, obwohl er – ‚in Wirklichkeit', wie man häufig hinzusetzt – in der Kneipe an der Ecke gewesen ist. Es ist schon richtig: Seine Frau kann in der Tat nicht unmittelbar wissen, ob ihr Mann die Wahrheit sagt – und könnte sie es, so wäre sie eine Art ‚Wahrsagerin' und bräuchte dann erst gar nicht zu fragen haben: „Wo warst Du, Adam!". Wenn jemand die Wahrheit sagt, ist das Wissen tatsächlich an Bord, denn der Aussagende bezieht sich auf die Realität, um deren Zustand er weiß und den er in seiner Aussage wiedergibt. Dennoch ist nicht das Wissen, sondern allein die Realität selbst der ‚Grund' der Wahrheit – und das gilt für den, der spricht nicht anders als für den, der eine Aussage bezweifelt. Und das bedeutet: Zweifel sind nicht ‚überhaupt' durch Wissen zu beheben, sondern einzig durch treffliches Erkennen der Wirklichkeit.

Nun sind in Bezug auf unser Beispiel durchaus Zwischenstufen des Umgangs mit der Situation denkbar. Die Frau könnte ihrem Mann einfach glauben; also darauf vertrauen, dass das, was er sagt, ‚schon irgendwie' zutrifft. Das ist im Grunde häufig der Gang der Dinge im Ungefähr des Alltags, wo die Menschen vielen flüchtigen Andeutungen nicht bis ins Letzte nachgehen. Gerade deshalb kann ja, je nach Persönlichkeit oder individueller Erfahrungsvorgeschichte der Menschen, ein Rest an Zweifel bestehen bleiben. In vielen Fällen erscheint dieser Rest kaum besorgniserregend. Außerdem es ist im normalen Zusammenleben weder üblich noch praktikabel, jede Aussage detektivisch auf ihr Wahrsein zu überprüfen – das Alltagleben ist eben kein organisierter Wissenschaftsbetrieb. Im Hinblick auf das Verleihen von zwischenmenschlichem Glaubensvorschuss gleicht der Alltag eher dem aus der religiösen Erfahrung bekannten Grundvertrauen darauf, dass der Sprecher kein Lügner und Betrüger, sondern alles in allem glaubwürdig ist. Auch sind dem grundsätzlich möglichen Fahnden nach dem jeweils Wahren – also nach dem jeweiligen Zutreffen konkreter Aussagen auf konkret Wirkliches – im Alltag recht enge praktische und technische Grenzen gezogen. Hier leben die Menschen daher oft in gewissem Maße auf Kredit. Sie verhalten sich effektiv so, als wüssten sie, dass die Anderen sie nicht täuschen oder belügen, obwohl sie es streng genommen nicht wissen. Genau diese Unsicherheit in Fragen des Wissens ist es, die – aus meiner Sicht allerdings zu Unrecht – eine Unsicherheit in Sachen Wahrheit nach sich zieht.

Diese Unsicherheit ist ein Phänomen, und Phänomene sind nicht ohne weiteres aus der Welt zu schaffen. Man kann sich dies an einem bekannten Beispiel aus der Wahrnehmungspsychologie klarmachen. Ein schräg ins Wasser getauchter gerader Stab erscheint für unseren Blick gekrümmt. Aber wir wissen natürlich, dass sich durch das Eintauchen ins Wasser seine Form nicht ändert, was uns durch das Ertasten der Form des Stabes auch bestätigt wird. Dumm nur, dass sich der Seheindruck weder durch rationales Wissen noch durch den Tastsinn ‚belehren' lässt. Das optische Phänomen bleibt, wie es ist, es verändert sich nicht durch den ‚Beweis', den die anderen Wissensquellen in Bezug auf die Form des Stabes erbringen.

Wir können das auf unser Thema beziehen. Die weit verbreitete Meinung, dass die Wahrheit vom menschlichen Wissen abhängt, ist ein Phänomen. Als solches steht es noch immer hartnäckig dem gegenüber, was ich kritisch gegen diese Auffassung einwende. Ob sich durch das, was ich vorbringe, an den diesbezüglichen Meinungen etwas ändert, ist nicht der entscheidende Punkt, und darauf legen es meine Gedanken auch nicht an. Es kann durchaus sein, dass es sich bei diesem Phänomen um etwas handelt, das sich – wie im Falle des Stabes der Augenschein – prinzipiell nicht verändern oder auflösen lässt, weil es sich vielleicht um ein Stück harte, unbeugsame Realität handelt. Wegdiskutieren kann man das Phänomen auf jeden Fall nicht. Und ob man es, falls es sich um bloßen Schein handeln sollte, rational auflösen kann, das muss sich von Fall zu Fall zeigen – man kann es wohl hoffen, aber vorwegnehmen lässt es sich nicht.

Man kann im Gegenteil versuchen, den Einwand so ernst wie möglich zu nehmen, und ihn so stark zu machen wie möglich. Doch selbst wenn er sich im Verlauf des Nachdenkens auflösen ließe, läge das nur zur Hälfte an dem, was ich ihm hier entgegenhalte. Zur anderen Hälfte läge es daran, dass das, was sich als Phänomen überaus große Beachtung verschafft hat, zuletzt doch nicht mehr als ein leicht zu zerstäubendes uninformiertes Meinen gewesen ist. Und so stellt sich, trotz aller bereits vorgebrachten Gegeneinwände, erneut die Frage: Ist das Wissen eine notwendige Voraussetzung für die Wahrheit? Viele Menschen behaupten es; und dieses Behaupten ist real, es ist ein Phänomen. Wir müssen den Faden des Gedankens also noch einmal aufnehmen, um die inhaltliche Leere dieser Behauptung noch besser zu verstehen.

9. Die Bedeutung der Relativität

Es ist nicht zu bezweifeln, dass sich ein Großteil jener Streitigkeiten, die im Laufe der letzten Jahrhunderte über die Wahrheit geführt worden sind, tatsächlich um das Verhältnis zwischen Wahrsein und Wissen gedreht hat. In der Philosophie ist das bis heute so, wobei die zentrale Frage nach wie vor lautet: Wie kann man eigentlich – und zwar ganz unabhängig von der alltäglichen Praxis des Vorschießens von Vertrauen – wissen, was wahr ist bzw. ob konkrete Aussagen oder Vorstellungen über die Wirklichkeit wahr sind. Die Wahrheitstheorien innerhalb der modernen Philosophie, deren Gegenstand zumindest nominell die Wahrheit selbst ist, kreisen fast ausschließlich um Fragen des Wissens, während es in ihnen – was im Grunde höchst irritierend ist – nur am Rande darum geht, was die Wahrheit selbst ist. Viele Wahrheitstheoretiker sind eigentlich Erkenntnistheoretiker. Sie verlegen sich auf die Frage, ob und wie hinsichtlich der Wahrheit ein Wissen möglich ist oder praktisch zustande kommt. Umgekehrt erklären sich Erkenntnistheoretiker seit längerem auch in der Wahrheitsfrage für mitzuständig. Dies wird unter anderem daran ersichtlich, dass die Standarddefinition des Wissens, die Wissen als ‚gerechtfertigte wahre Überzeugung' bestimmt, die Wahrheit als konstitutiven Bestandteil in sich aufnimmt.

Dass sich die philosophischen Theorien der Wahrheit auf die Erkenntnis- und Wissensfrage werfen, ist keineswegs vollkommen unverständlich. Schließlich handelt es sich um Theorien – und diese sind, unabhängig von ihrem Gegenstand, grundsätzlich durch den Anspruch auf Erkenntnis charakterisiert. Bezogen auf die Wahrheitstheorien bedeutet das, dass diese die Wahrheit nur dann als ihr Thema anerkennen können, wenn sie diese primär als etwas Erkennbares behandeln. Nicht zuletzt aus diesem Grund kreisen fast alle Wahrheitstheorien um so genannte ‚Kriterien' der Wahrheit, die man – natürlich wiederum rational bzw. erkenntnismäßig – zu ‚begründen' versucht. Es ist jedoch evident, dass es bei diesem Versuch nicht um die Suche nach Kriterien der Wahrheit geht, sondern allein um solche der *Wahrheitserkenntnis*: Man möchte eben herausfinden, gemäß welchem Maßstab man gerechtfertigt behaupten kann, ob bestimmte Aussagen oder Vorstellungen wahr sind. Gerechtfertigt werden soll das *Wissen* von der Wahrheit, denn dieses allein ist mehr oder weniger gewiss. Die Wahrheit selbst dagegen ist nicht Gegenstand der Rechtfertigung, und wie sollte sie es auch sein: Denn der Umstand, dass der Inhalt einer Aussage oder einer Vorstellung auf Wirkliches zutrifft, ist ja als solches, wie wir gesehen haben, eine überhaupt nicht zu rechtfertigende und gleichsam irrationale Faktizität. Zwar sind Erkennen und Wissen vom Bestehen der Wahrheit abhängig – denn Erkennen ist der treffende Bezug auf die Realität – aber es gilt nicht umgekehrt, dass die Wahrheit auf ihr Erkanntwerden zurückgeführt werden kann.

Dieser Punkt ist höchst entscheidend für die weiteren Überlegungen, und daher lege ich auf ihn besonderen Nachdruck. Also noch einmal: Erkenntnistheoretiker möchten nicht wissen, was die Wahrheit ist, denn dies wird von ihnen – in prominenter Weise etwa von Immanuel Kant (1724-1804) – als „geschenkt" vorausgesetzt[17]. Vielmehr kreist das erkenntnistheoretische Denken im Wesentlichen um das Problem der ‚Rechtfertigung': Wie kann man mittels entsprechender Kriterien begründen, ob bzw. dass jeweils besondere Aussagen oder Vorstellungen wahr sind. Kant selbst geht übrigens bei diesem Versuch recht eigenwillig vor. Er begreift das Zutreffen von Aussagen oder Ideen auf die Wirklichkeit gar nicht als eine reale Beziehung, sondern spricht in Bezug auf die Wahrheit von vornherein von einer bloßen „Namenerklärung" (ebd., 136), also einer Definition. Und unter anderem deshalb baut er seine historisch durchaus neuartige Erkenntnislehre um die Frage auf, was wir, indem wir am Bild der Welt unsererseits gehörig mitstricken, von den Dingen wissen können. Kant erklärt also zunächst die *reale* Relation des Zutreffens zu einer bloß nominellen, definitorischen Angelegenheit; und es überrascht nicht, dass auf diese Weise die Frage aufkommt, ob dem begrifflich so Definierten tatsächlich etwas Wirkliches, also eine reale Bezogenheit von Vorstellungen auf Wirkliches, entspricht. Um zu zeigen, dass dies tatsächlich der Fall ist, beschreitet Kant einen eigenartigen Umweg – in gewisser Weise handelt es sich sogar um einen Abweg, da er am Ende zu einer von subjektiven Kategorisierungsleistungen durchformten Erscheinungswelt hinführt, die kaum mehr Tuchfühlung zur Wirklichkeit im alltäglichen Sinne des Wortes hat. Im Zuge seiner berühmten Kopernikanische Wende versucht Kant darzulegen, dass unsere Erkenntnis – da sie, wie er meint, wesentlich auf Synthesen unserer anschauenden und begreifenden Subjektivität beruht – an die ‚Dinge an sich' nicht heranlangt. Sicherlich, es gibt die Wahrheit für Kant durchaus. Aber aus der schlichten Relation des Zutreffens von Gedanken auf die denkunabhängige Welt wird in seiner Konstruktion von Erkenntnis die ‚Übereinstimmung' von Vorstellungen mit den durch eben diese Vorstellungen mitgeformten ‚Erscheinungen' der Welt. So muss zuletzt die Kohärenz der Vorstellungen dafür aufkommen, dass sich die Wirklichkeit als ‚an sich'

[17] Vgl. Immanuel Kant: Kritik der reinen Vernunft, Hamburg 1998, 136.

Unerkennbares aus der Theorie zurückzieht. Kant leugnet die Realität nicht; aber er wirft mit der Idee ihrer Unerkennbarkeit das Faktum ihrer schlichten Bewusstseinstranszendenz über Bord. Damit öffnet er, verkürzt gesagt, all jenen Denkern die Tore, welche später (etwa im Neukantianismus) einen direkten Kehraus der Realität betreiben und lediglich rationale Relationen als schwache Surrogate des Wirklichen übrigbehalten werden.

Es soll uns hier nicht weiter kümmern, warum Kant diesen Kurs einschlägt, und warum er insbesondere die Relation des Zutreffens als eine bloß begriffliche Festlegung deutet. Entscheidend ist, dass es ihm (wie vielen späteren Vertretern eines idealistischen oder konstruktivistischen Ansatzes) vor allem um die Frage der Erkennbarkeit der Wahrheit geht, während das lapidar zugestandene *Sein* der Wahrheit außer Sicht gerät. Bereits Kant wünscht vor allem eins: nämlich „zu wissen, welches das allgemeine und sichere Kriterium der Wahrheit einer jeden Erkenntnis sei" (ebd., 136). Mit eben diesem Erkenntnisinteresse verschiebt sich im Nachdenken über das Wahre der Schwerpunkt vom Zentrum in die Peripherie: Und indem das Kriterium der Wahrheit der Erkenntnis nun seinerseits im Erkennen gesucht wird, wird die Theorie der Wahrheit von der Erkenntnistheorie aufgesogen. Die Frage nach der Wahrheit wird nunmehr kaum noch als eine würdige Frage anerkannt. Alles dreht sich fortan darum, was Menschen – wie und warum – erkennen können.

Natürlich zieht sich die Einsicht, dass die Wahrheit wesentlich die Form des Zutreffens hat, auch weiterhin durch die wahrheitstheoretischen Texte. Aber sie steht nun nicht länger im Mittelpunkt des Nachdenkens. Nicht das, was die Wahrheit als solche ist, bewegt die Gemüter, sondern nahezu ausschließlich die Frage nach den ‚Bedingungen der Möglichkeit' des Wissens um das Wahre sowie die nach der Möglichkeit einer rationalen Rechtfertigung dieses Wissens. Unmittelbar verständlich ist der Sinn dieser Akzentverschiebung allerdings kaum; und zwar vor allem deshalb nicht, weil der Gegenstand der Erkenntnis stets die Dinge bzw. in unserem Fall die Wahrheit (und nicht etwa das Erkennen der Wahrheit) ist. Warum eigentlich sollte die Wahrheit, also das

Zutreffen von Aussagen oder Gedanken auf Wirkliches, von ihrem Erkanntwerden abhängen? Wieso sollte das Wahrsein sein Erkanntwerden zur notwendigen Voraussetzung haben? Dass man dies so sieht – dass man also das Sein der Wahrheit von der Erkenntnis von etwas Wahrem abhängig sein lässt – halte ich für eine folgenschwere geistesgeschichtliche ‚Entscheidung'. Im Grunde stellt man damit die realen Verhältnisse geradezu auf den Kopf – was ja generell dort geschieht, wo man etwas, das existiert, in einseitige Abhängigkeit vom Erkanntwerden bringt. Dass dies geschieht, ist in jedem Fall Effekt der entsprechenden Theorie; aus den Phänomenen ergibt es sich dagegen unmittelbar nicht.

Ein Mensch mit durchschnittlich ausgeprägtem Wahrheitsgefühl dürfte das, was sich an Folgen aus dieser theoretischen Weichenstellung ergibt, kaum akzeptieren. Und doch spricht die geistesgeschichtliche Entwicklung eine andere Sprache. Die Idee der Kopernikanischen Wende hat in den Köpfen der Menschen Fuß gefasst und bis heute viele Geister zu Kantianern gemacht. Dass gilt nicht nur für die Universitäten. Auch im Alltag sind viele Menschen ins Schwanken geraten, was ihre instinktive Überzeugung von der Wahrheit angeht: Die Idee der Abhängigkeit der Wahrheit vom menschlichen Wissen ist nach und nach tatsächlich zu einem Vorurteil geronnen, und dieses hat inzwischen auch das alltägliche menschliche Meinen in seinen Bann geschlagen.

Und doch sagt uns der Commonsense, der die Kopernikanische Wende Kants naturgemäß gerade nicht vollzieht, etwas anderes: Er beharrt auf der Realität der Wahrheit als dem Zutreffen, ohne sich über die Erkenntnis dieser Realität den Kopf zu zermartern. Und in der Tat: Wenn die Wahrheit das Zutreffen von Aussagen und Vorstellungen auf die Wirklichkeit ist, dann liegen die Dinge genau umgekehrt als es das theoriegesättigte Vorurteil will. Sachlich betrachtet ist es die Wahrheit, die eine notwendige Voraussetzung dafür ist, dass überhaupt so etwas wie Wissen und Erkenntnis existiert. Diese Behauptung mag, in solcher Direktheit ausgesprochen, überraschend klingen; aber eben nur für diejenigen, die sich daran gewöhnt haben, die Wahrheit für erkenntnisrelativ zu halten – und die zudem dazu tendieren, Erkenntnisrelativität mit Subjektivität gleichzusetzen. Man muss die Behauptung allerdings richtig verstehen. Natürlich besagt sie nicht, dass die Wahrheit die mühsamen Prozesse alltäglichen oder wissenschaftlichen Erkennens überflüssig macht. Wer zu Wissen gelangen will, der kommt natürlich um die Wege der Erkenntnis nicht herum. Gemeint ist vielmehr lediglich, dass aus konkreten Erkenntnisprozessen alltäglicher oder wissenschaftlicher Art *Wissen* resultiert, nicht hingegen Wahrheit. Zum Verständnis meines Arguments ist schon viel gewonnen, wenn man einsieht, dass die Wahrheit kein ‚Produkt' oder ‚Endergebnis' irgendwelcher Erkenntnisprozesse ist. Das Ergebnis forschenden Erkennens ist Wissen, und Wissen setzt im weitesten Sinne Forschung voraus. Die Wahrheit hingegen ist kein Effekt von Forschungen, sie ist vielmehr bereits für jede besondere Phase eines Erkenntnisweges die notwendige Instanz unserer Orientierung.

Wer das Wort ‚Hervorbringung' in diesem Zusammenhang unbedingt verwenden möchte, kann es auf das Wissen ohne weiteres anwenden. Menschen erforschen konkrete Ausschnitte der Realität, und an den stets relativen Enden von Erkenntniswegen steht im Erfolgsfall Wissen: ein Wissen eben, welches vor der Aufnahme des Weges der Erforschung nicht bestand, und das somit durch das Forschen erzielt, erworben oder auch hervorgebracht wird. Die Wahrheit aber wird nicht ebenso hervorgebracht oder erzeugt wie konkretes inhaltliches Wissen. Sie ist kein Fabrikat, das am Ende eines langen und schließlich erfolgreichen geistigen Produktionsprozesses als Ergebnis herausspringt. Die vielbeschworene Relativität der Wahrheit ist allein eine vieldimensionale Relativität des Wissens über die Welt: Es gibt einen persönlichen oder auch einen historischen Stand des Wissens, aber es gibt keinen ‚Wahrheitsstand'. Das Wissen, und damit verbunden die Anschauung der Welt in je konkreten Weltbildern verändert sich; denn der Mensch erkundet die Realität und deckt dabei immer neue Seiten der Wirklichkeit auf. Diese Wissensrelativität ist aber keine Relativität der Wahrheit – jene ist eine Selbstverständlichkeit, diese dagegen gibt es nicht.

Sehr anschaulich wird dieser Gedanke von dem Philosophen Nicolai Hartmann (1882-1950) entfaltet. Dieser schreibt: „Erweist sich z.B. die alte Ansicht, dass die Sonne sich um die Erde bewege, eines Tages als irrig, so ist der Sinn dieser Einsicht, dass jene Ansicht auch früher irrig war. Die Ansicht hat sich eben geändert. Und das heißt, die Vorstellung hat sich geändert. Was unwahr ‚ist', muss schon immer unwahr gewesen sein, wo und wann es auch für wahr gehalten wurde; was wahr ‚gewesen ist', einerlei wo und wann es geglaubt wurde, muss für alle Zeit wahr bleiben, anders kann es auch zur Zeit seiner Geltung nicht wahr gewesen sein"[18]. Hartmann macht in dieser Argumentation den Sinn des Phänomens der Relativität deutlich. Es gibt Relativität, das ist unbestreitbar. Aber relativ ist nicht die Wahrheit, sondern das, was aufgrund des jeweiligen Erkenntnisstandes als wahr gilt. Dieses Als-wahr-Gelten oder Für-wahr-Halten ist allein ein Charakteristikum des Wissens, es ist kein Merkmal der Wahrheit selbst.

Man kann es noch einfacher sagen: Das Wissen des Menschen um die Realität ist niemals absolut in dem Sinne, dass es jemals inhaltlich vollständig wäre und zudem mit restloser Gewissheit dastünde. Genau hier liegt jene Relativität, die man dem Wissen, nicht hingegen der Wahrheit sinnvoll zusprechen kann. Die Wahrheit teilt mit dem Wissen die Bezogenheit auf einen bestimmten, historisch oder auch perspektivisch variablen Stand nicht. Weder ‚gilt' die Wahrheit noch ist sie jemals ‚ungültig'; sie selbst besteht vielmehr in einer für das Wissen ganz und gar unmöglichen Absolutheit. Diese Absolutheit darf allerdings nicht überhöht werden, und sie darf insbesondere nicht als absolute Erkenntnis, die es natürlich nicht gibt, missverstanden werden. Das Absolutsein der Wahrheit bedeutet einfach, dass Wahrsein nicht vom Erkanntwerden abhängt, kein Effekt des Erkennens ist. Natürlich ist die Wahrheit eine Relation; nur ist sie eben im Ganzen keine ‚auf die Erkenntnis relative' Relation, da die Erkenntnis

---

[18] Nicolai Hartmann: Die Erkenntnis im Lichte der Ontologie, Hamburg 2013, 13.

ja ihrerseits ein Glied innerhalb der Relation ist, die die Wahrheit ausmacht. Wir erinnern uns: Die Wahrheit ist das zutreffende Bezogensein von Aussagen und Vorstellungen auf die Wirklichkeit – und gerade im Aussagen und Vorstellen steckt das Element des Erkennens und Wissens, das somit ein unmittelbares Glied in der Wahrheitsrelation bildet.

Vielleicht geht es Ihnen ja wie mir: Ich kann mir eine Welt ohne Wissen und Erkenntnis zwar nicht leicht, aber immerhin prinzipiell vorstellen. Es handelt sich um die Vorstellung einer Welt, in der die Menschen, die nur zu einem Teil als geistige Wesen da sind, keinen sonderlich großen Wert auf Rationalität, Wissenschaft oder auch auf Produktivität und Technik legen. Zugegeben, das ist nicht gerade die heutige Welt; aber es ist eine Welt, von der man doch eine gewisse Vorstellung entwickeln kann. Eine Welt hingegen, in der es die Wahrheit nicht gäbe, kann ich mir beim besten Willen nicht ausmalen. Es wäre dies eine Welt, in der es das Zutreffen nicht geben dürfte; und damit auch, weil beides komplementär zusammenhängt, kein Nicht-Zutreffen oder Verfehlen. Die reale Welt ist so nicht eingerichtet. Und ich kann mir von einer solchen ‚Welt' auch weder ein Bild machen noch einen klaren Gedanken von ihr entwickeln.

10. Erkannte Wirklichkeit, seiende Wahrheit

Machen wir uns die Sache nun wieder etwas einfacher. Stellen Sie sich etwa vor, wie der Pfeil des Bogenschützens ins Schwarze der Zielscheibe trifft. Diese Vorstellung können wir ihrerseits als ein treffliches Bild der Wahrheit, welche ja eben ihrerseits in einem Zutreffen besteht, verwenden. Schauen wir also, was sich aus diesem Gleichnis ergibt, und achten wir insbesondere darauf, ob in ihm ‚Wissen' irgendeine Rolle spielt.

Der Pfeil trifft ins Schwarze der Scheibe, er steckt im Ziel. Hat es nun irgendeinen Sinn zu sagen, dass der schlichte Tatbestand dieses Treffens irgendwie mit einem Wissen dieses Treffens verknüpft ist? Sicher nicht. Warum auch sollte das Wissen darum, was das Treffen ist, wichtig oder sogar notwendig für das reale Bestehen oder Zustandekommen des Treffens sein? Um im Bild zu bleiben: Ist das Treffen des Pfeils ins Schwarze abhängig davon, dass Menschen unmittelbar oder mittelbar wissen, dass das Treffen geschieht oder warum es geschieht? Müssen wir denn notwendig sehen oder erfassen, dass der Pfeil das Ziel trifft, damit es wirklich zu diesem Treffen kommt? Macht allererst unser Wissen um das Treffen das Treffen als solches möglich, oder sorgt unser Wissen gar dafür, dass das Treffen ein Treffen ist? Jemand, der das Wissen zum Kriterium der Wahrheit macht, wird all dies annehmen müssen. Aber so recht einleuchtend ist es nicht.

Jedenfalls ist in diesem Punkt gedankliche Sorgfalt wichtig. Es gilt, die Frage danach, was die Wahrheit ist, klar von der Frage nach den Erkenntnisbedingungen der Wahrheit zu unterscheiden. Als These formuliert lautet mein Gedanke so: Wahrheit und Wahrheitserkenntnis sind *sachlich* verschieden. Und entsprechend ist die Frage, ob und wie jemand um die Wahrheit wissen bzw. sie erkennen kann, eine ganz andere als die, was die Wahrheit ist. Dass es allein um die zweite Frage geht, wo es um die Wahrheit geht, sollte sich eigentlich von selbst verstehen. Und doch scheinen viele Menschen die Frage nach der Wahrheitserkenntnis direkt mit der Frage nach dem Wahrsein selbst zu identifizieren.

Die Identifikation von Wahrheit und Wahrheitserkenntnis ist jedoch weder als einleuchtend noch zwingend. Denn die Erkenntnis von etwas fällt mit dem Gegenstand der Erkenntnis nicht ineins. Alle Wissenschaftler sind Erkennende; aber daraus, *dass* sie erkennen, lässt sich in keiner Weise ableiten, *was* sie inhaltlich erkennen. Erneut kann eine Analogie dem Verständnis weiterhelfen. Es ist ein klarer Unterschied, ob ein Forstwissenschaftler einen Baum untersucht, oder ob ein Psychologe die menschliche Wahrnehmung eines Baumes untersucht. Der Fortwissenschaftler erforscht den Baum selbst, ohne dass dessen Wahrgenommen-Werden in den Inhalt seiner Untersuchung eingeht; warum sollte sich der Forstwirt auch für unsere Baumwahrnehmung interessieren, für deren Erforschung es ja Psychologen gibt. Der Psychologe wiederum geht der Frage nach, was beim

Sehen des Baumes geschieht: Nicht der Baum ist Gegenstand der Forschung, sondern die Art und Weise seiner sinnlichen Erfahrung durch ein wahrnehmendes Bewusstsein, auf dessen Funktionsweise sich die Allgemeine Psychologie spezialisiert. Der Forstwissenschaftler findet nichts über das menschliche Wahrnehmen, der Psychologe dagegen nichts über Bäume heraus.

Natürlich sind die Objekte, die sie untersuchen, in beiden Fällen wirkliche Gegenstände: Das Wahrnehmen ist ebenso real wie das Wahrgenommene, das in seinem Wahrgenommenwerden nicht aufgeht. Aber es sind in beiden Fällen Gegenstände unterschiedlicher Art, die in den Fokus der jeweiligen Aufmerksamkeit geraten. Im einen Fall sind in schlichter und direkter Weise Bäume das Objekt der Forschung, im anderen Fall ist hingegen das sinnliche Erkennen (von Bäumen und anderem) der Forschungsgegenstand. Das Entscheidende an dieser Analogie ist, dass Bäume und Baumerfahrungen nicht dasselbe sind: Bäume haben Stämme, Zweige und Blätter, die Baumwahrnehmung hat all das nicht; und die Blätter eines Baumes verfärben sich im Herbst, während die Baumwahrnehmung natürlich keine Farbe hat. Hieraus wird, übrigens auch im Gegenzug gegen Kants umwegige Philosophie der Erkenntnis, ersichtlich, dass es grundsätzlich verschiedene Klassen von Objekten gibt, die allesamt voll und ganz real und ‚An-sich-Seiend' sind: nämlich einerseits Wahrgenommenes und Erkanntes (etwa Bäume), andererseits Wahrnehmungen und Erkenntnisse von etwas (zum Beispiel solche von Bäumen). Keins dieser Objekte ist ‚bloß Erscheinung': Bäume sind ebenso wirklich und somit zu Recht Gegenstand von Realwissenschaften wie Baumerkenntnisse. Der Forstwirt erforscht Bäume daraufhin, wie sie sind, der Wahrnehmungspsychologe untersucht das Sein der sinnlichen Erkenntnis von Objekten wie Bäumen. Beide Wissenschaftler gelangen im Erkennen ohne Umweg zur Sache selbst. Ihre Gegenstände sind kategorial verschieden, aber der Bezug auf die Realität ist in beiden Fällen derselbe.

Ebenso steht es mit der Wahrheit im Verhältnis zur Wahrheitserkenntnis. Beide sind etwas objektiv bzw. inhaltlich Verschiedenes. Man kann die Erforschung der Wahrheit ebenso wenig aus der Erforschung der Wahrheitserkenntnis ‚ableiten' wie die Arbeitsweise eines Forstwissenschaftlers aus der eines Wahrnehmungspsychologen. Die Wahrheit ist nicht ‚weniger real' wie ihre Erkenntnis; es handelt sich einfach um Gegenstände unterschiedlicher Art. Und noch etwas kommt hinzu. Die Erkenntnis der Wahrheit kann rein objektiv erfolgen, sich also direkt am Phänomen der Wahrheit orientieren. Die Erkenntnis der Wahrheitserkenntnis hingegen ist streng genommen nur möglich, wenn bzw. sofern es die Wahrheit auch ohne ihr Erkanntwerden gibt. Fragen Sie sich doch einfach selbst: Was sollte Erkenntnis der Wahrheitserkenntnis heißen, wenn es den zugrundeliegenden Gegenstand, also die Wahrheit selbst, überhaupt nicht gäbe? Es gäbe dann weder Wahrheitserkenntnis noch die Erkenntnis dessen, was Wahrheitserkenntnis ist – alle Erkenntnisgebilde hingegen in diesem Fall vollkommen gegenstandlos in der Luft.

Das Thema dieses Essays ist nicht ‚Erkenntnis der Wahrheit', sondern schlicht ‚Wahrheit'. Sie merken sofort, dass mit beidem Unterschiedliches gemeint ist, und dass ein Essay über die Wahrheitserkenntnis ganz andere Fragen zu behandeln hätte als die, die wir uns hier stellen. Der wesentliche Unterschied ist im Grunde leicht nachvollziehbar, und wieder hilft uns ein Beispiel. Wer sich fragt, woher er weiß, was ein Auto ist (oder auch, ob das Ding dort an der Straßenecke ein Auto ist), der fragt nicht danach, was ein Auto ist. Die Frage, was ein Auto ist, ist – so seltsam es auch klingt – keine Angelegenheit des Wissens über Autos. Natürlich will jemand, der wissen möchte, was ein Auto ist, etwas wissen; und er muss auch schon einiges an sonstigem Wissen über die Realität mitbringen, um die Antwort, die ihm gegeben wird, zu verstehen. Entscheidend ist aber, dass es bei der im Raum stehenden Frage nicht um das Wissen oder die Erkenntnis von Autos, sondern um das Auto selbst geht. Der Inhalt der Frage: „Was ist ein Auto?" ist nicht die Auto-Erkenntnis, sondern ganz schlicht das ein-Auto-Sein. Man will nicht wissen, was einer für ein Auto ‚hält' oder was ‚für jemanden' oder ‚aus jemandes Sicht' ein Auto ist. Man will direkt wissen, was ein Auto ist – worin also seine wesentlichen Merkmale bestehen. Und der Gedanke ist nun einfach dieser: Dafür, was ein Auto ist, ist es gleichgültig, was jemand tut, der er ein Auto erkennt (oder ob er überhaupt ein Auto erkennt). Auch ein unerkanntes oder nie zuvor gesehenes Auto ist ein Auto. Das Auto ‚wird' nicht durch unser Wissen (oder durch sein Erkanntwerden durch uns) zu dem, was es ist. Natürlich werden reale Autos produziert; aber nicht durch ‚Akte' der Erkenntnis, sondern durch handgreifliche oder technische Herstellungsprozesse. Die Erkenntnis, was immer sie ist, ist keine herstellende Tätigkeit in diesem Sinne. Weder stellt sie das Realsein des Autos her, noch erzeugt es das ein-Auto-Sein eines Autos. Lassen Sie diesen Gedanken einmal in Ruhe bei sich ankommen, und Ihre mögliche Irritation wird bestimmt nach und nach verschwinden.

Entsprechend dieser Überlegung können wir nun auch klar unterscheiden zwischen der Ermittlung der Wahrheit und einer solchen, die zu erläutern versucht, ob und wie die Menschen die Wahrheit im Einzelfall erkennen – wie sie also im konkreten Fall wissen können, dass oder ob etwas wahr ist. In diesem Essays geht es, das haben Sie inzwischen sicherlich gemerkt, nicht um Erkenntnis- oder Wissensfragen. Natürlich sind das Fragen, die man bei der Beschäftigung mit der Wahrheit genauso aufwerfen kann wie bei der Beschäftigung mit anderen Themen: Stets kann man sich fragen, woher man etwas Bestimmtes weiß, und ob man es überhaupt im strengen Sinne des Wortes ‚weiß' oder lediglich unterstellt oder vermutet. Aber all dies sind Fragen, die unausgesprochen voraussetzen, dass etwas So-und-so-Geartetes schlicht da ist, besteht oder geschieht. Wer etwa als Erkenntnistheoretiker im Stile Kants nach allgemeinen Möglichkeitsbedingungen der Erkenntnis fragt, der geht ganz selbstverständlich und zu Recht davon aus, dass es die Erkenntnis gibt, und dass sie ihrerseits nicht erst durch Erkenntnis, also letztlich durch sich selbst, in die Welt gelangt. Nicht anders tritt man an die Wahrheit heran. Wer die Wahrheit erforscht, geht davon aus, dass sie besteht, und zwar eben als sie selbst und nicht als das, was Erkenntnis und Wissen ‚aus ihr machen'. Nur wer die Wahrheit auf diese Weise in ihrem bestehenden Eigensein nimmt, gelangt zu ihrer Identität, zum

Wesentlichen an ihr. Nur auf diese Weise kommt man dazu, sie als jenes Zutreffen geistiger Gebilde auf Wirkliches zu bestimmen, das sie ist.

Die Tatsache, dass den meisten Menschen keineswegs ausdrücklich klar ist, was die Wahrheit ist, spricht in keiner Weise gegen diese Behauptung. Menschen machen sich eben normalerweise keine Gedanken über die Wahrheit. Wer daraus allerdings den Schluss zieht, die Wahrheit sei von einer auf sie bezogenen Theorie abhängig (oder sie bestehe generell nur aufgrund einer erkenntnismäßigen Zuwendung zu ihr), der ist im Irrtum. Die Idee, dass die Existenz der Wahrheit von der Existenz professioneller oder nicht-professioneller Theoretiker abhängt, ist schlicht falsch. Wenn Wahrheitstheoretiker hingegen behaupten, dass die Überprüfung einer Aussage auf ihre Wahrheit hin ein gewisses Problem darstellt, so ist das zwar richtig, aber eben auch eine ganz andere Angelegenheit. Sie sagen damit nur, dass im Einzelfall Zweifel darüber bestehen können, ob jemand etwas Reales zutreffend wiedergibt, oder ob er sich irrt oder uns täuschen will. Die Möglichkeit des Irrtums besteht im Prozess der Erkenntnis natürlich immer; ebenso wie es stets möglich ist, dass man sich bezüglich einer Sache weder irrt noch getäuscht wird. Erkenntnisse und Irrtümer gibt es, und die Wahrheit gibt es auch. Das eine ‚es gibt' hat mit dem anderen jedoch sachlich nichts zu tun.

11. Wahrheitserkenntnis: Was ist das eigentlich?

In den bisherigen Überlegungen ist eine Frage weitgehend ausgeklammert worden: nämlich die, was es überhaupt heißt, die Wahrheit zu erkennen. Wahrheitserkenntnis, das sagt sich so leicht. Aber was ist damit eigentlich gemeint? Man muss diese Frage natürlich nicht aufwerfen, sofern man meint, mit der Wesensbestimmung der Wahrheit sei alles Wichtige bereits gesagt. Aber es steht nun einmal das Dogma im Raum, dass ein Reden über die Wahrheit stets ein Reden über ihre Erkenntnis nach sich ziehen muss. Ich habe bereits ausführlich erläutert, dass und warum ich diese Vorstellung für falsch halte. Aber es kann nicht schaden, die Schraube an dieser Stelle noch ein wenig fester zu ziehen. Nur noch diese eine Drehung, und meine antidogmatische Entgegnung dürfte genügend Stabilität haben.

Also: Wie stelle ich es an, die Wahrheit zu erkennen? Ich weiß zwar ziemlich genau, was ich zu tun hätte, um eine Sonnenblume auf der Wiese oder eine Zigarette in der Schachtel zu erkennen. Diese Dinge sind ja gut zu sehen oder immerhin sichtbar. Aber was ich tun müsste, um die Wahrheit zu erkennen, weiß ich nicht. Zumindest habe ich das sichere Gefühl, dass ich die Wahrheit niemals buchstäblich zu Gesicht bekommen werde.

Natürlich ist immer dann, wenn jemand etwas Bestimmtes erkennt – eine Sonnenblume auf der Wiese oder eine Zigarette in der Schachtel – in diesem Erkennen die Wahrheit im Spiel; und zwar ebenso wie im Verkennen oder beim Irrtum die Unwahrheit mitspielt. Aber ‚Im-Spiel-Sein' oder ‚Mitspielen' sind nur freigeistige Bilder, deren Präzisierung alles andere als leicht fällt. Eins jedenfalls erscheint mir offensichtlich: Das Zutreffen von Aussagen oder Gedanken auf etwas Wirkliches kann man selbst nicht in der Weise sehen oder erkennen, wie man Sonnenblumen oder Zigaretten sehen oder erkennen kann. Dieser Umstand macht erneut deutlich, was es mit der Hintergründigkeit der Wahrheit auf sich hat. Die Wahrheit ist beständig da; aber sinnlich anschauen oder erfahren kann man sie nicht. Man kann sie allenfalls gedanklich erfassen, also begreifen: und zwar so, dass man den seinerseits unanschaulichen Sachverhalt des Zutreffens *einsieht*. Dieser Sachverhalt ist kein Phantom: Er ist real, nur eben nicht sichtbar. Greifbar wird er, wie wir bereits eingesehen haben, in all jenen Gleichnissen der Wahrheit, die die geistig wiedergegebene Welt in Hülle und Fülle zu bieten hat. So erklärt sich übrigens ganz nebenbei, warum mein Essay auch den Titel „Gedanken über die Wahrheit" tragen könnte. Denn dort, wo es um ein Erkennen der Wahrheit geht, kann es sich allein um ein gedankliches Erfassen handeln, nicht hingegen um sinnliches Berühren, leibseelisches Erleben oder Erfahren.

Tatsächlich ist jedes Zutreffen eines geistigen Gebildes auf einen Ausschnitt der Wirklichkeit ein Gleichnis der Wahrheit in ihrer wesentlichen Identität. Auch wenn daher das Bestehen der Wahrheit nicht unmittelbar sinnlich erfahrbar ist – auf diese Weise erfahrbar ist stets nur ein jeweiliges Dieses oder Jenes in seiner Individualität, seiner Konkretheit und seiner Vergänglichkeit – so bedeutet dies keineswegs die Nichtexistenz der Wahrheit. Es heißt einfach, dass mit der Wahrheit etwas existiert, das nicht individuell, konkret und zeitlich ist. Bitte schrecken Sie vor diesem Gedanken nicht zurück: Denn warum eigentlich sollte es auf der Welt nur sinnlich erfahrbare Dinge geben? Die Phänomene sprechen eine deutlich andere Sprache. Gibt es denn nicht etwa den Raum und die Zeit? Es gibt beide sehr wohl, und doch sind sie nicht unmittelbar sinnlich erfahrbar, sondern werden allein durch konkrete räumliche und zeitliche Gegenstände hindurch erfasst. Raum und Zeit kann man nicht sehen, aber es gibt sie: Sie sind Medien oder Dimensionen, in denen etwas im Nacheinander oder im Zugleich sinnlich anschaubar ist. Raum und Zeit sind übrigens, das aber nur nebenbei bemerkt, keine ‚Formen menschlichen Anschauens', wie Kant meinte. Denn selbst wenn alle anschauenden Menschen von der Erde verschwänden, würden die verbleibenden Dinge weder ihre Räumlichkeit noch ihre Zeitlichkeit, Veränderlichkeit und Vergänglichkeit verlieren.

Ungeachtet all dessen ist es natürlich dennoch richtig zu behaupten, dass es ein Erkennen der Wahrheit gibt. Jemand, dem mitgeteilt wird, was die Wahrheit ist – der also gleichsam über die Relation des Zutreffens unterrichtet wird – erkennt die Wahrheit. In der Tat dienen Mitteilungen oder Informationen der Verbreitung von Wissen; und natürlich kann man über die Wahrheit informieren bzw. mitteilen, was sie ist. Aber das bedeutet nicht, dass jemand, der über die Wahrheit informiert wird, etwas über die Erkenntnis der Wahrheit oder über die allgemeinen Bedingungen ihrer Erkenntnis erfahren muss. Die Erkenntnis der Wahrheit gehört so wenig zu den Bedingungen der Wahrheit selbst wie die Erkenntnis eines Kühlschrankes zu den Bedingungen des Kühlschranks. Wer etwas über die Wahrheit erfährt, der erfährt, dass sie eine Relation ist, in welcher das Erkennen eines von zwei Relationsgliedern darstellt. Aber über das Erkennen bzw. das Sein der Erkenntnis erfährt er auf diese Weise unmittelbar nichts – und darüber möchte er in diesem Fall ja auch gar nichts erfahren.

Überhaupt ließe sich hinsichtlich des Wortes ‚Bedingungen' in diesem Zusammenhang so manche Nachfrage stellen. Was meint man eigentlich, wenn man von Bedingungen spricht: Fragt man nach Bedingungen des wirklichen Zustandekommens von etwas? Geht es um ‚logische Bedingungen'? Geht es um Erkenntnisbedingungen? In der Erkenntnistheorie ist das Wort ‚Bedingung' eines der dunkelsten; man spricht hier laufend von Bedingungen, aber es ist oft nicht klar oder verständlich, was damit gemeint ist. Ich persönlich verstehe sehr gut, was es heißt, dass gesunde Augen eine reale Bedingung des Sehens sind, und dass eine weitere Realbedingung hierfür das Vorhandensein sichtbarer Dinge ist. Aber von solcherlei realen Bedingungen, über deren Eigenschaften uns Physiologie und Psychologie informieren, ist in der philosophischen Erkenntnislehre nicht die Rede. Seit Kant spricht man stattdessen oft von ‚transzendentalen Bedingungen': Diese sollen ‚vor jeder Erfahrung' (*a priori*) im Subjekt liegen und das Erkennen der Erscheinungen möglich machen bzw. bedingen. Doch was ist eigentlich damit gemeint, wenn es sich bei diesen ‚Bedingungen' weder um unmittelbar sinnliche Dinge (Augen) oder Vermögen (Sehkraft) noch um geistige Funktionen (Vorstellungen oder Gedanken) des Bewusstseins empirischer Personen handelt? Wir müssen diese Frage hier nicht beantworten. Ich möchte mit ihr nur andeuten, wie schwer nachvollziehbar die Rede von Bedingungen der Erkenntnis ist, sofern es sich nicht um reale Voraussetzungen konkreter Erkenntnisprozesse handelt. Wie schwer verständlich muss vor diesem Hintergrund dann erst der Versuch der Wahrheitstheoretiker sein, uns die ‚Bedingungen' der Wahrheitserkenntnis gedanklich nahezubringen! Meine Vermutung ist, dass ein solcher Versuch auf hausgemachte Schwierigkeiten stößt, die sich dem Standpunkt der Transzendentalphilosophie verdanken.

Doch muss uns das hier, wie gesagt, nicht weiter kümmern. Denn weder die Erkenntnis der Wahrheit noch deren vermeintliche Bedingungen interessieren uns, wenn wir uns über die Wahrheit Gedanken machen. Die Wahrheit bleibt auch dann, wenn sie überhaupt nicht erkannt wird (oder wenn die Bedingungen ihrer Erkenntnis unerkannt bleiben), was sie ist. Die Relation des Zutreffens ist eben als solche weder Erkenntnis noch vom Erkennen abhängig; was diese Relation inhaltlich besagt, ist auch ohne Einbeziehung irgendwelcher Erkenntnisfragen klar und verständlich. Diese Unberührtheit der Wahrheit von Fragen ‚ihrer' Erkenntnis lässt sich nicht weiter erklären, man muss sie hinnehmen; sie gehört, wie die Relation des Zutreffens selbst, unmittelbar zum Wesen der Wahrheit dazu. Es ist leicht zu sehen, was wir tun, wenn wir die Wahrheit erkennen: Wir machen uns den schlichten Gedanken des Zutreffens geistig klar, das heißt, wir begreifen das Zutreffen. Aber wir erkennen dabei nicht unsere Erkenntnis der Wahrheit, sondern allein deren Sosein. Wir erkennen die Wahrheit als solche, nicht dagegen unsere Erkenntnis von ihr.

Man kann sich dies auch so verdeutlichen: Wäre die Wahrheit von menschlicher Erkenntnis abhängig, so müsste das, was wir von unserer Wahrheitserkenntnis behaupten, seinerseits wieder wahr sein – der Schwenk hin zum Erkennen hinge sonst in der Luft. In diesem Fall wäre der Gegenstand unseres Erkennens die Wahrheitserkenntnis selbst, und die auf sie bezogene Frage wäre dann wiederum die, ob diese Erkenntnis (also: die Erkenntnis der Wahrheitserkenntnis) wahr ist. Selbst wenn wir nun willkürlich annehmen, unsere Erkenntnis der Wahrheitserkenntnis wäre wahr: Dann wäre erneut klar, dass nunmehr dieses Wahrsein – nicht anders als das ursprüngliche die-Wahrheit-Sein der Wahrheit selbst – nicht von unserer Erkenntnis abhinge. Nur dann, wenn gleichsam feststeht, dass die Wahrheit als das, was sie ist, da ist, können Fragen, die darauf zielen, wie wir sie erkennen oder entdecken, überhaupt Aussicht auf eine Beantwortung haben.

Dieser reichlich abstrakte Gedanke lässt sich auch einfacher ausdrücken. Im Grunde ist es mit der Wahrheit und ihrer Erkenntnis ähnlich wie mit Hase und Igel im Grimm'schen Märchen. Die anscheinend so eilfertige Erkenntnis trifft (wie der Hase im Märchen) immer einen Moment zu spät ein, während sich die Wahrheit (so wie der Igel bei den Brüdern Grimm) immer schon an jenem Platz befindet, zu dem die Erkenntnis noch unterwegs ist. Mit der Wahrheit steht es in dieser Hinsicht wie mit fast allen uns vertrauten Phänomenen: Sie braucht überhaupt nicht auf unsere Theorien und Erkenntnisse zu warten, um zu sein, was sie ist. Die Wahrheit besteht, und sie ist, wie sie ist – erst dann kommen die Menschen und machen sich gedanklich klar, um was es sich bei der Wahrheit handelt. Menschen können das tun, aber sie müssen es nicht. Die Wahrheit besteht auch, wenn sie niemandem klar ist.

Unabhängig von aller theoretischen Erkenntnis des Wahren gibt es im Alltagsleben freilich das schlichte Wissen um die Wahrheit. Und weil es dieses Wissen gibt, ist es so merkwürdig, dass sich, wie zu Beginn des Essays erwähnt, einige Menschen anscheinend dumm stellen, wenn sie nach der Wahrheit gefragt werden – um dann, wie in einer Art Verlegenheit, sofort mit dem Meine-Wahrheit-deine-Wahrheit-Sprachspiel anzufangen. Vielleicht versuchen sie mit diesem Verhalten die Wahrheit so gut wie möglich an ein persönliches Fürwahrhalten zu ketten, um sie gleichsam zu privatisieren; was natürlich ein vergebliches Unterfangen ist. Ich bin fest davon überzeugt, die Menschen ahnen, dass dieser Versuch etwas Falsches und in psychischer Hinsicht etwas Verzweifeltes an sich hat. Und ich bin mir auch sicher, dass es unterhalb all dieser zähen Versuche ein instinktartiges Gefühl der Menschen um die Wahrheit gibt. Gemessen an diesem Gefühl ist jeder Versuch einer Meinungsprivatisierung der Wahrheit eine sprichwörtliche Kopfgeburt – und eigentlich sogar eine Kopftotgeburt.

Man stelle sich vor, dass die Ehefrau im Ausgangsbeispiel dieses Essays denkt: „Ich weiß zwar nicht, was Wahrheit ist, will aber trotzdem herausfinden, ob mein Mann die Wahrheit sagt, wenn er sagt, er sei bei Klaus-Dieter gewesen". Was die Frau hier denkt, hat schlicht keinen Sinn. Die Frau stellt sich einfach dumm; sie weiß, was die Wahrheit ist, auch wenn sie nicht weiß, wo ihr Mann war. Sie könnte über die Wahrheit vielleicht keinen Essay schreiben, aber das muss sie auch nicht. Sie muss nur wissen, dass Wahrheit im Zutreffen von Aussagen oder Gedanken und Wirklichem besteht. Und das weiß sie auf jene ahnungsvolle Weise, in der im Alltag die Menschen um die Dinge wissen.

Man kann die Wahrheit nur dann erkennen, herausfinden oder entdecken, wenn es sie gibt, wenn sie so ist, wie sie ist, und wenn man, wie dunkel auch immer, um dieses Sosein weiß. Die Frau möchte herausfinden, ob ihr Mann die Wahrheit sagt, wenn er sagt, er sei bei seinem Freund gewesen. Ihr ist nicht im Geringsten unklar, was sie zu diesem Zweck tun muss. Und geht es Ihnen denn anders? Wenn Sie etwas herausfinden wollen, etwas suchen, oder sich etwas Diffuses klar machen wollen: Wissen Sie da denn gar nicht, was zu tun ist? Natürlich wissen sie es. Und sie wissen dann in vagen Umrissen doch auch, dass die Wahrheit bei diesen Versuchen eine bestimmende Rolle spielt.

Es ist doch so: Jeder, der etwas herausfinden (aufdecken, entdecken, offenbarmachen) will, benutzt dabei stets sein dunkles Wissen um die Wahrheit. Natürlich ist es nicht so, dass er das, was er herausfinden will, schon weiß – aber das ist auch gar nicht gemeint. Gemeint ist, dass jeder, der etwas Bestimmtes herausfinden möchte, weiß, dass das Herausfinden stets nur auf dem Wege der Wahrheit erfolgen kann. Die Wahrheit ist nicht etwa bloß der schlussendliche Effekt einer Aufdeckungsprozedur, sondern sie begleitet sämtliche Schritte im Prozess des Aufdeckens; gleich dem Igel im Märchen der Brüder Grimm, fehlt sie an keinem Punkt der Aufklärung. Jeden Schritt, den die Frau bei ihrer Recherche macht, macht sie, bildlich gesprochen, auf dem Boden der mitlaufenden Wahrheit. Überall nämlich trifft sie bei ihrer Fahndung jenes Zutreffen an, das die Wahrheit ist, und um das sie dunkel und vortheoretisch weiß.

Es klingt geradezu mythisch, wenn es im Volksmund heißt, die Wahrheit komme zuletzt doch immer irgendwann ans Licht. Und tatsächlich, mehr als eine mythische Verklärung kann uns diese Phrase auch nicht bieten. Denn die Wahrheit steht nicht am Ende eines Erkenntnisprozesses, auf dessen Vorhergehen und erfolgreiches Enden sie zwangsläufig angewiesen bliebe. Die Wahrheit ist ‚immer' da; und selbst noch die Lüge ist – dies ist die schlichte Wahrheit über sie – eine Lüge. Wer dagegen auf die Wahrheit ‚ganz am Ende des langen Weges' wartet, hoffend, dass sich in ihrem ‚finalen Licht' schließlich ‚alles klärt', der traut offenkundig seinem lebendigen Gefühl nicht über den Weg. Oder er hat eben, was ich allerdings für menschenunmöglich halte, einfach keine Ahnung[19].

[19] Warum absolute Ahnungslosigkeit nicht menschenmöglich ist, kann ich hier nicht weiter erörtern. Überhaupt ist das Ahnen – als ebenso alltägliche wie irrationale Kontaktaufnahme des Menschen mit der Wirklichkeit – einer besonderen Untersuchung wert. Es würde sich dabei die innere Verbundenheit von Ahnung und Wahrheit aufklären, die ich in diesem Essays von Beginn an kommentarlos unterstellt habe, und die Wolfram Hogrebe präzise auf den Punkt bringt: „Ahnen kann man nur das Wahre, das was wirklich sein wird" (Ahnung und Erkenntnis. Brouillon zu einer Theorie der natürlichen Erkenntnis, Frankfurt/M. 1996, 42). Wie Hogrebe zeigt, steht das Ahnen effektiv dem Wissen nahe; denn man ahnt etwas nur insofern, als Geahntes tatsächlich dabei ist, sich zu realisieren. Andererseits unterscheidet sich die Ahnung aufgrund eines völligen Mangels an Überzeugungsgründen doch auch wieder deutlich vom Wissen, das sich rational begründen lässt.

IV.
Erfindung, Lüge, Wahrsagerei: Idole der Wahrheit

1. Die Wahrheit ist keine menschliche Erfindung

Ich hoffe, dass ich das Knäuel jener Ideen, in denen Erkenntnis und Wahrheit unvorteilhaft ineinander verwoben sind, bereits etwas entwirren konnte. Wenn es in diesem Abschnitt darum geht, dass die Wahrheit keine menschliche Erfindung ist, dann kann ich dabei auf Gedanken zurückgreifen, die ich bereits zuvor gegen die Identifikation von Wissen und Wahrheit verwendet habe. Der Akzent verschiebt sich inhaltlich nur leicht. Denn die Behauptung, dass die Wahrheit eine Erfindung ist, liegt ebenfalls im Hauptstrom jener Meinungen, die die Wahrheit als Produkt des menschlichen Geistes auffassen.

Die Wahrheit ist keine menschliche Erfindung. Auch wenn bedeutende Denker wie etwa Friedrich Nietzsche (1844-1900) diese Auffassung vertreten haben, halte ich sie für schlichtweg falsch. Schon rein gefühlsmäßig wehrt sich etwas in mir dagegen, Wahrheit und Erfindung in einem Atemzug zu nennen. Bei der Verbindung von Lügen und Erfinden hätte ich hingegen weitaus weniger Probleme. Denn Lügner erfinden tatsächlich etwas, das sie an die Stelle dessen setzen, was wirklich (geschehen) ist.

Man kann das ungute Gefühl, dass sich angesichts der Verbindung von Wahrheit und Erfindung einstellt, durch vernünftige Gedanken unterstützen. Die Sache ist, nüchtern betrachtet, recht einfach. Wäre die Wahrheit eine Erfindung, dann müsste es der Mensch sein, der sich das Zutreffen von Aussagen und Vorstellungen auf das Wirkliche ausdenkt und dann als ‚Wahrheit' deklariert. Das aber wäre ein absurdes und witzloses Unterfangen. Man muss stets im Auge behalten, dass es sich bei der Wahrheit nicht um das Äußern wahrer Sätze oder die Bildung wahrer Vorstellungen und Gedanken handelt. Äußerungen und Gedanken haben, als persönliche Vollzüge betrachtet, naturgemäß eine Nähe zu demjenigen, der denkt oder sich äußert. Daraus kann man leicht zu dem irrigen Schluss kommen, dass alles, was jemand als Gedanken in sich bewegt und sprachlich äußert, rein persönlichen Quellen entspringt. Gerade das Sich-Äußern macht in seiner Spontaneität stets den Eindruck des Produktiven und Kreativen.

Und da mit einer Äußerung etwas ‚im Raum' steht, was es vorher nicht gab, ist ein Äußernder in gewisser Weise stets von einer Aura des Ingeniösen umgeben – nicht zufällig gelten (künstlerische) Genies oder (technische) Ingenieure gemeinhin als Menschen, die, scheinbar rein ‚aus sich heraus', Neues, das sich auf schwer nachvollziehbare Weise in ihrem Innern zusammenbraut, in die Welt setzen.

Nun hat die Wahrheit aber gar nichts mit einer Hervorbringung und öffentlichen Zuschaustellung von etwas geistig Inneren zu tun. Wer etwas Zutreffendes über die Welt sagt, produziert zwar Laute und Bedeutungen. Und die Art, in der er spricht, mag ein kreatives und schöpferisches Moment besitzen, das an die Praxis des Erfindens erinnert. Aber die Wahrheit wird durch solche oberflächlichen Merkmale von Äußerungen natürlich nicht selbst zu einer Schöpfung oder Erfindung. Man kann zwar Wahres auf persönliche und individuelle Weise äußern, aber man kann das Zutreffen als solches nicht erfinden, es also nach Belieben konstruieren und rekonstruieren. Das wäre so, wie wenn man versuchen sollte, das Rot-Sein von etwas Rotem zu erfinden. Ein Mensch, der den Auftrag erhielte, dies zu versuchen, würde nicht die geringste Ahnung haben, was zu tun ist.

Stellen Sie sich das einfach unmittelbar vor. Stellen Sie sich vor, jemand bittet Sie um Folgendes: „Erfinden Sie das Zutreffen der Aussage ‚Der Wagen ist rot' auf einen roten Wagen!" Sie würden den, der so etwas von Ihnen verlangt, wahrscheinlich irritiert anschauen und ihn fragen, was genau er eigentlich von ihnen verlangt. „Wollen Sie", so würden Sie ihn fragen, „dass ich sage oder zugebe, dass der Wagen da drüben rot ist?" – „Nein!" müsste Ihr Gegenüber, der die Erfindung der Wahrheit von Ihnen verlangt, entgegnen: „Sie sollen auf erfinderische Weise dafür sorgen, dass der Satz vom roten Auto auf das rote Auto zutrifft!" Jetzt mal ehrlich: Würden Sie verstehen, was dieser Mensch von Ihnen will? Ich würde es nicht verstehen.

Ich habe zwar gelegentlich schon gehört, dass Leute die Wahrheit als eine Erfindung bezeichnen. Aber ich habe das eigentlich schon immer für eine lose Redensart gehalten. Kein Mensch kann das Rot-Sein von etwas Rotem erfinden, und zwar weder mittels Sprache noch gedanklich. Im Falle des Zutreffens gibt es schlicht nichts zu erfinden, zu erschaffen oder zu kreieren. Und es ist ebenfalls menschenunmöglich, ein bestehendes Nichtzutreffen in ein Zutreffen ‚umzudichten', also aus Irrtum oder Lüge die Wahrheit ‚zu machen'.

Natürlich können Menschen lügen; und ich komme noch darauf, was das für unser Thema bedeutet. Aber darum, dass Lügen möglich ist, geht es bei der These von der Wahrheit als Erfindung nicht. Die These besagt vielmehr, dass es die Wahrheit, sofern sie eben bloß eine Erfindung ist, stets relativ auf ihre jeweiligen Erfinder ist. Wir begegnen in dieser Behauptung also erneut jenem Relativismus, zu dem ich bereits im Zusammenhang mit dem modernen Erkenntnisdogma (s.o. III, 3) einiges gesagt habe. Wo von der Wahrheit als Erfindung die Rede ist, wird dieser Relativismus weniger skeptisch gesehen, als vielmehr – wie etwa von Nietzsche – in heiterer Weise befürwortet: Nietzsche selbst orientiert seine entsprechenden Gedanken vor allem an der Figur des Künstlers, der seiner Phantasie freien Lauf lässt. Natürlich hat Nietzsche Recht, Künstler sind Erfinder, Ingenieure imaginärer Szenarien. Aber nichts Wesentliches von dem, was sie hervorbringen, hat mit dem Zutreffen von Aussagen oder Ideen auf die Wirklichkeit zu tun. Der Inhalt künstlerischer Produkte sind Sinngebilde, deren Bedeutungen ‚in' diesen Gebilde, also im ‚Raum' der Einbildung verbleiben. Daher hat das künstlerische Schaffen, das zweifellos ein Kreieren und Erfinden ist, mit der Wahrheit essenziell nichts zu tun. Und daher sind auch Ausdrücke wie ‚wahre Kunst' oder auch ‚die Wahrheit der Kunst' irreführend. Ich möchte damit überhaupt nichts für oder wider die Kunst oder den Künstler sagen. Ich behaupte lediglich, dass ein Verständnis der Wahrheit in Analogie zum künstlerischen Produkt am Phänomen der Wahrheit vorbeizielt – und das gleiche gilt auf andere Weise auch für den Vergleich der Wahrheit mit den Erzeugnissen einer eher technischen Ingenieurskunst.

Am Bestehen der Relation des Zutreffens ist nichts zu modeln: Es gibt hier kein Erfinden, und auch kein Experimentieren. Zwar können sich die Menschen mittels Phantasie glauben machen, ein Nichtzutreffen sei ‚eigentlich' ein Zutreffen – und in vielen, praktisch harmlosen Fällen entstehen aus Verwirrspielen dieser Art recht niedliche Scheinbarkeiten, die man in ästhetischer oder hedonistischer Hinsicht nicht missen möchte. Wie kreativ jedoch die Phantasie auch immer sein mag: Selbst sie vermag es nicht, das Unzutreffende in ein Zutreffendes zu verwandeln oder umzufingieren. Dazu nämlich müsste es ihr gelingen, aus Irrtum, Täuschung oder auch Lüge Wahrheit ‚zu machen' – und eben das geht nicht. Man kann an einem Irrtum, einer Lüge oder einer Täuschung nicht wie an einer Schraube so lange drehen, bis sie – also Irrtum, Lüge und Täuschung – irgendwann die Wahrheit ‚sind': Nur die Wahrheit ist die Wahrheit, und sonst nichts. Insofern ist die Rede von der Wahrheit als einer Erfindung im Grunde harmlos. Es handelt sich hier einfach um eine phantastische Redeweise, die als solche durchaus ihre rhetorische Berechtigung haben mag. Damit, was die Wahrheit ist, hat all das aber nichts zu tun.

Menschen können wahre Aussagen treffen. Doch wo sie dieses Können praktisch ausüben, deutet nichts auf eine erfinderische oder konstruktive Leistung hin. Angenommen, es regnet, und jemand sagt, wahrheitsgemäß: „Es regnet!". Wo hier das hartnäckig beschworene Moment der geistigen Welterzeugung liegen soll, kann ich nicht erkennen. Auch die nüchterne Analyse lässt nichts dergleichen erkennen. Der Regen ist wirklich, und er ist sicherlich nicht erfunden, erzeugt oder konstruiert. Ist die Regenwahrnehmung ein Konstrukt? Ich sehe nicht, wie das sein könnte; denn weit und breit gibt es keinen Konstrukteur, und ich erkenne auch nirgends einen geistigen ‚Regenbauplan', der den wirklichen Regen zum Vorbild hätte oder ihn, was zu behaupten noch absurder wäre, effektiv hervorbrächte. Und schließlich ist auch der Satz über den Regen wirklich: Er wird von einem Sprecher geäußert, aber er wird von ihm nicht im strengen Sinne des Wortes ‚erfunden' – und zwar weder allgemein als ein Satz noch in Bezug auf seinen konkreten Inhalt, der ja gerade nichts erdichtet, sondern gedankliche Fühlung mit dem wirklichen Regen aufnimmt. Natürlich erschöpft sich das geistige Leben des Menschen nicht in Feststellungen des Typs: „Es regnet!“. Aber das darf uns nicht zu dem falschen Schluss verleiten, dass die Wahrheit dort, wo mittels Aussagen, Berichten und Miteilungen etwas über die Wirklichkeit festgestellt wird, nur eine Fiktion ist. Die Wahrheit ist geradezu niemals eine Fiktion. ‚Fiktive Wahrheit‘ gibt es nicht – denn was wahr ist, ist wirklich wahr.

Wie sollte es auch anders sein? Wenn über den (wirklichen) Regen (wirklich) die Wahrheit ausgesagt wird, dann ist auch die Relation des Zutreffens selbst wirklich bzw. wird verwirklicht. Für das, was irgendeine Fee in irgendeinem Märchen ‚sagt‘, gilt das gleiche: Wenn diese als fiktive Figur über den fiktiven Regen innerhalb der fiktionalen Szene die Wahrheit sagt, dann realisiert sich innerhalb des Märchens das Bestehen die Relation des Zutreffens. Die Fee ist selbst eine Erfindung, und der gesamte erzählerische Kontext ist fiktional. Der Erfinder solcher Erfindungen mag erfinden, was immer er will. Die Relation des Zutreffens kann er nicht erfinden – er findet sie vor und macht beim Erzählen wie selbstverständlich aktualisierend Gebrauch von ihr.

Von der Wahrheit als einer Erfindung kann also alles in allem keine Rede sein. Das gilt auch dort, wo es um die Beziehung eines Aussageinhalts zur außersprachlichen Wirklichkeit geht. Für Erfindungen ist charakteristisch, dass sie der Welt etwas, das bisher in ihr (so) nicht vorkam, produktiv hinzufügen. Erfindungen der Kunst oder auch der Technik bereichern die Welt; sie bringen etwas Neues in die Welt, und das geschieht in der Regel absichtsvoll. Die Äußerung des Satzes „Es regnet“ dagegen ist, im Angesicht des Regens geäußert, ein Musterbeispiel für die Unproduktivität des Sprechens. Wahre Aussagen sind ihrer inneren Tendenz gemäß konservatorischer Natur. Sie sagen zu etwas, das so und so ist, einfach bestätigend aus, dass es so und so ist. Zwar kann man die Äußerung eines wahren Satzes, mit viel gutem Willen, als eine geistige ‚Leistung‘ bezeichnen; denn auch wiedergebende Äußerungen sind ja, bevor sie vom Sprecher hervorgebracht werden, nicht da. Aber keinesfalls handelt es bei dieser Produktion um eine Leistung vom Typ ‚Erfindung‘. Man müsste schon überaus großzügig sein und einen jeden, der etwas Wahres sagt, als einen Erfinder bezeichnen – etwa jenen Mann, der im Fußballstadion zu seinem Begleiter sagt: „Da läuft sich Ronaldo warm!“. Auch wenn der Sprecher durch seinen Hinweis dafür sorgt, dass sein Begleiter den Blick in die Hinweisrichtung lenkt, ist die Aussage des Mannes keine kreative Leistung im eigentlichen Sinn des Wortes.

2. Die nackte Wahrheit und der Kommentar

Was eigentlich tut jemand, der sagt, dass etwas so und so ist? Ich würde sagen, er kommentiert etwas Reales, sei es nun ein Ding oder, wie meistens, ein bestimmtes Geschehen. Hier liegt denn auch der ursprüngliche Sinn des Wortes ‚Kommentar‘ – ein Begriff, der heute oft sinnentfremdet verwendet wird. Etwas zu kommentieren bedeutet, dass man ein Geschehen geistig, also gedanklich oder sprachlich, begleitet. Die an sich keineswegs geistige Tatsache etwa, dass sich da unten Ronaldo warmläuft, kann geistig so begleitet werden, dass man – gedanklich gleichsam mitlaufend – sagt: „Schau mal, da unten läuft sich Ronaldo warm!“ Kommentieren ist, elementar betrachtet, eine wenig aufwändige Angelegenheit: Man muss einfach etwas, das passiert (ist), auf der Ebene des Denkens oder Sprechens wiederkehren lassen, es also so, wie *es sich* verhält oder verhalten hat, in guter Näherung beschreiben.

Was einem heutzutage unter dem Titel ‚Kommentar‘ begegnet – und zumindest nominell wimmelt es heute geradezu von Kommentaren – hat mit der ursprünglichen, nur wenig Kreativität erfordernden Tätigkeit geistigen Begleitens kaum etwas gemeinsam. Heutiges Kommentieren hat den Charakter eines *Mental Engineering* angenommen, und es ist damit tatsächlich eng an die Praxis des Erfindens herangerückt. Das Ausmalen und Fortspinnen von Ereignissen, verknüpft mit persönlicher Meinungsbekundung, Bewertung oder auch Kritik: Das wird heute großzügig unter Kommentieren subsumiert. Bei dieser geistesgeschichtlich recht neuen Art des ‚Besprechens‘ begnügt sich der Geist (lateinisch:

mens) nicht mit einem Mitlaufen (lateinisch: *commentare*) mit den Geschehnissen, sondern er ‚geistert' gleichsam um das Geschehende herum, um es in freier sprachlicher und gedanklicher Kreation zu überformen, umzuformen, zu variieren oder umzumodeln. Das entsprechende Resultat wirkt oft wie ein willkürlich erzeugtes Ornament, das sich dem Geschehen, dessen Darstellung es ursprünglich dienen sollte, wie ein autonomes Gebilde an die Seite stellt. Ist aber bei solchem Reden eigentlich noch von der Welt die Rede? Bleibt dieses vagabundierende Sprechen in Kontakt und Fühlung mit seinem Anlass, also mit jenen realen Geschehnissen, die es kommentierend doch gerade zu bewahren gilt? Oder aber kreiert die Rede hier bunte Ideen, Geschichten und Assoziationen um einen Ursprung herum, den es damit mehr zudeckt als freilegt und eröffnet?

Wie auch immer es aktuell ums Kommentieren bestellt sein mag: Das Sagen der Wahrheit, im schlichten Sinn von ‚Wiedergabe' (‚Reportage'), zählt letztlich zu den unproduktiven Weisen des Sprechens. Darin, dass es die Realität nicht ‚beleuchtet', sie also nicht perspektivisch bzw. standpunktlich um- oder nachbearbeitet, gleicht sie dem Erkennen, welches ebenfalls keine geistige Formung von etwas an sich Ungeformtem ist. Freilich: Man kann das Sagen der Wahrheit ebenso wie das Erkennen als Produktion auffassen – und historisch ist das auch nicht selten geschehen. Die Frage ist allerdings, ob man mit einer solchen Auffassung das jeweilige Phänomen treffend wiedergibt. Dass ich diesbezüglich Zweifel hege, liegt daran, dass aus meiner Sicht das Erfinden in wesentlich anderen Zusammenhängen als denen der Erkenntnis und Wahrheit beheimatet ist. Vor allem bei der Produktion von Artefakten ist der Mensch schöpferisch tätig; hier gestaltet er die Realität durch aktives Eingreifen und Intervenieren um. Insbesondere das Erkennen hingegen ist eine Weise des Stellungnehmens, für die ein tätiges Umbilden der Realität von Hause aus gerade nicht eigentümlich ist. Die wahrheitsgemäße Darstellung der Welt, etwa in sachorientierter Theorie, ist kein Eingreifen in die Realität, und auch das Sagen der Wahrheit ist kein designerisches Ummodeln des Vorhandenen hin zu etwas

Neuem oder Anderem, so wie wir es aus der technischen Produktion kennen. Natürlich ist auch die geistige Wiedergabe der Wirklichkeit eine Art Arbeit. Aber diese Arbeit besteht nicht in einem produktiven Schaffen, sie ist vielmehr hinnehmender, bewahrender und beschauender Art.

Als nicht eingreifendes Mitlaufen des Geistes mit dem Geschehen steht das Sagen der Wahrheit dem Informieren nahe – gibt es doch in enger Umschreibung wieder, was passiert, ohne dabei dem Geschehen Persönliches, Konstruiertes oder Ingeniöses hinzuzufügen. Dem ornamentalen Reichtum, welcher aktuelle Formen des Kommentierens kennzeichnet, steht die gestalterische Armut schlichter Wahrheitsäußerungen gegenüber. Gerade deswegen leuchtet uns wohl auch die bildliche Rede von der ‚Nacktheit' der Wahrheit noch immer so unmittelbar ein. Die Wahrheit als solche ist natürlich immer ‚nackt': Denn sie besteht einzig als das, was sie ist, also ohne überflüssige Ummantelung. Konkrete wahre Aussagen dagegen treffen der Tendenz nach dann das nackte Wahre, wenn sie bei der Kommentierung des Geschehens auf Hüllen und Hülsen verzichten, so dass sich im Fluchtpunkt der Aussage das pure ‚so ist es' abzeichnen kann. Der Einwand, dass man doch niemals wissen kann, wann denn das nackte Wahre da ist oder in Sicht kommt – hinter jeder fortgezogenen Kulisse könnte sich doch eine neue und immer wieder neue Kulisse auftun – ist durch ein treffendes Gleichnis leicht zu entkräften. Wenn Sie sich all ihrer Kleidung entledigen, stehen sie nackt da. Warum eigentlich kommen Sie nun nicht auf die Idee, dass Sie auch noch ihre Haut vom Körper abziehen müssen, um ‚wirklich' oder ‚ganz' nackt zu sein?

Das ist, wie ich denke, ganz einfach: Die Haut ist nicht Teil Ihrer Kleidung, sondern sie ist Teil Ihres Körpers. Gerade die körperliche Nacktheit ist das urbildliche Gleichnis dafür, wann das Schieben der vermeintlich ‚zahllosen' Kulissen, die das Wahre ‚verstellen', beendet ist. Nacktheit und Wahrheit sind, und dies eint sie, nicht zu steigern: Kein Nackter ist nackter als ein anderer, und ‚wahrer als wahr' gibt es auch nicht. Auf die Frage: „Hast du eine Affäre mit Frau Müller?" lauten die beiden nackten Antworten: „Ja“ oder „Nein“. Im Falle der Ja-Antwort kann der Betreffende natürlich hinzufügen: „...aber ich kann dir das erklären“. Doch dieser Zusatz ist kein Teil der Antwort, mit ihm beginnt bereits ansatzweise das ornamentale Kommentieren. Natürlich trifft im alltäglichen Reden nur selten direktes Fragen auf direktes Aussagen; und anders als vor Gericht steht hier auch in der Regel nicht Aussage gegen Aussage. Das Alltagsleben ist weder ein Verhörzimmer noch ein wissenschaftliches Labor, in welchem das Ausfragen und Ausforschen von Menschen oder Sachverhalten im Mittelpunkt steht. Entscheidend ist aber, dass das alltägliche Geschehen, ob es nun gezielt befragt wird oder nicht, unnachgiebig seine Spuren hinterlässt – ein Umstand, den man als „die Härte des Realen“ (Nicolai Hartmann) bezeichnen kann. Es ist verständlich, dass sich die Menschen der Härte dessen, was wirklich ist sowie der Nacktheit dessen, was sich darüber fast wortlos aussagen lässt, so oft es geht entziehen wollen; und eben dazu dient ihnen im Alltag das freiere Kommentieren oder auch das befreiende Erzählen von Geschichten. Dinge, die passieren, werden in der Alltäglichkeit ornamentalen Kommentierens und Erzählens also weniger informativ dargestellt, als vielmehr verwässert und breitgetreten. Natürlich wird dadurch das an sich kommentarlose Geschehen in keiner Weise verändert: Das Passierende selbst ist immer bloßes oder nacktes Geschehen, ganz gleich, wie sehr sich unsere Kommentare oder Geschichten auch darum bemühen mögen, es zu bemänteln. Und gerade weil dem so ist, kann das Sagen der Wahrheit an der unkommentierten Wirklichkeit Maß nehmen. Das Sagen der nackten Wahrheit ist eine Art geistiger Widerschein der Wirklichkeit, die auch ihrerseits immer nackt ist: Denn jegliche Kleidung, die man ihr anlegen würde, wäre ja ein Teil ihrer selbst.

3. Wahrheit und entdeckte Wirklichkeit

Die Wahrheit ist keine menschliche Erfindung, aber sie hat durchaus etwas mit dem Auffinden oder Entdecken zu tun. Wahre Aussagen und Vorstellungen entdecken die Wirklichkeit als das, was sie ist. Selbst jedoch wenn man sagt, dass eine Aussage die Wirklichkeit ‚hervorbringt' (im Sinne von: ‚sprachlich ans Licht bringen'), so liegt in diesem Hervorbringen kein Erschaffen oder Produzieren der Wirklichkeit. Das Hervorholen und Wiedergeben des Wirklichen im wahren Satz ist ein geistiges Zeigen oder Aufweisen des Seienden. Und als solches ist das wahrheitsgemäße Aufdecken des Realen alles andere als eine Erzeugung oder Kreation des vormals ja lediglich *unentdeckten* Sachverhalts, auf den der Inhalt der wahren Aussage hinweist.

Der Philosoph Martin Heidegger (1889-1976) hat das, worum es hier geht, an einem Beispiel verdeutlicht[20]. Aus diesem Beispiel wird ersichtlich, was beim Entdecken (im Gegensatz zum Erfinden) passiert; und es wird auch deutlich, dass es beim Entdecken noch nicht einmal zwingend auf die sprachliche Wiedergabe des Wirklichen ankommt. Sein Beispiel lautet sinngemäß so: Eine Person steht mit dem Rücken zu einer Wand, an der ein Bild hängt. Das Bild hängt schief, doch das sieht die Person nicht, da sie der Wand den Rücken zukehrt. Egal nun, was die Person in Bezug auf die Ausrichtung des Bildes sehen und sagen wird, wenn sie sich der Wand zuwendet: Das Bild hängt, wie es hängt – und daran kann kein Sehen oder Sagen irgendetwas ändern. Natürlich kann die Person ihre Sichtbedingungen in Bezug auf das Bild ändern; sie kann sich etwa zur Wand hin umdrehen. Wenn sie dies tut, sieht sie das Bild, und dann wird oder besser noch: dann muss sie das Schiefhängen des Bildes entdecken – denn etwas anderes ist nicht da und kann folglich nicht entdeckt werden. Sämtliche Vorstellungen, Vermutungen und Wünsche, die die Person hinsichtlich der Aufhängung des Bildes gehabt haben mag, bevor sie dessen wirkliche Lage entdeckt, sind durch das Entdecken wie weggefegt. Das gilt auch für Ideen oder Wünsche, die rein zufällig die wirkliche Aufhängung zum Inhalt hatten: Denn nun sieht die Person *das Bild selbst*, von dem sie insofern nun keine Bild-Vorstellung mehr haben kann. Von einer Erfindung des Wahren

---

[20] Vgl. Martin Heidegger: Sein und Zeit, Tübingen [19]2006, 217f.

kann also weder vor der Entdeckung des Wirklichen noch unmittelbar im Angesicht seines Offenbarwerdens die Rede sein. Spätestens dann, wenn man wirklich erkennt, dass und wie etwas wirklich ist, gibt es nichts mehr zu erfinden. Man kann dann allenfalls die Augen vor dem Erkannten verschließen oder versuchen, ein Phantasiebild über das Erkannte zu legen. Die Motive dafür, warum jemand das tun sollte – warum er also das Einsichtige und Offensichtliche durch die Erzeugung eines imaginär hausgemachten Konstrukts ableugnen möchte – müssen uns hier weiter nicht interessieren.

Über Heideggers Beispiel hinaus möchte ich noch Folgendes betonen. Alles, was es gibt, ist irgendwie beschaffen, und zwar ganz gleich, was die Menschen darüber wissen. Reales hat *seine* Bestimmtheit – und diese steht quer zur menschlichen Erfindungslust, die es darauf abgesehen hat, Dinge zu ändern oder sie anders erscheinen zu lassen, als sie sind. Ich bitte Sie, dies nicht falsch zu verstehen. Natürlich können die Menschen, und zwar konkret durch ihr Handeln, vieles in der Welt verändern, und dabei unter anderem auch Neues erfinden. Aber was sie nicht ‚machen' können, ist, dass die Wahrheit anders ist als sie eben ist. Wohlmöglich ist die Wahrheit gerade deshalb ein so einzigartiges Phänomen, weil an ihr eine strikte Grenze menschlichen Könnens besonders spürbar wird. Was können Menschen nicht alles erfinden! Was haben sie nicht alles erfunden, und was werden sie in Zukunft nicht noch alles erfinden! An der Wahrheit dagegen können die Menschen nicht herummodeln. Sie ist weder durch aktive Eingriffe zu ändern noch kann man sie durch Worte anders erscheinen lassen.

Was die Praxis des Erfindens angeht, so soll diese mit allem hier Gesagten in keiner Weise in Misskredit gebracht werden. Es ist nur so, dass diese Praxis keinerlei Einfluss auf die Wahrheit hat. Entdecken kann man nur, was wirklich da ist. Das Erfinden dagegen begnügt sich, was auch immer seine jeweiligen Projekte sein mögen, niemals mit einem einfachen Aufweisen des Realen. Man kann auch so sagen: Das Entdecken im Sinne des Aufdeckens trifft sich mit der Festigkeit des So-und-nicht-anders-Seins der Realität, während das Erfinden tendenziell in die flexible Unruhe des Änderns der Welt hineinführt – während das Entdecken begreifen und wiedergeben will, will das Erfinden eingreifen und abwandeln. Dass natürlich auch eine aktiv veränderte, also durch Erfindungen des Menschengeistes bereicherte Welt in jeder ihrer Entwicklungsphasen so ist, wie sie ist: An diese mephistophelische Evidenz sollte sich jeder, der die Wahrheit fälschlicherweise zu einer Erfindung erklärt, vielleicht von Zeit zu Zeit wieder einmal erinnern.

4. Informieren und Kommunizieren

Im Abschnitt zuvor habe ich beiläufig angedeutet, dass das Sagen der Wahrheit Berührungspunkte mit dem Informieren aufweist. Dieser Andeutung möchte ich nun gezielter nachgehen. Damit eröffnet sich freilich kein neues Thema. Vielmehr wird die Wahrheit in diesem sowie im nächsten Abschnitt von einer bisher noch unbeachteten Seite beleuchtet, nämlich im Zusammenhang mit den Phänomenen der Information und der Kommunikation.

Vielleicht ist Ihnen aufgefallen, dass man über die Kommunikation niemals unmittelbar sagt, sie sei wahr oder falsch, während man demgegenüber sehr oft von wahrer oder falscher Information (oder von Fehlinformation) spricht. Zwar hört man gelegentlich Leute sagen, ihnen sei etwas ‚falsch kommuniziert' worden. Aber dann meinen sie nicht, dass das Sich-miteinander-Austauschen als solches falsch war, sondern dass der informative Gehalt, also das jeweils Gesagte bzw. Mitgeteilte, nicht der Wirklichkeit entspricht. Genau dieser Sachgehalt bildet das Zentrum des Informierens. Zwar ist nicht jede Form der Kommunikation informierend oder informativ. Aber überall dort, wo die Kommunikation informativen Charakter hat, kommt die Relation des Zutreffens ist Spiel. In gewisser Weise ist die Rede von ‚wahrheitsgemäßer Information' redundant. Denn Informationen teilen mit, wie sich etwas verhält, während demgegenüber Fehlinformationen im Grunde überhaupt nicht informieren.

Informiert sind wir, wenn wir durch das Gesagte oder Mitgeteilte erfahren, was der Fall ist. Falsch informiert sind wir, wenn der Inhalt der Information nicht auf das Wirkliche zutrifft. Falsche Information kann ihren Grund in absichtlicher Täuschung, aber auch in der Fehlinformiertheit des in diesem Fall ‚uninformierten Informanten' haben. Außerdem kann es sein, dass eine technische Störung des Prozesses der Vermittlung vorliegt: Der Empfänger einer Mitteilung empfängt dann entweder etwas anderes als das, was gesendet wurde, oder aber die Nachricht kommt überhaupt nicht an, weil die Leitungswege unterbrochen sind. Dass das Informieren gelingen und misslingen kann, ist den Menschen aus alltäglichen Kommunikationsprozessen durchaus vertraut. Und die Menschen wissen auch, dass die Ursachen des Scheiterns von Verbindungen durchaus vielfältig sein können.

Vor allem Falschinformationen üben naturgemäß eine Art Faszination aus. Ihre Existenz ist unzweifelhaft: Jeder, der einmal eine Lüge durchschaut hat, weiß das. Man kann natürlich, wie schon erwähnt, darüber streiten, ob Falschinformationen überhaupt Informationen sind; denn informiert werden wir letztlich nur dann, wenn man uns über das, was geschehen ist, zutreffend unterrichtet. Man kann auch darüber streiten, ob wir jemals mit letzter Sicherheit wissen können, ob ein Informant die Wahrheit sagt, oder ob man den Inhalt einer Information richtig aufgenommen hat. Unstrittig ist aber, dass bei dem, was man ‚Information' nennt, ein klares Gefälle des Wissens zwischen dem Informanten und dem Informierten besteht. Dieses Gefälle zwischen dem Wissen auf der einen und dem Nicht-Wissen auf der anderen Seite ist das Charakteristikum der Information. Und so kann man sagen, dass ein Informieren nur dort vorliegt, wo ein Wissensgefälle zum Ausgleich kommt. Es ist recht einfach: Bevor der Prozess des Informierens stattfindet, weiß der künftige Informant bereits, was in Bezug auf einen bestimmten Inhalt der Fall ist, während jene, die informiert werden sollen, es naturgemäß nicht wissen. Das Informieren selbst ist dann ein Mitteilen oder Überbringen des jeweiligen Inhalts, also der reale Vorgang des Reportierens. Ist das Informieren vollzogen, so wissen beide, also Sender und Empfänger, was der Fall ist. Informieren ist somit schlicht Inhaltsweitergabe; und weder ein Interpretieren noch ein Kommentieren des Sachinhalts ist hierfür vonnöten.

Für die Praxis der Information ist eine Differenz zwischen asymmetrischer Ausgangslage und symmetrischem Endzustand die notwendige Voraussetzung. Beim Empfänger liegt ein ausgleichbares Inhaltsdefizit vor, weshalb die Information für ihn den Charakter einer Neuigkeit, einer Nachricht oder auch einer Belehrung hat. Informationen führen zu Wissensgewinn, wo zuvor ein entsprechender Wissensmangel bestand; sie führen, bildlich gesprochen, zum Auffüllen einer zuvor bestehenden Leere. Dem entspricht das lateinische Wort ‚informare', das auf das Einprägen einer Form in eine formlose und zugleich formbare Unterlage zielt – klassisches Beispiel ist das Eindrücken des Siegelrings auf ein Dokument, also die Einprägung der Form des Siegels auf eine geeignete Unterlage. Es ist ganz offensichtlich, dass jemand nur dann über etwas informiert werden kann, wenn er das entsprechende Wissen nicht schon hat. Wenn Sie etwa bereits wissen, dass Berlin im Jahr 2017 die Hauptstadt Deutschlands ist, dann können Sie in dieser Sache nicht mehr durch die wahre Aussage „Berlin ist im Jahr 2017 die Hauptstadt Deutschlands" in Form gebracht werden. Ihr Bewusstsein hat, was diesen konkreten Inhalt angeht, bereits eine Prägung erhalten, es ist in dieser Sache auf keine weitere Belehrung angewiesen.

Wo bisher in diesem Essay von Aussagen, die wahr (oder falsch) sein können, die Rede war, ging es stets um Aussagen des Typs ‚Information': also um Mitteilungen, Nachrichten oder Sachfeststellungen. Nun geht menschliche Kommunikation natürlich nicht im Informationsaustausch auf. Man kann sogar sagen, dass es sehr viele Arten des Kommunizierens gibt, bei denen es überhaupt nicht (oder wenigstens nicht im Kern) um die Reportage des Realen geht – also darum, dass Menschen einander zutreffend darüber unterrichten, was in den verschiedenen Ausschnitten der Wirklichkeit der Fall ist. Das Kommunizieren hat generell eine viel größere Gestalt- und Funktionsfülle als das Informieren, bei dem es im Wesentlichen darum geht, die Realität wahrheitsgemäß wiederzugeben, sie also sachangemessen (,realistisch') zu beschreiben.

Eine auffällige Differenz zwischen den Phänomenen der Kommunikation und der Information besteht darin, dass das Informieren irgendwann naturgemäß sein Ende findet, während das nicht-informierende Kommunizieren von Hause aus nicht auf einen bestimmten Zielzustand zuläuft. Wenn Sie einmal im Großen und Ganzen wissen, was in Bezug auf ein Ereignis der Fall ist, sind Sie informiert; wobei es freilich für den Menschen, wie auch sonst beim Erkennen, relativ klare inhaltliche und umfangsmäßige Grenzen des Informiertseins gibt. Im Gegensatz dazu kann ein lockeres Zwiegespräch oder auch eine meinungsaustauschende Diskussionsrunde durchaus ohne Ziel fortlaufen. Solche so genannten ,Debatten' sind in der Regel deutlich weniger sachverbindlich: Sie können sich, indem sie geradezu gepflegt werden (,Diskussionskultur'), recht weit von ihrem initialen Gegenstand entfernen; zumal dann, wenn das jeweilige Thema keiner abschließenden Lösung oder Klärung zugeführt werden muss. Ein weiterer Unterschied zwischen beiden Phänomenen besteht darin, dass eine Information für denjenigen, der sie erhält, in der Regel den Charakter einer Neuigkeit hat. Für das Informieren ist das inhaltliche Unterrichtetwerden essenziell, für das Kommunizieren im Allgemeinen hingegen nicht. Ganz im Gegenteil: Kommunikation lässt dort, wo sie nicht auf Informationsübermittlung zielt, etwas inhaltliches Neues streng genommen gar nicht zu. Hier geht es um die Möglichkeit, an Gesagtes immer wieder anzuschließen, und zwar so, dass möglichst niemand von der Möglichkeit des Anschließens ausgeschlossen wird.

Um das Wesen des Kommunizierens zu verstehen, lohnt sich ein Blick auf die ursprüngliche Wortbedeutung. Das lateinische Wort ,communicatio' stammt vom griechischen επικοινωνία, das ,Gemeinschaft' bedeutet; das entsprechende Adjektiv επίκοινος, für das im Deutschen das ein wenig anders verwendete Wort ,kommunikativ' steht, bedeutet eigentlich ,teilhabend', ,gemeinsam'. Die Adjektivform bezeichnet ursprünglich also nicht etwa eine Eigenschaft von Personen („Peter ist sehr kommunikativ"), sondern es steht für eine Teilhabebeziehung, die sowohl zwischen Menschen wie zwischen Dingen bestehen kann („Etwas hat teil an Etwas"; „Person A und Person B ist Etwas gemeinsam"). Fasst man die Kommunikation so auf, dann wird ersichtlich, warum Kommunizieren nicht im Ausgleichen informativer Mangellagen besteht. Wenn nämlich ‚Kommunikation' für Gemeinsamkeit oder Gemeinschaft steht, dann hat die Teilhabe mehrerer Teilnehmer an einem strukturierten Ganzen bereits Bestand. Es herrscht bereits eine gewisse gegenseitige Verbundenheit, so dass es keiner Informierung der Gemeinschaftsmitglieder mehr bedarf.

Mitglieder an der Kommunikation sind Teilglieder eines Ganzen; und der ‚Geist' des Ganzen durchwirkt die Lebens- und Wissenslagen dieser Teilglieder, die somit keineswegs dem integrierenden Ganzen gegenüber sekundär sind: Kommunizieren heißt – darauf hat insbesondere der Philosoph Karl Jaspers (1883-1969) immer wieder aufmerksam gemacht – in Gemeinschaft sein. Es ist daher auch kein Zufall, dass bis heute der Ausdruck ‚Kommunikationsteilnehmer' umgangssprachlich sehr geläufig ist, während hingegen der Ausdruck ‚Informationsteilnehmer' allenfalls im juristischen Kontext existiert; wobei er auch dort gerade nicht auf eine Teilhabebeziehung abzielt. Diese Situation der Teilhabe an einem umgreifenden Ganzen, das aus nicht-isolierbaren Teilgliedern besteht, ist für kommunikative Gemeinschaften geradezu wesentlich. Demgegenüber ist das Gefälle der Information dort, wo es massiv besteht, eher ein Zeichen von Desintegration, die beispielsweise das Lager der Sachexperten von dem der Laienöffentlichkeit abtrennt.

Kommunikation setzt also ursprünglich genau das voraus, was bei der Information fehlt: ein immer schon bestehendes und sich in kommunikativen Akten entrollendes Band überpersönlicher Gemeinsamkeiten. Kommunikation ist weniger ein Mitteilen, sondern ein beständig sich vollziehendes Teilen gemeinsamer oder ähnlicher Erfahrungs- und Wissensbestände. Kommunizieren setzt ein miteinander Verständigt-Sein voraus – so wie man es etwa aus religiösen Kommunitäten oder aus sozialen oder politischen Gemeinschaften kennt, in denen die Teilnehmer über die jeweils bedeutsamen Inhalte vorverständigt sind.

Wir denken heute bei ‚Kommunikation' übrigens schnell an sprachliche Verständigung. Dagegen ist auffällig, dass der konkrete Modus der Teilhabe in der ursprünglichen Wortbedeutung nicht spezifiziert wird. Es ist offen, ob es bei ‚communicatio' ursprünglich nur um ein Miteinander-Sprechen und somit um symbolische Teilhabe geht, oder etwa um gemeinschaftliches Handeln im Sinne handgreiflicher Kooperation. Wesentlich für das Kommunizieren ist allein das Moment bestehender Gemeinschaftlichkeit, also generell Dabeisein, Mitmachen und In-Beziehung-Sein. Es ist klar, dass all dies Zustände sind, die nicht allein symbolisch in Form von Debattenkulturen, sondern durchaus praktisch, etwa durch gemeinschaftlich vollzogene Rituale oder Events (Gottesdienste, Parteitage, Fußballfeste) realisiert werden können.

Nun könnten Sie natürlich einwenden, dass sich die Menschen angesichts einer so verstandenen Kommunikation eigentlich gar nichts mehr zu sagen oder mitzuteilen hätten: Warum überhaupt noch Kommunizieren, wenn die Mitglieder einer Gemeinschaft aufgrund der bestehenden Gemeinschaftlichkeit bereits im Wesentlichen miteinander verständigt sind? Es scheint dann doch gar kein Platz mehr zu geben für Neuigkeiten sowie für ein Hinzulernen ganz generell.

Dieser Einwand trifft in einer Hinsicht zu. In der Tat ist die inhaltliche Neuigkeit, die für das Informieren so wesentlich ist, im Phänomen der Kommunikation nicht von Hause aus angelegt. Das ist jedenfalls ursprünglich so, wenn man sich an die Wortbedeutung von ‚communicatio' erinnert. Wir Heutigen sehen die Sache hingegen überraschend anders. Gerade wir nämlich binden die Kommunikation oft so eng an die Idee des Neuen, dass wir uns die im eigentlichen Sinne kommunikativen Bedingungen – also diejenigen Bedingungen, die hintergründig immer schon erfüllt sein müssen, damit wir etwas Neues überhaupt als solches erfahren und erkennen können – selten eigens klarmachen. Was wir uns dabei nicht klarmachen, ist die Tatsache, dass eine Information, die nicht in irgendeiner Weise kommunikativ eingebettet ist, für uns keinerlei Bedeutung hätte. Zwar verwenden wir das Wort ‚Informationsgesellschaft' als eines der vielen Etiketten für die heutige Zeit. Aber das ist zunächst nur ein Wort, das kommuniziert wird, und dessen inhaltlicher bzw. informativer Wert mehr als fraglich ist.

Ein Gemeinschaftsleben ohne Zuwachs an Neuigkeiten ist durchaus denkbar, ja mehr noch: Dies war über weite Strecken der Kulturgeschichte, in denen News eher eine seltene Ausnahme darstellten, der Normalzustand. Dieser historische Umstand macht ersichtlich, dass Kommunikation auch ohne Information vollzogen werden kann, während es, umgekehrt, Neuigkeiten ohne die Grundlage eines gemeinschaftlich bereits geteilten Lebenswissens nicht gibt. Man kann diesen Gedanken mittels einer Analogie präzisieren: So wie der menschliche Geist, dessen zentrale Kompetenz im sachlichen Erkennen der Wirklichkeit besteht, nur auf der Grundlage körperlicher Lebens- und leibseelischer Erlebnisprozesse wirksam werden kann, so ist auch die Praxis des Informierens nicht von der kommunikativen Grundlage, auf der sie sich vollzieht, ablösbar. Und so wie man leben und erleben muss, um etwas sachlich feststellen zu können, so muss man immer schon vieles fraglos Selbstverständliche kommunikativ miteinander teilen, um für Neues und Ungewohntes überhaupt empfangsbereit zu sein.

Das Aufbauverhältnis, das zwischen Kommunikation und Information besteht, ist weder auflösbar noch umkehrbar. Wie auch sollte man jemandem etwas mitteilen, sofern man nicht bereits Wesentliches mit ihm teilt: seien es nun allgemeine menschheitliche Lebenserfahrungen (wie etwa die, dass jeder Mensch atmet) oder auch, gemeinschaftsspezifischer, eine jeweilige Muttersprache, die als Werkzeug und Bedeutungsspeicher sprachlich-geistigen Teilens dient. Die Kommunikation erfüllt ihre Funktion der ‚Vertrauensbildung' auch und gerade dort, wo es im Oberflächengeschehen von Gemeinschaften um die Mitteilung von Neuigkeiten oder gar Sensationen geht. ‚Absolut Neues', also ‚radikale Information', hat es auf der Grundlage des gemeinsam Geteilten nicht etwa nur schwer – vielmehr gibt es sie gar nicht. Das schlechthin Neue, das zur Gänze verschieden wäre von normaler Erneuerung (‚Innovation'), ist schlicht unverständlich. Es wäre zwar ein „Ganz-Anderes" (Theodor W. Adorno), aber gerade als ein solches könnte es an nichts Bekanntes und mithin bereits Geteiltes anknüpfen. Es hinge gleichsam in der sprichwörtlichen Luft, und in dieser würde es allenfalls von der Sehnsucht ‚getragen' und ‚gehalten' werden.

5. Kommunikation: Gemeinschaft, Teilhabe, Teilen

Halten wir also fest: Für jede Information bedarf es eines geteilten und daher seinerseits nicht mitteilungsbedürftigen Hintergrundes zwischen Sendern und Empfängern – und eben dieser Hintergrund wird durch das Traditionsmilieu namens ‚Kommunikation' fortlaufend bereitgestellt. Insofern ist die Kommunikation kein Prozess, in dem es, wie bei der Information, primär um das Treffen von Sachaussagen zum Zwecke einer wahrheitsgemäßen Wirklichkeitserforschung geht. Das bedeutet aber nicht, dass die Wahrheit (oder konkret das die-Wahrheit-Sagen) beim Kommunizieren überhaupt keine Rolle spielt. Sie ist hier, im Gegensatz zur Sachinformation, innerhalb derer sie prominent und explizit wird, lediglich hintergründig und versteckt anwesend. Wo Nachrichten gesendet werden, die prinzipiell auf ein Zutreffen hin angelegt sind, dort ist selbstverständlich die Wahrheit im Spiel; denn Nachrichten sind grundsätzlich zutreffend oder nicht, also wahr oder unwahr. Im Milieu der Kommunikation geht es nun zwar nicht unmittelbar um Sachmitteilungen – hier stehen kommentierende Beurteilungen oder einschätzende Bewertungen eindeutig im Mittelpunkt des sozialen Hin und Her. Aber ganz fehlen kann die Wahrheit auch hier nicht. Zwar ist das Kommunizieren kein allgemeines ‚Wahrheitsgeschehen', aber es bildet doch eine Art Resonanzboden für alle Arten von Informationen: Sie ist gleichsam der ‚Ort', an dem über die praktische Durchsetzung der Wahrheit oder auch der Unwahrheit im gemeinschaftlichen Leben mitentschieden wird. Man sieht das etwa am Bestehen öffentlicher Meinungen oder auch am Vorhandensein eines gewissen Zeitgeistes. Das Dasein dieser Phänomene ist eine informelle Weise der Existenz: Die Meinungen liegen in der Luft, aber sie lassen sich nicht mit Bestimmtheit greifen. Sie haben in ihrer diffusen Präsenz kommunikativen, nicht hingegen handfest informativen Charakter.

Gegenüber jenen Informationsprozessen, die an der Oberfläche des Gemeinschaftslebens etwa als jeweils aktueller Stand des Wissens gezielt ‚verlautbart' oder ‚veröffentlicht' werden, ist die Kommunikation genuin informell und hintergründig. Auch dort, wo sie um lebensaktuelle Dinge kreist, besteht sie in der stillschweigenden Vergewisserung des Vertrauten und Geteilten – das Wahre setzt sich hier eher praktisch fort, ohne ausdrücklich zur Sprache gebracht zu werden oder den Individuen ins volle Bewusstsein zu treten. Anders als das im strengen Sinne Informative taucht kommunikatives Hintergrundwissen praktisch nie in den Schlagzeilen auf; denn dieses Wissen gilt in seiner Allgemeinheit und Überaktualität kaum der Berichterstattung wert. Tatsächlich verläuft die Kommunikation unter Vorverständigten nahezu instinktartig: Wir kennen dies insbesondere aus Situationen, in denen ein Wort das andere gibt und sich ein unabsehbarer Fluss des Sprechens und Kommentierens durch die Alltagswelt hindurch ausbreitet. Nur gelegentlich wird die Kommunikation förmlicher oder existenzieller. Und wo dies geschieht, dort werden die Menschen gewissermaßen wach für das, was ansonsten ‚als normal gilt' und entsprechend selbstverständlich hingenommen wird. In Fällen wie diesen hat die Kommunikation dann eine Art Erinnerungs- oder Weckfunktion. Sie lässt uns dann unmittelbar dessen innewerden, was da ist, was geschieht, was wir tun, oder was wir getan haben. Dabei holt sie allgemein Bekanntes aus seiner Latenz und Unbewusstheit hinauf in den Fokus der Bewusstheit. Sie lenkt unseren Geist auf bestens vertraute Dinge, die aufgrund ihrer Vertrautheit unbeachtet bestehen durften.

Das in-Erinnerung-Rufen dessen, was die an einer Situation beteiligten Menschen hintergründig wissen – „Wir sind hier zusammengekommen, um Abschied zu nehmen von Manfred Müller!" – ist durchaus eine produktive Leistung. Sie hebt einen bekannten, aber zugleich ‚eingeschlafenen' Inhalt aus seiner zwischenzeitlichen Vergessenheit in die Aktualität des Aufmerkens. Manchmal passiert dies eher feierlich (wie beim gemeinsamen Abschiednehmen), manchmal aber auch derart unspektakulär, dass wir das Stattfinden einer solchen Weckung gar nicht bemerken („Lass das sein, das tut mir weh!" oder „Schau' mal da, die Nachbarn kriegen Besuch!"). Da der Umfang solcher zu erweckender Inhalte schier unendlich ist, sind der Kommunikation, also dem wechselseitigen Sich-Erinnern an insgeheim Vertrautes und hintergründig Gelebtes, keine festen Grenzen gesetzt.

Dass diese Dimension der Kommunikation heute oft vergessen wird, liegt wohl daran, dass dem normalen Leben und seinem unspektakulären Fortgang kaum Beachtung geschenkt wird. Ausgerechnet das Allerselbstverständlichste, also das, was vollkommen unkommentiert oder undiskutiert da ist und geschieht, wird tagtäglich von Neuigkeiten und scheinbaren Sensationen aufgestört. Andererseits darf das, was im normalen Leben gerade durch die Kommunikation unsichtbar und unbeachtet bleibt, auch gar nicht zu sehr zum Gegenstand der Aufmerksamkeit werden: Denn würde es über die Maßen Beachtung finden, so würde es Gefahr laufen, seine Vertrautheit und Selbstverständlichkeit zu verlieren. Dass dies jemals auf ganzer Linie geschieht – und dass somit alles Alltägliche wie eine Information oder gar Sensation dasteht – ist freilich ausgeschlossen. Einerseits nämlich spüren die Menschen, dass das ‚radikal' Außergewöhnliche doch selten geschieht, und andererseits kann selbst hochinformatives Außergewöhnliches nur dann auf uns wirken, wenn es auf normalem kommunikativem Boden verarbeitet wird.

Auch die Wahrheit, deren klassischer Erscheinungsort die Information ist, zieht sich immer wieder in ihre Alltagsverstecke zurück – immer wieder bettet sie sich nach ihrem Auftauchen in die unspektakulären Bewegungen der Kommunikation zurück.

Man kann dies sehr gut an der Art erkennen, in der plötzlich aufleuchtende Sensationsmeldungen langsam wieder verlöschen. Das steile Auftauchen solcher Meldungen folgt dem Stil der Information, die etwas ans Licht bringt, ihr Verlöschen dagegen folgt dem Modus der Kommunikation, die das betreffende Ereignis solange breittritt, bis es, verdaut oder unverdaut, in die alltägliche Halbvergessenheit zurücksinkt. Es ist weniger der informative Gehalt solcher Meldungen, der die Menschen fasziniert; diese haben vielmehr Freude am kommunikativen Einschmelzen solcher News. Dabei bricht oft ein Gemeinschaftserleben durch, welches heutzutage, etwa beim globalen ‚Trauern', das zugrundeliegende Referenzereignis gleichgültig erscheinen lässt. Das ist natürlich alles andere als Gier nach Informationen, es ist eher eine „Gier nach Geschichten" (Max Frisch) – oder auch schlicht Erlebnisgier. Ereignisse mit bedeutendem Neuigkeitscharakter fanden und finden statt. Aber dieses Neue ist für die Menschen nur im milden Brei der Kommunikation erfreulich oder erträglich – also nur dann, wenn sich der informative Kern des jeweils Wahren in Rituale, Geschichten oder Debatten hinein verflüssigen lässt.

Kommunizierenden Menschen ist gemeinsames Erleben (oder auch das Erleben von Gemeinsamkeit) wichtiger als wahrheitsgemäßer Sachaustausch. Aber das ist nur eine Seite der Medaille. Denn es ist klar, dass die Wahrheit auf menschliche Vorlieben keine Rücksicht nimmt. Die Wahrheit ‚teilt' die Einstellungen der Menschen nicht. Sie ist kein Kommunikationspartner der Menschen, und erst recht keiner ‚auf Augenhöhe'.

6. Das Bestehen der Wahrheit und der Sinn der Recherche

Im vorletzten Abschnitt habe ich dargestellt, warum die Wahrheit keine menschliche Erfindung ist. Dabei wurde deutlich, dass man durchaus sinnvoll vom Entdecken oder Auffinden der Wahrheit sprechen kann. Ich möchte diesen Faden nun wieder aufnehmen, und zwar von der anderen Seite aus. Wir wissen, dass man die Wahrheit entdecken kann; aber man kann sie eben auch absichtlich verdecken, oder sie kann einem verborgen bleiben. Dem Entdecken der Wahrheit stehen somit Phänomene wie Lüge, Täuschung oder Irrtum gegenüber – und diesen wende ich mich nun zu.

Ich komme dazu wieder auf unsere Eheleute zurück. Wenn der Mann zu seiner Frau sagt, er sei auf der Feier seines Freundes gewesen, obwohl er tatsächlich in der Eckkneipe war, dann lügt der Mann. Es ist klar, dass beim Lügen, ganz anders als bei der Wahrheit, das Moment der Erfindung unmittelbar im Spiel ist. Schließlich muss der Lügner seine Phantasie bemühen, um an die Stelle dessen, was wirklich (geschehen) ist, etwas Imaginiertes zu setzen. Das muss der Lügner ganz allein tun. Niemand kann ihm dies abnehmen.

Nehmen wir also an, der Mann lügt. Wenn die Ehefrau der ganzen Sache nicht weiter nachgeht, entdeckt sie die Lüge nicht; ihr bleibt das konkrete Wahre, um das der Mann seinerseits weiß, verborgen. Die Frau ist dann, wie es scheint, mehr als nur eine Belogene. Man könnte meinen, dass sie durch die Lüge ihres Mannes geradezu von der Wahrheit abgeschnitten ist – so als ob diese ‚für sie' gar nicht mehr bestünde.

Doch der Schein trügt. Denn was die beiden Eheleute über den Aufenthaltsort des Mannes wissen oder nicht, ist für die Frage nach der Wahrheit nicht von Bedeutung. Das Wahrsein oder Falschsein der Aussage ist eine Sache, das Wissen der beiden hierüber eine andere. Natürlich trifft nur eine bestimmte Art von Antwort, die der Mann gibt, auf die Wirklichkeit zu, und eben dieses Zutreffen ist die Wahrheit. Aber was die Frau weiß oder nicht weiß, hat mit diesem Zutreffen nichts zu tun und ist für die Wahrheit als solche ohne Belang. Wenn der Mann seine Frau belügt, so bedeutet dies nicht, dass diese nunmehr ‚das Unwahre weiß'. Unmittelbar wissen kann die Frau zunächst nur, was ihr Mann sagt. Und selbst wenn die Frau ‚die Wahrheit wüsste', also ein Wissen davon hätte, wo ihr Mann, redundant gesagt, ‚in Wirklichkeit' gewesen ist, so ließe auch dieses Wissen das Sein der Wahrheit vollkommen unangetastet.

Angenommen nun, die Frau wollte herausfinden, ob ihr Mann die Wahrheit gesagt hat. Für eine diesbezügliche Investigation stünden ihr zahlreiche Wege offen – so etwa ein Anruf bei ‚besagtem' Freund. Es ist durchaus möglich, dass die Frau auf einem dieser Wege schließlich herausfindet, ob ihr Mann die Wahrheit gesagt hat oder nicht. Aber sie könnte dabei niemals herausfinden, was *die Wahrheit* ist. Das Sein der Wahrheit muss sie vielmehr schon kennen, damit sie mit ihren Nachforschungen überhaupt beginnen kann.

Die Leute, die die Frau in der Eckkneipe daraufhin befragt, ob ihr Mann am fraglichen Abend dort war, teilen der Frau irgendetwas mit; ob Wahres oder Falsches, das ist für uns nicht von Belang. Entscheidend ist, dass in den Aussagen der Befragten erneut die Relation des Zutreffens oder Nichtzutreffens verborgen liegt, die das Wesensmerkmal der Wahrheit ist. Natürlich weiß die Frau um diese Relation, und zwar auch dann, wenn sie sich diese während ihrer Nachforschungen nicht ständig bewusst vor Augen führt. Wäre ihr das Wesen der Wahrheit unbekannt, hätten ihre Recherchen nicht den geringsten Sinn.

Es ist also kein Widerspruch zu sagen, dass man, um das Wahrsein einer bestimmten Aussage durch konkretes Nachforschen herauszufinden, bereits wissen muss, was die Wahrheit ist. Die Frau weiß nicht, ob das, was der Mann sagt, wahr ist – aber sie möchte es wissen, und darum forscht sie nach. Aber sie weiß zuvor bereits, was die Wahrheit ist, und nur deswegen kann sie überhaupt zu forschen beginnen. Die Sache ist einfach die: Um herauszufinden, ob etwas, das jemand sagt, wahr oder unwahr ist, muss die Wahrheit als solche jenseits der Investigation Bestand haben und dem Nachforschenden im Wesentlichen bekannt sein. Damit sind wir wieder bei schlichten Phänomen der Wahrheit angelangt: Denn die Wahrheit hat Bestand, und sie ist den Menschen in ihrem Wesen umrisshaft bekannt – und zwar ganz gleich, ob jemand belogen wird oder nicht.

Das Bestehen der Wahrheit ist, wie ich schon mehrfach betont habe, kein offenkundiges; im wahrsten Sinne des Wortes ‚offenkundig' wird das jeweils Wirkliche nur dann, wenn es durch geistige Zuwendung ‚offen gekündet' wird. Etwas Wirkliches, dem sich der menschliche Geist nicht durch ein Erforschen, das in Aussagen mündet, zuwendet, ist einfach nur als das, was es ist, da.

Die Wirklichkeit ist die Basis für wahre oder auch falsche Aussagen, aber sie spricht sich nicht von selbst aus. Sie muss, bildlich gesagt, befragt werden, und dann antwortet sie: Sie gibt ‚ihre' Antworten durch die wahren Aussagen und Vorstellungen der Menschen hindurch. Gegenüber dem, was wirklich (geschehen) ist, ist der Mensch in der Position dessen, der Fragen hat. Und es ist auch allein der Mensch, der sich entweder über das Reale täuschen und irren kann, oder der absichtlich etwas Falsches darüber aussagen, also lügen kann.

Auf das Beispiel bezogen heißt das zweierlei. Erstens weiß die Frau nicht, ob ihr Mann etwas Zutreffendes sagt, und sie muss daher, falls ihr daran liegt, es zu wissen, durch Erforschung der Realität das Wahr- oder Falschsein der Behauptung herausfinden. Dabei wird sie ihren Zweifel nicht ins Uferlose treiben. Sie wird etwa nicht bezweifeln, dass ihr Mann tatsächlich ihr Mann ist. Diese Tatsache gehört in den Bereich des hintergründig Offenkundigen, das ungefragt bleiben kann, da sich sein Wahrsein erwiesen hat. Das ist das eine. Zweitens ist das unmittelbare Ziel der Recherchen, die die Frau anstellt, nicht die Wahrheit selbst; ihr Ziel ist es zu ermitteln, wo ihr Mann war, und dieses ‚wo er war' ist natürlich nicht die Wahrheit, sondern ein konkreter Ausschnitt aus dem Zusammenhang der Realität. Die Wahrheit selbst besteht gleichsam ‚unterhalb' der Ebene des Fahndens, in dessen Verlauf das, was die Wahrheit als solche ist, zu keinem Zeitpunkt zum Problem wird. Ein Wahrheitsbewusstsein ist für den Erfolg der Recherchen, die die Frau anstellt, gar nicht erforderlich. Es genügt, dass die Wahrheit als die Beziehung des Zutreffens da ist, ohne dass die Frau diese Relation mitbedenkt, während sie Fragen stellt und Antworten erhält.

Man kann auch so sagen: Die Frau wertet, so wie jeder ansonsten Forschende auch, das fortwährende Bestehen der Relation des Zutreffens praktisch aus, ohne bei ihrer Fahndung nach dem Wirklichen auf diese Relation und ihr Bestehen zu reflektieren. Man kann aber durchaus sagen, dass die Wahrheit das Forschen, Fahnden und Recherchieren der Menschen trägt: Denn ein Suchen ohne das Bestehen der Wahrheit wäre ein vollkommen absurdes Unterfangen. Natürlich ist die Beständigkeit der Wahrheit nicht identisch mit ihrem praktischen Festgestelltsein. Das Bestehen der Wahrheit bedeutet nur, dass von der schlussendlichen Feststellung zu verlangen ist, dass sie auf das wirklich Seiende oder Geschehene zutrifft.

Im Alltag lassen die Menschen ihre Aussagen und Gedanken im Grunde ständig von der Relation des Zutreffens tragen. Es gibt keinen praktischen Handgriff, bei dem diese Relation ‚aussetzt', und zwar unabhängig von der (gegebenen oder fehlenden) Aufmerksamkeit auf sie. Die Wahrheit ist beständig da, wo die Menschen sprechen, erkennen und handeln. Sie ist allerdings jenseits dessen da, was die Menschen über sie meinen, denken oder wissen. Und sie besteht in ihrer Wesentlichkeit selbst dort noch, wo sich im menschlichen Erkennen der Irrtum oder in ihren Absichten die Lüge eingeschlichen hat.

Lüge und Irrtum sind für das Verständnis der Wahrheit übrigens sehr hilfreiche Phänomene; und ich möchte diese Hilfe im Folgenden bewusst in Anspruch nehmen. Ich werde auf die vielfältigen Formen des Unwahren allerdings nicht im Detail eingehen. Vielmehr werde ich am Phänomen der Lüge exemplarisch andeuten, wie das Unwahre zum Verstehen der Wahrheit beitragen kann. Mir ist klar, dass man die zahlreichen Varianten, in denen die Unwahrheit auftritt – Irrtum, Lüge, Betrug und Selbsttäuschung sind nur einige davon – nicht miteinander gleichsetzen kann. Aber um eine Analyse der Unwahrheit geht es mir in diesem Essays auch nicht. Wenn ich mich daher im nächsten Abschnitt auf das Phänomen der Lüge konzentriere, so geht es mir nicht darum, die Lüge selbst zu verstehen. Vielmehr soll, durch ihre umrisshafte Beschreibung hindurch, an der Profilierung der Wahrheit weitergearbeitet werden. Und wie schon bei der direkten Beschäftigung mit der Wahrheit geht es mir auch im Falle der Lüge nicht um etwas Moralisches. Das ist in der Sache begründet. Denn weder ist die Wahrheit als solche unmittelbar Ehrlichkeit, noch ist die Lüge direkt identisch mit Unaufrichtigkeit.

7. Gedanken über die Lüge

Wer lügt, sagt Nichtzutreffendes. Er wird etwa gefragt: „Wo warst Du?", und seine Antwort gibt daraufhin nicht den wirklichen Aufenthaltsort an, sondern ‚einen anderen'. Doch muss man schon an dieser Stelle genauer sein. Denn der im Falle des Lügens angegebene Ort mag zwar ein realer Ort sein, aber die Konstellation dieses Ortes mit der Person des Lügners zur fraglichen Zeit ist nicht wirklich. Wirklich ist zunächst nur das Bestehen der Lüge als solches: Wenn gelogen wird, wird gelogen; und das beinhaltet normalerweise, dass der Belogene, anders als der Lügner, um die Unwahrheit des Behaupteten nicht weiß. Eine unwahre Aussage erscheint oder ‚gibt sich' nicht anders als jede beliebige wahre Aussage: Man sieht ihr das Falschsein, das wirklich besteht, nicht an. Hätten Lügen hingegen die sprichwörtlich kurzen Beine, so läge darin ein Indiz oder sogar ein Kriterium der Unwahrheit. Aber da die Lüge diese kurzen Beine nicht hat, gibt es auch ein solches Kriterium nicht.

Dass die Menschen überhaupt lügen oder belogen werden können, verweist indirekt auf das Bestehen der Wahrheit. Da Wahrheit und Lüge eng zusammenhängen, ist es im Grunde merkwürdig, dass viele Menschen bezüglich der Frage nach der Existenz der Wahrheit zur Skepsis neigen, während sie andererseits kaum bezweifeln, dass es die Lüge gibt. Können denn beide Phänomene unabhängig voneinander bestehen? Keinesfalls: In einer Welt, in der es die Unwahrheit gibt, gibt es notwendig auch die Wahrheit. Das umgekehrte Verhältnis besteht dagegen nicht zwingend. Denn immerhin theoretisch ist eine Welt denkbar, in der die Menschen niemals lügen, und in der auch sonst nichts Unzutreffendes geäußert wird. Eine Welt dagegen, in der weder das Sagen der Wahrheit noch etwas Treffendes geschieht, ist unvorstellbar. Es müsste dies ja eine Welt sein, in der alles falsch und fehlerhaft ist – und zum Vorstellen einer solchen Welt des reinen Verfalls, in der buchstäblich ‚nichts mehr geht', reicht zumindest meine Einbildungskraft nicht aus.

Schauen wir einfach auf die Normalität des Lügens, und fragen wir uns, was dabei passiert. Wer seine Mitmenschen belügt, erzeugt mittels Worten und Taten ein Gewebe des Trugs und des Scheins. Der Lügner weiß, dass mit jeder weiteren Masche, die er dem selbst gewebten Lügennetz hinzufügt, die Anstrengung wächst – denn ‚seine' Geschichte muss in ihrer Scheinhaftigkeit fortlaufend gegen die Beständigkeit der Wahrheit, die gegen diese Geschichte ausgesagt werden könnte, abgedichtet werden. Es ist leicht einzusehen, warum die Anstrengung für den Lügner so groß ist. Die Dinge nehmen ihren Lauf, sie können durch das Lügen nicht real geändert werden. Zwar gelingt der Lüge eine alternative Darstellung der Dinge oder Zusammenhänge; aber dargestellte Realität ist nicht nackte Wirklichkeit. Es ist daher jederzeit möglich, dass jemand die Wahrheit jenseits der Darstellung entdeckt – weshalb der Lügner das Reale, das für die Wahrheit den wesentlichen Pfeiler darstellt, immerfort vor dem Belogenen verbergen muss. Doch Vorsicht: Was der Lügner verschleiert, ist keineswegs unmittelbar die Wahrheit; denn diese kann er nicht verbergen, das kann niemand. Der Lügner verbirgt, so merkwürdig es auch klingt, die Realität – und es ist egal, ob man dieses Tun als Verdrehen, Verklären oder Verleugnen bezeichnet, solange man im Auge behält, dass der Lügner gegen die Wahrheit nichts ausrichten kann. Der Lügner tut das, was einem sich Irrenden unwillkürlich widerfährt, mit bewusster Täuschungsabsicht. Aber weder er noch der sich Irrende ‚beseitigen' die Wahrheit, indem sie die Realität verschleiern oder fehlerhaft darstellen.

Der Lügner nutzt vor allem seine Phantasie: Er gibt etwas Ausgedachtes als Geschehenes aus. Der Belogene weiß um diese Operation des Lügners nicht; und daher ist der Lügner zunächst auch nur für sich selbst ein Lügner, während er für den Belogenen einfach jemand ist, der etwas meint oder behauptet. Ganz unabhängig jedoch davon, was Lügner und Belogene jeweils wissen: Es ist so, dass der Lügner lügt. Und das heißt eben, dass das vom Lügner Gesagte nicht (oder zumindest nicht so wie gesagt) geschehen ist, dass es niemals (auf diese Weise) wirklich war. Der konkrete Inhalt der Lüge hat zwar durchaus Realität, das heißt, er wirkt in den realen Zusammenhang des Lebens und Meinens der Belogenen hinein. Aber er hat diese Realität nur als Erfindung. Das weiß zwar zunächst nur der Lügner. Aber dieser geht nicht darin auf, ein Wissender zu sein, er ist vielmehr nach wie vor eine Person. Dem ‚Wissensvorsprung' des Lügners in Bezug auf die Realität der Lüge braucht daher keineswegs ein entsprechender ‚Gefühlsvorteil' auf der Erlebnisseite seiner Person zu entsprechen. Im Gegenteil: Gerade bei Lügenden, die nicht vollkommen kaltblütig zu Werke gehen, wird der zweifelhafte Vorsprung des Wissens durch eine Gespanntheit und Unruhe im Fühlen und Erleben aufgewogen; weswegen der Lügner seine Gefühle denn auch zu kontrollieren oder auch zu ‚privatisieren' hat. Es ist offensichtlich, warum ein vermeintliches Mehr an Wissen beim Lügner mit einem Mehr an Unbehagen einhergeht. Jede Konfrontation des Lügners mit der unbeugsamen Realität kann zu seiner Entlarvung führen. Stets droht die Möglichkeit der Aufdeckung seiner Erfindung, die im Realzusammenhang der Geschehnisse ja niemals jenen Platz einnahm, den der Lügner ihm erfinderisch andichtet.

Es ist also die Realität selbst, welche die Existenz des Lügners so unkomfortabel macht. Der allgemeinste Aspekt der Realität besteht in ihrem So-und-nicht-anders-Sein. Real ist nicht, was möglicherweise sein könnte; real ist, das was ist. Da nun alles, was möglich ist, im strengen Sinne nur möglich ist, wenn es wirklich wird bzw. sich verwirklicht, haben es Lügner naturgemäß schwer. Im Grunde ist ihre Lage sogar zum Verzweifeln: Denn die durch die Lüge abgeleugnete bzw. phantastisch modellierte Wirklichkeit zeigt sich durch das Ableugnen oder Modellieren in keiner Weise beeindruckt – sie widersteht dem Phantasierten auf ganzer Linie, indem sie es an keiner Stelle in sich aufnimmt. Was nicht so passiert ist, wie es dargestellt oder erdichtet ist, ist eben überhaupt nicht passiert. Und es erfordert daher, relativ zum Umfang des jeweils Erfundenen, ein hohes Maß an lügnerischem Aufwand, um die Realität, die ja niemals aufhört, so zu sein, wie sie ist und war, anders erscheinen zu lassen. Ein Lügner kann vieles ‚Mögliche' ersinnen und ‚als wirklich' vor uns hinstellen. Aber er kann es eben nicht wirklich an eine Stelle des Realzusammenhangs setzen. Kurz, er kann das von ihm Ausgedachte nicht in etwas verwandeln, das wirklich ist oder sich verwirklicht.

Es scheint daher nur so, als stehe es dem Lügner frei, ‚alles Mögliche' zu behaupten, sofern er dabei nur tunlichst vermeidet, das Wahre zu sagen. Seine vermeintliche Freiheit ist auf Sand gebaut, und genau betrachtet existiert sie nicht. Da nämlich im strengen Sinne nur das möglich ist, was sich fortlaufend verwirklicht, gräbt sich der Lügende gerade durch sein Lügen tief in das Reale hinein: Mit jedem Lügner ist die Welt wirklich um einen Lügenden reicher. Es mag banal klingen, aber es ist nun einmal so, dass der Lügner wirklich ein Lügner ist. Und das von ihm Erfundene? Es ist ein verwirklichtes Irreales, das sich dem Lauf der realen Geschehnisse nicht entziehen kann. Lügner sind Personen, deren die-Unwahrheit-Sagen jederzeit gerade deshalb überführt werden kann, weil der Realverlauf so war und ist, wie er war und ist. Natürlich kommt es nicht immer bzw. notwendig dazu, dass Lügner überführt werden. Aber selbst dort, wo es nicht dazu kommt, ist die schlichte Wahrheit die, dass Lügner eben Lügner sind. Die Existenz des Lügners unterliegt insofern dem Bestehen der Wahrheit in genau derselben Weise wie diejenige von Menschen, die die Wahrheit sagen.

Vor allem sehr engmaschige Lügennetze bedürfen der fortlaufenden und punktgenauen Manipulation aller Dinge, die in ihnen zur Darstellung kommen. Ein Lügner hat fortwährend damit zu tun, alle relevanten Weltausschnitte so zu modellieren, dass sie trotz des Andersseins des Wirklichen ihrerseits wie das Wirkliche erscheinen. Er gleicht hierin dem Jongleur, der seine Bälle fortwährend gegen den Widerstand der Schwerkraft in der Luft halten muss. In jedem Moment, in dem das nicht gelingt, rückt die Wirklichkeit, welche ihrerseits notorisch indifferent gegenüber Wahrheit und Lüge ist, dem erlogenen Inhalt ohne besondere Absicht auf den Leib. Leicht kann dann die Spannung, die auf das Lügennetz drückt, sehr stark werden. Das Netz kann schließlich zerreißen, und ‚die ganze Story' fliegt auf.

Wie schon gesagt, dazu muss es nicht kommen; und im Falle großflächig konstruierter ‚Lebenslügen' kommt es dazu vielleicht tatsächlich nicht. Und doch impliziert die Lüge ein Leben in der beständigen Spannung potenziellen Auffliegens. Trotz allem effektiven Komfort, den selbst eine erfolgreiche ‚Lügenbiographie' mit sich bringt, ist das Lügenleben – und letztlich auch schon jedes harmlose Nichtwahrhabenwollen oder das Sich-etwas-Vormachen – ein Leben in Unbehaglichkeit und Unruhe. Ganz anders steht es mit dem Aussagen der Wahrheit. Das die-Wahrheit-Sagen ist nachgerade leicht. Was etwa wäre weniger aufreibend und spannungsgeladen als einfach mitzuteilen, wo man war, wenn jemand danach fragt? Und selbst, wenn man etwas Bestimmtes nicht weiß, weil man sich in der fraglichen Sache nicht auskennt, ist die wahre Aussage: „Ich weiß es nicht!" überaus leicht auszusagen; ‚schlau machen' kann man sich, wenn man will, später immer noch.

Ein Lügner hat, und dies keineswegs nur in moralischer Hinsicht, viel zu schultern. Für ihn existieren gleichsam zwei Bereiche: der des bleibend Realen in seinem normalen Fortschreiten sowie die ‚Welt' des von ihm ‚daneben' Erfundenen. Ununterbrochen muss der Lügner dafür sorgen, dass diese ‚Welten', von denen die phantastisch konstruierte ‚Welt' natürlich eine bloße Irrealität ist, voneinander getrennt bleiben – und das bedeutet Arbeit. Wer die Wahrheit sagt, bleibt hingegen der realen Welt als solcher treu; also der allen Menschen (inklusive dem Lügner!) vertrauten Wirklichkeit, die sich in keiner Weise gegen wahrheitsgemäße Wiedergaben sträubt. Das gezielte Erforschen dieser Wirklichkeit, etwa in den Wissenschaften, bedeutet natürlich auch Arbeit und Anstrengung. Aber diese Arbeit muss nichts hinterm Berg halten, sondern kann sich, gleichsam naiv und ohne Doppelbödigkeit, der Realität zuwenden.

Die Relation zwischen Wahrheit und Lüge ist keineswegs symmetrisch. Zwar ist die Lüge eine Form der Unwahrheit, aber das Sagen der Wahrheit ist umkehrt keineswegs ein aktives Vermeiden der Lüge. Die Asymmetrie hat ihren Grund letztlich darin, dass die Wirklichkeit, vom imaginären Lügengewebe unbeeindruckt, fortbesteht. Lügen müssen von den Lügnern immer wieder gegen das Wirkliche aufrechterhalten werden, während umgekehrt vom Wirklichen keinerlei Zwang ausgeht, es wahrheitsgemäß auszusagen. Die Notwendigkeit, etwas aktiv aufrechtzuerhalten, liegt allein auf Seiten des Lügenden. Dagegen verhalten sich Wirklichkeit und Wahrheit gegeneinander vollkommen zwanglos und inaktiv: Es gibt sie beide, aber die Menschen müssen zu ihrem Sein nichts ‚dazutun'. Der Lügner ist demgegenüber zur Arbeit geradezu verdammt. Es handelt sich aber nicht um konstruktive Arbeit, sondern eher um ein Anarbeiten des persönlich Ausgedachten und als allgemein wahr Verbreiteten gegen die Realität.

Irgendwo ist der Ehemann, dessen Frau ihn fragt, wo er war, gewesen: Daran ist absolut nichts zu ändern. Der Mann kann sich nun, wenn er aus irgendeinem Grund lügen will, sehr viele Orte ausdenken, an denen er ‚war' – und die Vielfalt eigenphantastischer Möglichkeiten ist vielleicht ein Aspekt des besonderen Reizes, den das Lügen für die Menschen hat. Die Wahrheit wird jedoch durch die Lüge, also durch das Sagen der Unwahrheit, nicht im Mindesten betroffen – und zwar selbst dann nicht, wenn das Netz der Lügen derart dicht gestrickt ist, das schließlich der Lügner selbst an seine Lügen ‚glaubt', sie also ‚für Wahrheiten hält'. Die Wahrheit wird von dem Tun und Treiben desjenigen, der Unwahres zur Wahrheit ‚erklärt', nicht im Geringsten berührt. Der Mann war, wo er war, und nirgendwo anders. Und wenn offenbar wird, wo er war, dann wird damit eben der wirkliche Aufenthaltsort des Mannes offenkundig. Man kann dann darüber nicht mehr debattieren. Alles Reden wäre dann nur noch ein trauriges Sich-Herausreden, was bekanntlich für alle Beteiligten stets in hohem Maße peinlich ist.

Die Wahrheit wird im einfachen Sagen der Wahrheit offenbar; dieses Sagen ist gewissermaßen die äußere Anzeige der Wahrheit. Doch auch dann, wenn niemand jemals die Wahrheit sagte, geschähe doch das, was geschähe – was auch sonst als das wirklich Geschehende könnte wohl jemals geschehen. So hängt die Identität der Wahrheit letztlich allein von der Einheit des Wirklichkeitszusammenhangs ab. Natürlich sind auch das Phantasieren, das Lügen und das Sich-etwas-Vormachen wirkliche Geschehnisse; aber das Phantasierte und Erlogene und das Eingebildete existieren nicht – sie werden durch das Realsein ihrer Erfinder nicht ihrerseits etwas Reales. Real ist das Lügen, aber der Lügeninhalt ist durchaus irreal; und genau deshalb kann man die Lüge entlarven. Das Reale sowie insbesondere die Wahrheit kann man dagegen nicht ‚entlarven': Die Realität ist bei aller rationalen Undurchdringlichkeit nichts, was sich aktiv vor uns verstellt, und die Wahrheit ist nichts, was die Menschen ihrerseits verbergen oder verstecken können. Menschen können lügen, also Unwahres äußern. Aber damit wird nicht die Wahrheit versteckt, denn diese bleibt über alles Lügen hinweg beständig. Weil die Wahrheit ihre hintergründige Präsenz niemals verlieren kann, können Lügner entlarvt werden oder ihre Lüge zugeben.

Ob es richtig ist, dass die Wahrheit uns Menschen frei macht, sei dahin gestellt. Die Vorstellung jedenfalls, dass Lügner ein freieres und an Möglichkeiten reicheres Leben haben, ist definitiv falsch. Der Lügner selbst mag wohl wähnen, er habe freies Spiel. Aber er hat es nicht; gerade er ist der fortdauernd Abhängige. Ein Schicksal, in dessen Verlauf sich jede Lüge am Ende rächt, gibt es nicht – die Schicksalsidee entstammt, ohne freilich eine Lüge zu sein, dem Reich der Phantasie. Aber jeder Lügner erleidet bereits durch die höchst anormale Spannung, in die er seine gesamte Existenz versetzt, fortlaufend die ‚Strafe' für sein Tun. Er mag äußerlich im Wohlstand leben oder Ansehen genießen: Aber er ist ein Lügner, und er weiß, dass er es ist. Man mag dieses Sein und Wissen, wenn man so hoch greifen will, sein ‚Schicksal' nennen. Ich würde einfach sagen, dies ist sein unruhiges und doppelbödiges Leben. Niemand hat es ihm von irgendwo her ‚geschickt', sondern er selbst hat es sich nach und nach so ungemütlich eingerichtet.

Die vielfältigen Gestalten, in denen uns die Lüge im Leben begegnet, sind an dieser Stelle nicht mein Thema. Ich bin mir bewusst, dass hier feine Unterschiede vorliegen: Direktes Lügen ist etwas anderes als einseitige Berichterstattung, punktuelle Notlügen sind etwas anders als systematisch erzeugte Lügengewebe. Auch ist das bloße Verschweigen der Wahrheit mit dem direkten Sagen der Unwahrheit ebenso wenig identisch wie mit bewusstem Betrug und irrtümlichem oder nachlässigem Fürwahrhalten. Wie gesagt, eine Phänomenologie der Unwahrheit liegt mir fern. Ich habe die Lüge hier nur als ein Mittel zum Verständnis der Wahrheit verwendet. Immerhin hoffe ich, dass meine kurze Beschreibung dieses Kontrastphänomens zur Profilierung der Wahrheit beigetragen hat.

8. Das Rätsel des Verfehlens

Ich habe im Laufe des Essays, wie zuletzt auch bei der Lüge, immer wieder großes Gewicht auf Aussagen oder Vorstellungen gelegt. Dass die Wahrheit im Alltag vor allem in Aussagen oder Vorstellungen über die Wirklichkeit in Erscheinung tritt, bedarf nun noch einer Präzisierung. Denn hier liegt eine Quelle unnötiger Missverständnisse.

Dass uns die Wahrheit normalerweise in Gestalt von Aussagen und Vorstellungen hintergründig entgegentritt, ist wohl kaum zu bestreiten. Das heißt aber nicht, dass die Wahrheit an das Reden oder Vorstellen der Menschen gebunden wäre. Wäre dies so, dann müssten die Menschen, damit es die Wahrheit gibt, alles, was geschieht, fortlaufend in wahren Aussagen wiedergeben. Das geschieht natürlich nicht. Einerseits wäre ein solches Verhalten praktisch undurchführbar; und andererseits bietet das Wirkliche häufig bereits von sich aus mit einer solchen Offensichtlichkeit dar, dass es vieler wahrer Worte darüber gar nicht mehr bedarf. Ich habe bereits darauf hingewiesen, dass dem Reden oder Vorstellen in Bezug auf die Wahrheit ohnehin weniger Gewicht zukommt als der Realität selbst, auf die sich das Reden oder Vorstellen beim Sagen der Wahrheit bezieht. Menschliche Ansichten, Meinungen, Äußerungen oder Vorstellungen in Bezug auf die Wirklichkeit gibt es viele – wobei klar ist, dass nicht alle Ansichten auf das, was ist, zutreffen. Die Realität hingegen teilt mit der

Wahrheit die Unabhängigkeit von menschlichen Vorstellungen, Meinungen und Aussagen; und zwar ohne dass Wirklichkeit und Wahrheit deshalb ineins fallen. Auch kann die Wirklichkeit (im Gegensatz zur Aussage) nicht in sich verlogen, eingebildet oder lückenhaft sein. Es gibt zwar weite Bereiche des Realen, die sich dem Erkenntnisblick der Menschen entziehen, aber dieses Sich-Entziehen gleicht in keiner Weise dem aktiven Sich-Verstellen des Lügners. Die Wirklichkeit verbirgt sich nicht vor uns, auch wenn die Menschen nicht in der Lage sind, sie vollkommen zu begreifen oder zu durchschauen.

Zudem kann die Wirklichkeit selbst nicht wahr oder falsch sein; auch hierin ist sie, wenngleich aus anderem Grund, der Wahrheit verwandt. Im Vorstellen, Meinen und Aussagen dagegen liegt, wie viele Philosophen zutreffend bemerkt haben, der Ursprungspunkt des Wahren und des Falschen. Wahre Aussagen oder Vorstellungen sind Wege, auf denen die Menschen zum Wirklichen gelangen – denn die Wahrheit zu sagen bedeutet, die Realität im Spiegel der Sprache oder des Denkens vor den Geist hinzustellen. Wo dies geschieht, ist nicht die Wahrheit selbst der Gegenstand der jeweiligen Aussage. Gegenständlich ist die Wirklichkeit, über die mittels Aussagen und Gedanken etwas gesagt oder gedacht wird.

Es gibt natürlich, wie bereits gesehen, auch ‚Falschaussagen'. Diese stellen, und das ist nun ein entscheidender Punkt, überhaupt keinen Bezug zur Wirklichkeit her. Sie treffen das Wirkliche nicht in seinen Sosein, sondern sie verfehlen es. Wo dies geschieht – sei es beim absichtlichen Lügen oder beim unwillkürlichen Irrtum – liegt ein merkwürdiges Phänomen vor. Es sagt sich nämlich so leicht, dass eine Aussage falsch oder unzutreffend ist. Aber es ist gar nicht leicht zu verstehen, was damit eigentlich gesagt wird. Dass beim Fußball ein Schuss neben das Tor geht, bereitet unserem Verständnis keine Schwierigkeiten. Aber wohin geht eigentlich eine Aussage, die nicht das Wirkliche trifft? Man sage nicht, sie gehe ins Nichts – denn was sollte das ‚sein', das Nichts! Man sage aber auch nicht, die Aussage treffe eben ins Unwirkliche: Denn das Unwirkliche ist vielleicht nicht gerade nichts, aber man kann sich darunter kaum etwas vorstellen. Man kann jedenfalls nicht sinnvoll sagen, dass eine falsche Aussage zwar einerseits ‚auf die Wirklichkeit zielt' bzw. sich ‚auf die Realität richtet', dass sie diese dann aber verfehlt. Das Getroffenwerden der Realität durch Aussagen und Vorstellungen ist verständlich, aber das entsprechende Verfehlen gibt uns Rätsel auf.

Angenommen, der Ehemann in unserem Beispiel belügt seine Frau: Er sagt zu ihr, er sei auf der Feier bei seinem Freund gewesen, obwohl er in der Kneipe war. In diesem Fall ist das, was er wider besseres Wissen sagt, nicht etwas, das die Wirklichkeit verfehlt. Der Mann war gar nicht auf der Feier, behauptet aber, er sei dort gewesen. Mit dieser Lüge wird keineswegs an der Wirklichkeit vorbeigezielt, sondern es wird im Realen ein Irreales, eine rein imaginäre Szenerie eingeführt. Es ist im Prinzip gleichgültig, *was* der Mann erfindet: Allein durch sein Erfinden handelt es sich bei seinem Reden um eine bloße Sage, und diese kann als solche das Reale weder treffen noch verfehlen. Als so genannte Fiktionen können Sagen nämlich überhaupt nicht mit dem Realen konkurrieren; so wie ja auch niemals eine reale Person in eine Fiktion ‚eintreten' oder, umgekehrt, eine fiktionale Figur aus ihrem Sagenzusammenhang heraus in die Wirklichkeit treten kann. Fiktionen und Lügen zielen ihrer Intention nach nicht auf die Wirklichkeit – aber sie gehen auch nicht, und das ist der entscheidende Punkt, ‚an ihr vorbei'. Fiktionen oder Lügen sind reine Bewusstseinsgebilde: Als Inszenierungen sind sie zwar real, aber ihr inhaltliches Gewebe ist irreal, es ‚bewegt sich' in einer imaginären Sphäre.

Man sollte den Einfluss solcher imaginierten Sphären auf das Alltagsbewusstsein nicht unterschätzen. Vieles im Alltag bleibt im diffusen Nebel des Imaginären. Zwar ist es nicht immer direkt Ergebnis absichtlich entworfener Lügen. Aber es gibt viele Inhalte des persönlichen Bewusstseins sowie des öffentlichen Meinens, die einer Realitätsprüfung nicht standhalten würden. Lügen, Vorurteile, Irrtümer oder auch Projektionen verfehlen das Wirkliche auf ganz unterschiedliche Weise; und es ist durchaus ein Unterschied, ob jemand in voller Absicht täuscht, oder ob sich jemand ohne Absicht über etwas täuscht. Effektiv aber kommt es in diesen Fällen stets dazu, dass die Wirklichkeit in unzutreffender Weise zur Darstellung kommt.

Was diese Darstellungen, sofern sie nicht auf die Realität zutreffen, inhaltlich darstellen, ist eine interessante Frage. Und ebenso interessant ist die Frage, warum es den Inhalten von Lügen, Sagen und Irrtümern gelingt, sich im Bewusstsein der Menschen (gegenüber dem Wissen um das Reale) zu behaupten. Ich möchte diese Frage hier nicht weiter verfolgen. Klar ist jedenfalls, dass bei einer Untersuchung dieser Fragen die Betonung auf dem Phänomen des Bewusstseins liegen müsste. Denn nicht die Realität als solche ist Quelle und Sitz des Imaginären, sondern das menschliche Bewusstsein. Lügen, Vorurteile, Irrtümer und Projektionen entspringen dem Geist der Menschen – und ich lasse es hier offen, ob und inwiefern sie das Bewusstsein überhaupt jemals verlassen.

9. Jenseits der Wahrheit: Empfinden, Gebieten, Fordern

Vieles von dem, was Menschen äußern, hat zur Wahrheit keinen Bezug – zumindest keinen unmittelbaren oder offensichtlichen. Jede beliebige Frage etwa ist ein Beleg dafür, dass es inhaltsvolle bzw. objektbezogene Äußerungen ohne Wahrheitscharakter gibt. Die Frage: „Wer hat die Kokosnuss geklaut?“ hat einen Inhalt: Es geht um den Diebstahl einer Kokosnuss und um die Frage nach dem Dieb. Aber die Frage selbst ist natürlich weder wahr noch falsch. Ganz ähnlich steht es mit emotionalen Ausdrücken wie „Verdammt noch mal!“ oder „Lassen Sie mich endlich in Ruhe!“. In der Fachsprache der Philosophen heißen solche Äußerungen, ähnlich wie Ausdrücke vom Typ der Frage, nicht ‚wahrheitsfähig‘.

Aussagen und Vorstellungen, die weder wahr noch falsch sind, gibt es sehr viele. Man kann sogar sagen, dass das meiste, über das Menschen sprechen, mit der Wahrheit überhaupt nichts zu tun hat. Für die Aufrechterhaltung der Alltagskommunikation sind andere geistige Funktionen oft weitaus wichtiger als das wahrheitsgemäße Wiedergeben der Realität; und insbesondere unser seelisches Erleben und sein vitaler Ausdruck zielen nicht auf die Wahrheit ab. So gesehen machen die Entdeckung der Wirklichkeit und ihre Wiedergabe in wahren Aussagen oder Gedanken nur einen Bruchteil dessen aus, was Menschen beim Sprechen und Denken tun. Im Leben geht es eben nur selten um reine Sachdarstellung. Und selbst dort, wo diese Funktion im Mittelpunkt steht, ist unsere geistige Ausrichtung auf die Welt von leibseelischen Erlebnisweisen unterbaut, bei denen die Wahrheit bzw. die objektive Repräsentation des Wirklichen keine Rolle spielt.

Diese Wahrheitsindifferenz gilt für bewertende Beurteilungen oder Deutungen von Situationen und Sachlagen ebenso wie für Bemerkungen darüber, wie man ‚etwas findet' oder wie man eine bestimmte Sache ‚sieht' („Ich sehe das so..."). In solchen Fällen ist der Wunsch, die persönliche Sicht auf die Dinge zum Ausdruck zu bringen, stärker als das nüchterne Interesse an der Trefflichkeit der Darstellung; ja man kann sogar sagen, dass das Wahrheitsstreben in diesen Fällen fast ganz hinter die Äußerung der persönlichen Auffassung ganz zurücktritt. Das wird beim Interpretieren von Situationen oder Verhaltensweisen exemplarisch deutlich. Man kann kaum sinnvoll danach fragen, welche der zahlreichen möglichen Deutungen einer Sachlage ‚wahr' sind. Natürlich können Deutungen in sich mehr oder weniger stimmig und der gedeuteten Wirklichkeit mehr oder weniger angemessen sein. Aber ihrer Eigenart nach sind sie, ebenso wie Einschätzungen oder Beurteilungen, etwas wesentlich anderes als Realitätswiedergaben. Bei Interpretationen geht es um das Verstehen des *Sinns* von Sachverhalten, nicht um eine informative Abschilderung der Wirklichkeit. Entsprechend ist die Haltung, die man solchen Äußerungen gegenüber normalerweise einnimmt, eine kommunikative und dialogische; keine unpersönlich-taxierende, sondern eine verstehend-nachvollziehende Einstellung charakterisiert die Prozesse des Verstehens. Die Haltung des Verstehens strebt nicht nach Wahrheit, sondern sie zielt auf Verständigung. Und natürlich setzt sie, wie alle kommunikativen Akte, ein elementares

Vorverständnis zwischen Sprechenden und Hörenden in Bezug auf die zu deutenden Gegenstände voraus.

Dass es viele Formen des Sprechens und Denkens gibt, die nicht auf die nüchterne Entdeckung des Wirklichen aus sind – die also nicht primär den Charakter von Informationen haben – ist kaum zu übersehen. Das Sich-Verständigen ist eine dieser Formen, die Äußerung ästhetischen Erlebens (oder auch generell die Bekundung persönlichen Geschmacks) ist eine weitere. Äußerungen dieser Art handeln von sinnlichen oder sinnhaften Widerfahrnissen, und sie sind ebenfalls nicht direkt auf die Wahrheit gerichtet. Einer mag zum Beispiel Erdbeeren, ein anderer nicht – und beide können sich, was den Geschmack von Erdbeeren betrifft, nicht so miteinander streiten, dass dabei das Sagen der Wahrheit von zentraler Bedeutung wäre. Geschmacksfragen sind, da sie ein Objekt (zum Beispiel Erdbeeren) haben, nicht ‚rein subjektiv'. Aber dennoch ist ein Satz wie „Erdbeeren sind sehr lecker!" nicht unmittelbar wahr oder falsch, denn er bezieht sich auf persönliches Erleben. Ob alles, was erlebt wird, notwendig von allen Menschen unterschiedlich erlebt wird, kann in unserem Zusammenhang getrost offen bleiben. Wichtig ist allein, dass das, was Menschen erleben, im Gegensatz zu dem steht, was sie erkennen oder wissen. Rein für sich genommen sind Erlebnisse nicht auf ein Wahr- oder Falschsein hin angelegt. Hierin unterscheiden sie sich vom Erkennen, dem der Bezug auf die Wahrheit von Hause aus eigen ist.

Wer den Satz „Erdbeeren sind sehr lecker!" äußert, der trifft keine Aussage über Erdbeeren, sondern er sagt etwas über sich selbst. Er sagt, im Normalfall durchaus wahrheitsgemäß, etwas über *sein* Erleben, über die Qualität *seines* Erdbeergeschmacks aus. Natürlich kann man die Äußerung „Ich mag gern Erdbeeren" als eine Mitteilung oder Nachricht auffassen – aber sie ist keine Information über Erdbeeren, sondern über das Geschmackserleben dieser Person. Wenn man daher vom Wahr- oder Falschsein einer solchen Geschmacksbekundung spricht, so bezieht man sich allein auf die Aufrichtigkeit des Sprechenden: Es trifft eben zu, dass die betreffende Person Erdbeeren mag. Für das Wahrsein der

Äußerung „Erdbeeren sind lecker" ist allerdings die Aufrichtigkeit des Sprechers für sich genommen nicht entscheidend. Denn wahr im eigentlichen Sinne ist dieser Satz nur, wenn Erdbeeren nicht nur dieser oder jener Person lecker schmecken, sondern wenn sie als solche lecker *sind*. Aber das ist nicht so, Erdbeeren sind nicht lecker. Das Leckersein gehört nicht zur Beschaffenheit der Erdbeeren, sondern zur Beschaffenheit des persönlichen menschlichen Geschmackserlebens. Einige Menschen mögen Erdbeeren, andere nicht. Aber in Bezug auf den persönlichen Geschmack von Erdbeeren – oder aller anderen Dinge, deren Beschaffenheit an einem persönlichen So-und-so-Erlebtwerden hängt – gibt es kein Wahr- oder Falschsein; es gibt hier allenfalls eine Aufrichtigkeit oder Unaufrichtigkeit des Sich-Äußerns. Man stelle sich eine offizielle Nachricht vor, die lautet: „Wissenschaftler haben das Leckersein von Erdbeeren festgestellt". So eine Nachricht kann es nicht geben.

Selbst wenn jemand, dem Erdbeeren schmecken, bei einem anderen Menschen die Änderung seiner Geschmacksvorlieben bewirken könnte, würde dies nicht heißen, dass sich dadurch sein eigenes Erleben ‚bewahrheiten' würde. Erlebnisse sind nicht Erkenntnisse, sie sind nicht wahr oder falsch. Dass Erdbeeren gut oder schlecht schmecken, ist niemals wahr oder falsch; und genau dies ist es, was mit dem Wort ‚Geschmackssache' in Bezug auf Erlebniszusammenhänge gesagt wird. In solchen Zusammenhängen spielt die Wahrheit allenfalls an Rande eine Rolle; etwa dahingehend, dass jemand Erdbeeren eben wirklich wohlschmeckend findet, und dass deshalb die betreffenden Äußerungen sein tatsächliches Geschmackserleben zum Ausdruck bringen. Ehrlichkeit ist mit der Wahrheit jedoch nur ganz lose verbunden. Sie ist, anders als die Wahrheit selbst, eher eine bestimmte charakterliche Qualität von Personen, die vorliegen oder auch fehlen kann. Es gibt, anders ausgedrückt, zwar ehrliche Menschen, aber es gibt keine ‚wahren' Menschen – oder Menschen, die ‚wirklicher' sind, weil sie immer ehrlich sind. Wo von ‚wahren Menschen' oder auch von ‚wahren Freunden' die Rede ist, dort meint man zumeist bestimmte moralische Qualitäten der betreffenden Personen. Mit dem, was die Wahrheit ist, hat das aber nichts zu tun.

Ich möchte mit dem soeben Gesagten natürlich nicht behaupten, alles sinnliche Erleben sei an den persönlichen Geschmack oder das persönliche Empfinden gebunden. Ein rotes Auto *ist* rot, und die Wahrnehmung der Autofarbe ist keine Geschmackssache. Natürlich kann man rote Autos mögen oder nicht; das ist Sache des Geschmacks. Aber um rote Autos persönlich mögen zu können, muss man deren Rotsein, das selbst nichts Persönliches ist, zur Kenntnis nehmen. Und das tun die Menschen auch jederzeit: Sie kaufen rote oder blaue Autos – und keine ‚persönlich als rot oder blau empfundenen'! Nicht alles sinnlich Erlebte ist Geschmackssache. Wo es sich aber um Fragen des Geschmacks handelt, dort sind Wahrheit oder Falschheit keine Kriterien des betreffenden Erlebens.

Neben ästhetischen zielen zudem ethisch-normative Aussagen und Ideen – also solche, in denen ein ‚Es *soll* so und so sein' zum Ausdruck kommt – nicht auf die Entdeckung des Realen. Der Grund dafür ist leicht einzusehen. Das Wirkliche ist Inbegriff all dessen, was ist, und gerade indem es ist (oder war oder sein wird), kann man es entdecken. Dasjenige hingegen, was aus moralischen Gründen sein soll, ist oder besteht gerade nicht – wäre oder bestünde es, so könnte es nicht etwas sein, das sein soll. Bei ethischen Aussagen kann man, fast besser noch als im Falle ästhetischer Beurteilungen, das Moment der Irrealität zu fassen bekommen. Das ästhetisch Gemeinte ist, wie das Geschmacksphänomen zeigt, weniger irreal als vielmehr etwas rein Persönliches. Das ethisch Gemeinte dagegen hat direkt den Charakter des Irrealen, weil der Inhalt dessen, was sein soll, eben nicht in den Bereich des Wirklichen bzw. des Verwirklichten fällt. Wirklich ist hier allein das Moment des Forderns. Aber ein Fordern ist nur dann sinnvoll, wenn das inhaltlich Geforderte nicht schon realen Bestand hat.

Man denke an das biblische Gebot: „Du sollst nicht töten!". Eine Relation des Zutreffens dieses Gebots auf Wirkliches gibt es nicht; denn Gebote beschreiben ja nicht etwas Reales, sondern sie gebieten etwas, das nicht oder noch nicht wirklich ist. Natürlich gebietet das biblische Gebot wirklich, dass die Menschen nicht töten sollen; und natürlich ist auch wirklich gemeint, der Mensch solle nicht töten. Aber man kann eben nicht sagen, dass es die Wahrheit ist, dass der Mensch nicht töten soll: Das könnte man nur sagen, wenn der Mensch tatsächlich nicht tötete, was er aber sehr wohl tut. Zwar kann man dieser und anderen Gebotsforderungen zustimmen. Aber ähnlich wie im Falle des ästhetischen Erlebens, bei dem der persönliche Geschmack keine wahrheitsrelevante Rolle spielt, hat auch im Falle ethischen Forderns oder Aufforderns die Zustimmung zu der jeweiligen Forderung keine Bedeutung für die Wahrheit der Forderung. Kurz gesagt: Das inhaltliche Wahrsein einer Forderung gibt es nicht.

Forderungen, seien sie nun ethisch-religiöser oder auch politisch-rechtlicher Natur, sind für sich betrachtet nie wahr oder falsch. In einer Zeit, in der viele Menschen vieles fordern – und zwar häufig im Wir-Stil: ‚Wir fordern einen sofortigen Stopp aller noch laufenden Atomkraftwerke‘ oder ‚Wir fordern ein Ende aller Tierversuche‘ – ist es wichtig, sich diese Tatsache immer wieder vor Augen zu führen. Unabhängig davon, was jemand inhaltlich einfordert oder für absolut erforderlich erachtet: Forderungen als solche sind niemals wahr, so vehement sie auch vorgetragen werden. Erneut gilt: Das Fordern selbst ist real, und die Menschen möchten in der Regel wirklich, dass das, was sie fordern, verwirklicht wird. Aber das, was sie fordern, ist inhaltlich weder wahr noch falsch.

Ethische oder auch politische Forderungen haben also mit der Wahrheit direkt nichts zu tun. Die geforderten Inhalte sind ihrem Wesen nach irreal, denn es gibt im Realen nichts, auf das sie zutreffen oder das sie verfehlen. Das spricht natürlich nicht gegen die Objektivität der Moral, diese ist vielmehr geschenkt: Denn jede Forderung fordert ja *etwas*, jedes Gebot hat einen *Inhalt*. Nur ist dieser Inhalt etwas Nicht-Bestehendes; kein Seiendes, sondern ein Seinsollendes.

Eine Relation des Zutreffens gibt es also für ethische oder anderweitige Forderungen nicht. Es gäbe sie, genau betrachtet, nur dann, wenn es eine Sphäre von ‚Werten‘ gäbe, durch deren reales Bestehen Ideen vom Typ der Forderung oder der Gebote zu zutreffenden Sätzen würden. Das einzige, was aus Sollensforderungen wahrheitsgemäße Aussagen machen würde, wäre eine Art Realnotwendigkeit, die von bestimmten inhaltlichen Werten derart zwingend ausginge, dass deren Verwirklichung nicht ausbleiben kann. Man nehme noch einmal das biblische Gebot: „Du sollst nicht töten!“. Die Möglichkeit, dass ein solches Gebot etwas Wirkliches zutreffend bestimmt, wäre dann realisiert, wenn es wirklich so ist, dass niemand töten soll. Das allerdings könnte nur der Fall sein, wenn der Wert des Lebens derart zwingend auf das Wertgefühl der Menschen einwirkte, dass nunmehr bereits tatsächlich nicht mehr getötet werden würde. Nur dann wäre ein Satz der Form: „Du sollst (nicht)…“ in ähnlicher Weise wahrheitsfähig wie ein Satz der Form: „Es regnet (nicht)“. Nun macht schon die Gewundenheit meiner letzten Formulierungen deutlich, dass es mit einer in philosophischen Fachkreisen so genannten ‚materialen Wertethik‘ eine schwierige Sache ist. Was die Realität der Werte angeht, ist das letzte Wort sicherlich noch nicht gesprochen. Ich möchte dieses schwierige Thema hier aber nicht weiter verfolgen, zumal der für das Thema ‚Wahrheit‘ relevante Gedanke wohl deutlich geworden sein dürfte.

10. Die Identität der Wahrheit: Eine Bekräftigung

Ich möchte nun noch einmal deutlich hervorheben, was es mit der Identität der Wahrheit auf sich hat. Dass es die Wahrheit gibt, und dass sie auf ihre Weise beständig ist, hat unmittelbar mit dem Dasein und Sosein der Wirklichkeit zu tun. Es bedeutet nämlich, dass die Wirklichkeit, also das, was ist oder geschieht, etwas in sich selbst vollendet Bestimmtes ist und als eben dieses vollendet Bestimmte fortlaufend geschieht – und zwar, dies sei nochmals betont, ganz unabhängig davon, ob sich Menschen bezüglich dessen, was geschieht, äußern oder Gedanken machen. Die Voraussetzung dafür, dass Menschen die Wahrheit sagen, lügen oder sich irren können, ist die jederzeit und allerorts vollbestimmte Wirklichkeit – also die Welt, wie sie ist bzw. sich vollzieht. Sofern die Menschen von dieser Wirklichkeit im Rahmen ihrer Erkenntnismöglichkeiten aussagen, wie sie ist, sagen sie die Wahrheit. Andernfalls lügen sie, oder sie täuschen sich, ohne es zu beachsichtigen – was dann klassischerweise ‚Irrtum' genannt wird.

Es versteht sich von selbst, dass ein Mensch, um die Wahrheit sagen zu können, keineswegs um alles Wirkliche wissen, also alles Reale in der ihm eigenen Bestimmtheit erkennen muss. „Ob man jemals genügend wissen wird, um über das Werden eines Einzelnen umfassend Auskunft geben zu können, ist" wie Peter Sloterdijk bemerkt, „eine Frage geringerer Ordnung"[21]. Entscheidend ist, so könnte man diesen Satz ergänzen, dass überhaupt zutreffende Vorstellungen über die Welt bestehen, an deren Bewahrung und Erweiterung man im Rahmen des Menschenmöglichen arbeiten kann. Dass die Menschen durchaus einiges über die Wirklichkeit wissen, ist nur schwer zu bestreiten; und dass sie niemals ‚alles' Reale erkennen werden, hat zumindest den Status einer gefühlten Einsicht. Das Wort ‚alles' hat im Zusammenhang mit dem Wissen und Erkennen keinen klaren Sinn – zumal ja niemand zu sagen wüsste, was ‚alles wissen' eigentlich heißt. Einerseits gehört das Subjekt eines solchen Wissens, also der „Doktor Allwissend", dem hausmärchenhaften Bereich an. Andererseits gibt es Ausschnitte des Wirklichen, die der menschlichen Erkenntnis prinzipiell entzogen sind, weil der Geist des Menschen nicht an sie heranzulangen vermag. Es gibt über diese Gebiete wohl hypothetisches, aber kein gesichertes Wissen. Manche Hypothesen lassen im Gang des Entdeckens der Welt eine Sicherung zu, andere hingegen bleiben dauerhaft offen. Aber immerhin weiß man dann, dass man über das betreffende Gebiet nichts mit Bestimmtheit sagen kann.

Für das Sagen der Wahrheit ist der Umfang des Wirklichen, auf das sich das jeweils Gesagte bezieht, nicht entscheidend. Eine wahre Aussage über das Universum ist nicht ‚wahrer' als eine sol-

[21] Peter Sloterdijk: Das Schelling-Projekt. Bericht, Frankfurt/M. 2016, 130.

che über ein Staubkorn, ein wahrer Satz über das Wetter ist nicht ‚weniger wahr' als eine wahre Aussage über die politische Welt. Natürlich ist es richtig, dass sich die Gegenstände in den verschiedenen Bereichen der Wirklichkeit auf ganz unterschiedliche Weise ‚konstituieren': Das Wachstum von Nadelbäumen etwa ist eine Naturtatsache, und es kommt auf ganz andere Weise zustande als eine Ehe oder eine Bundeskanzlerschaft, bei denen es sich um soziale oder rechtliche Sachverhalte handelt. Das Sagen der Wahrheit lässt sich jedoch nicht gemäß einer vermeintlichen Würdereihenfolge der Redegegenstände abstufen – und auch die Wahrheit als solche greift über die realen Differenzen hinweg, die zwischen natürlichen oder sozialen Tatsachen bestehen. Weder ist ein Nadelbaum ‚wirklicher' oder ‚weniger wirklich' als eine Bundeskanzlerin, noch ist die Wahrheit einer wahren Auffassung über Nadelbäume ‚eine andere' als die über eine Bundeskanzlerin. Für das Sagen der Wahrheit genügt es, dass das Gesagte auf ein jeweils Reales inhaltlich zutrifft. Ein Fall von die-Wahrheit-Sagen ist wie jeder andere, ganz gleich, ob das Gesagte etwas Natürliches oder Soziales zum Gegenstand hat.

Was man sagt, wenn man die Wahrheit sagt, muss außerdem weder ‚tiefsinnig' sein, noch muss es inhaltlich ‚viel' umfassen. Was den letzteren Punkt angeht, so schadet es natürlich nicht, wenn unser Wissen über die Wirklichkeit inhaltlich reich ist. Aber selbst wenn den Menschen, einmal angenommen, nur ein einziger Fall des Zutreffens bekannt wäre, würde mit diesem Fall die Wahrheitsrelation als Ganze bestehen. Mit dem Umfang des Wissens ‚wächst' die Wahrheit weder an noch wird sie akkumuliert. Zwar spricht man ganz zu Recht von Wissenszuwachs, aber ebenso berechtigt spricht niemand von ‚Wahrheitszuwachs'. Das Wissen lässt sich durch Forschung und Erfahrung inhaltlich erweitern, die Wahrheit nicht.

Auch die häufig zu hörende Rede von einer Nähe zur Wahrheit ist mit Vorsicht zu genießen. Weise, Wissenschaftler, Fachkundige: Sie alle sind der Wahrheit nicht näher als jeder beliebige Mensch. Natürlich haben Experten ihre speziellen Gebiete, auf denen sie sich besser als andere Personen auskennen – und was die Menschen diesbezüglich voneinander unterscheidet, ist der Umfang oder auch die Qualität des jeweiligen Wissens. Aber es ist klar: Jemand, der gegenüber Weisen, Wissenschaftlern und Experten auch nur über eine einzige wahre Einsicht verfügte, stünde jenen in Sachen Wahrheit in nichts nach. Ich sage das ohne moralischen Unterton, also weder im Sinne einer Kritik am wissenschaftlichen Erkennen noch im Sinne der lebensethischen Maxime: „Weniger ist mehr!“. Ich meine es einfach sachlich in dem Sinne, dass ein Zuwachs an Wissen und Erkenntnis nicht zu einer größeren Annäherung an die Wahrheit führt.

Tatsächlich ist die Idee einer unterschiedlich großen oder erfolgreichen Annäherung des menschlichen Geistes an die Wahrheit irreführend. Zwar ist das Bild der Annäherung aufgrund seiner Anschaulichkeit sehr eingängig; und vielleicht benötigen die Menschen für etwas so wenig Handgreifliches wie die Wahrheit Bilder aus ihrer alltäglichen Lebenserfahrung. Aber so hilfreich eine Veranschaulichung der Wahrheit praktisch auch sein mag, so eindeutig bleibt sie eben doch ein Bild – und als solches ist es nicht in der Lage, die Sache selbst zu ersetzen. Wenn man daher schon zu Bildern als Hilfsmitteln greift, sollte man sich immerhin um möglichst treffende Bilder bemühen. Und ob Nähe und Ferne zu den trefflichen Bildern gehören, die im Zusammenhang mit der Wahrheit hilfreich sind, lässt sich ernsthaft bezweifeln.

Es ist letztlich ein prinzipieller Unterschied, ob man die Wahrheit als ein Zutreffen charakterisiert, oder ob man sie metaphorisch als etwas bestimmt, dem man sich mehr oder weniger nähern kann. Denn es ist grundsätzlich etwas anderes, ob der sprichwörtliche Pfeil im Ziel steckt, oder ob er noch auf die Zielscheibe hin unterwegs ist, sich ihr also annähert. Streng genommen ist nur das erste Bild ein treffendes Bild der Wahrheit, während das zweite eher auf den Prozess der menschlichen Wirklichkeitserkenntnis zutrifft (!). Das Bild der Annäherung an die Wahrheit erklärt die Wahrheit zu einem bloßen Effekt der Erkenntnis: Es lässt uns übersehen, dass wir ohne das Bestehen der Wahrheit nicht einen einzigen Erkenntnisschritt auf dem Weg zum Wissen machen könnten. Wissen, nicht Wahrheit, ist das

Ziel von Prozessen der Erkenntnis. Und auf dem Weg zum Wissen unterstützt die Wahrheit beständig unser erkennendes Fortschreiten.

Natürlich ist auch das Zutreffen nur ein Bild. Aber es erfasst die Wahrheit weitaus treffender als das dynamische Bild der Annäherung. Man kann vom menschlichen Streben nach Wissen oder auch von den jeweils aktuellen Bewegungen der menschlichen Erkenntnis sagen, dass sie sich der Wahrheit mehr oder minder anzunähern versuchen. Aber auf inhaltlich bestehendes Wissen selbst passt diese Redeweise nicht: Denn ‚Wissen' ist ja bereits Ausdruck für einen Zustand bzw. ein zwischenzeitlich erreichtes Ziel. Für das Wahrsein als solches schließlich passt die Näherungsmetapher, die für das Wissensstreben treffend sein mag, bereits gar nicht mehr. Denn beim Treffen oder Zutreffen ist von einem Methodos, also von einer zielgerichteten Bewegung des Sich-Annäherns an ein Ziel, nicht die Rede. Bildlich gesagt: Der Pfeil, der trifft, steckt im Ziel; er hat den Weg zu diesem hin, den er freilich hat zurücklegen müssen, bereits hinter sich. Wer von der Wahrheit selbst spricht, spricht nicht vom sich dem Ziel nähernden Pfeil, sondern unmittelbar vom Drinstecken des Pfeiles im Ziel. Die Wahrheit ist also weder eine sich dem Wissen annähernde Wissbegierde, noch ist sie überhaupt eine Art des Wissens. Die Wahrheit als solche ist bestehendes Zutreffen. Anders als das Wissen lässt dieses Bestehen keinen Grund für irgendwelche Zweifel. Umgekehrt lässt sich das menschliche Wissen vom Zweifel niemals ganz befreien; und selbst jenes Wissen, das wahr *ist*, lässt letzte Zweifel immer offen, ohne dass dadurch die Wahrheit selbst zweifelhaft würde. Wahres Wissen ist Wissen, das wahr ist. Aber gerade, indem es Wissen ist, ist es nicht die Wahrheit.

Überhaupt ist nichts außer der Wahrheit selbst die Wahrheit. Das ist trivial, bedarf aber doch der Erwähnung. Es gibt nämlich durchaus Menschen, die irgendetwas Konkretes in der Welt unmittelbar für die Wahrheit halten oder gar von sich selbst sagen: „Ich bin die Wahrheit". Sofern solche Menschen mit ‚Wahrheit' etwas rein Persönliches meinen, kann man ihr Meinen auf sich beruhen lassen; es handelt sich dann um ein Meinen egozentrischer Art, und wir haben bereits im II. Teil gesehen, dass Wahrheit sich nicht auf Eigentum reimt. Wenn sie hingegen jene identische Wahrheit meinen, die der Gegenstand dieses Essays ist, dann muss ich zugeben, dass ich nicht verstehe, wovon die Rede ist – einfach, weil ich nicht verstehe, was jemand meint, der eine Person oder gar sich selbst direkt als ‚die Wahrheit' bezeichnet.

Essenzeit, Sie sitzen am Tisch, vor Ihnen stehen die Teller: schöne weiße Teller, am Rand gemustert. Sie sitzen da, nichts treibt Sie, es ist Essenszeit. Sie schauen sich um, ihr Blick fällt flüchtig auf die Teller, und sie denken: „Die Teller sind weiß und am Rand gemustert". Ein wahrer Gedanke – und nichts an ihm ist derart persönlich oder geheim, dass nur Gottessöhne, Weise oder Wissenschaftler diesen wahren Gedanken fassen könnten. Freilich: Mit den Tellern, ihrer Farbe und ihrer Musterung am Rand bezieht sich ihr Gedanke lediglich auf einen geringen und zudem höchst alltäglichen Ausschnitt der realen Welt. Aber der Gedanke ist wahr, da das, was er beinhaltet, auf die Teller zutrifft. Es ist für die Wahrheit des Gedankens nicht wesentlich, wer ihn fasst, sofern er nur zutrifft. Ein Weiser ist hierin nicht ‚weiser' als jeder beliebige ‚Wahrsagende'.

11. Wahres sagen und Wahrsagen

Da wir gerade beim Wahrsagen sind, auch hierzu einige Bemerkungen. Von einem esoterischen Sagen der Wahrheit ist in diesem Essay natürlich nirgendwo die Rede. Man kann an Wahrsagerei glauben oder sie für pure Scharlatanerie halten – dies alles kann getrost dem persönlichen Meinen überlassen werden, zumal professionelles Wahr- oder Weissagen ohnehin keine markante Alltagsbedeutung besitzt. Ein sprichwörtlich neues Fass müssen wir über die Wahrsager-Folklore aber auch deshalb nicht aufmachen, weil man in Punkto Wahrheit über einen Wahrsager des esoterischen Typs nicht anders urteilen kann als über irgendeine Person, die den Anspruch erhebt, die Wahrheit zu sagen. Natürlich würden nur wenige Menschen von sich behaupten, sie könnten in die

Zukunft von Menschen ‚schauen', so wie sie in deren Augen schauen können. Und wenn Weissager von sich behaupten, dieses Können zu besitzen, stellt sich unwillkürlich die Frage, was genau da eigentlich gekonnt wird. Die nüchterne Antwort hierauf fällt, was kaum jemanden überraschen dürfte, ernüchternd aus.

Wenn der Wahrsager auf irgendeinem Rummelplatz einem Besucher prophezeit, er werde in Kürze einen Lottogewinn erzielen, so sagt er genau dann die Wahrheit, wenn das Gesagte wirklich passiert. Philosophen und Wissenschaftler würden hier vielleicht einwenden, dass eine solche Aussage nicht rational begründet ist – und damit hätten sie vollkommen Recht. Der geheimnisvolle Blick in die Glaskugel, die Sterne oder den Kaffeesatz ist sicherlich nichts, was der Aussage des Wahrsagers irgendeinen Vernunftgrund gibt; und sollte der Lottogewinn eintreten, so würden rationale Menschen einfach von einem , Zufall' oder auch einem ‚Glückstreffer' sprechen. Und damit hätten sie, wie ich denke, vollkommen Recht.

Nun ist aber auch ein glücklicher Treffer ein Treffer, und ein irrationales Treffen trifft nicht weniger als ein begründetes. In Bezug auf die Wahrheit zählt allein das Zutreffen, nicht hingegen die Weise seines Zustandekommens. Es ist daher im Grunde gleichgültig, welche ‚Fähigkeiten' oder ‚Medien' der Wahrsager einsetzt, um die Wahrheit zu sagen; ebenso wie es egal ist, ob er überhaupt irgendwelche überweltlichen ‚Vermögen' besitzt. Das Vorliegen oder Fehlen solcher Fähigkeiten ändert nichts daran, dass die Wahrheit in der Beziehung der Trefflichkeit des Gesagten zum Geschehenden besteht. Man kann aus gutem Grund bezweifeln, dass ein Wahrsager, der einem Menschen etwas Zutreffendes voraussagt, in irgendeinem normalen Sinne des Wortes ein *Wissen* über die Zukunft hat. Aber man kann die Wahrheit einer solchen wahren Aussage nicht in Zweifel ziehen, mag man sie nun Weissagung oder dummes Geschwätz nennen. Lassen wir alle esoterischen Nebenumstände einmal beiseite, so können wir sagen: Ein Wahrsager tut nichts anderes als das, was ein jeder tut, wenn er etwas Wahres sagt.

Ein charakteristischer Unterschied zwischen der normalen und der paranormalen Weissagung scheint freilich im Charakter der Vorhersage zu liegen. Ein esoterischer Wahrsager trifft Aussagen, deren Inhalt sich zu einem Zeitpunkt, der weit nach dem Zeitpunkt des Aussagens selbst liegt, ‚bewahrheiten' soll. Hier kommt anscheinend etwas ins Spiel, was bislang noch nicht Gegenstand unseres Nachdenkens war: Das Wissen um die Zukunft sowie die Frage, was dieses mit der Wahrheit zu tun hat. Man ist natürlich irritiert darüber, wenn jemand in hinreichend vielen Fällen künftige Ereignisse ‚vorhersieht'. Denn unmittelbar *sehen* kann man das Künftige gerade nicht, und dunkle Ahnungen hat andererseits wohl fast jeder. Nun versteht sich das Weissagen auch nicht als ein buchstäbliches Sehen, sondern als ein ‚visionäres' Vorgreifen ins Künftige, dass weder auf sinnliche Erfahrungen noch auf vernünftige Schlüsse gegründet ist. An die Stelle fehlender Organe für den Vorgriff auf das Künftige setzen Wahrsager oft willkürlich arrangierte Medien ein: Karten, Kugeln, Sternbilder. Diese Medien sind direkt anschaubar, aber ‚in ihnen lesen' oder ‚ihre Botschaft entziffern', das kann nur der Arrangeur selbst. Man darf daher Wahrsagern, anders als Betrügern, durchaus in die Karten schauen; eine gewisse mediale Neugier unsererseits gehört zur Prozedur des Wahrsagens – anders als zum Betrug, der in unserem Rücken stattfindet – geradezu dazu. Die Wahrsagerei lebt vom Medienspiel und braucht sie: Denn ohne Medien entstünde nicht der Anschein, als gäbe es für den Schauenden eine Art Brücke in die von ihm vorhergesehene Zukunft. Geheim sind nicht die Medien des Wahrsagers selbst. Geheim und esoterisch ist das Wissen desjenigen, der die Botschaft der Medien zu deuten vermag, sich also aus ihnen das zeitlich Spätere im jeweiligen Hier und Jetzt offenbaren lassen kann.

Nun ist die Entzauberung der Wahrsagerei aus einem sehr einfachen Grund nicht meine Absicht. Es gibt hier, wie normale Menschen wissen, gar nichts zu entzaubern, denn es gibt ja eben keinen Zauber. Zauberei ist allein eine Angelegenheit des individuellen Bewusstseins: Man kann sich dem Spiel der Illusionen hingeben, sei es aus Freude am Scheinbaren oder aus anderen persönlichen Gründen. Aber es ist darüber hinaus klar, dass die Wahrsagerei keinen anderen Bedingungen unterliegt als alles sonstige Sagen der Wahrheit. Dadurch erscheint sie bereits deutlich weniger wundersam. Denn nicht nur verfügt der Wahrsager über keinerlei spezielle Erkenntnisvermögen; er muss vielmehr, genau wie jeder andere Mensch, etwas Zutreffendes sagen, um Wahrsager zu sein. Dass bedeutet natürlich im Umkehrschluss nicht, dass die Menschen, die die Wahrheit sagen, generell Wahrsager im esoterischen Sinne sind. Es bedeutet nur, dass zwischen Jahrmarktwahrsagern und durchschnittlich lebenserfahrenen Menschen kein mysteriöser Abgrund klafft.

Im Übrigen ist es so, dass Menschen, und zwar ohne jede mediale Inszenierung, zur Antizipation des Künftigen in gewissen Grenzen fähig sind. Von jeweils aktueller Ausgangslage aus können sie mit einiger Bestimmtheit vorhersehen, was bei normalem Lauf der Dinge passieren wird, während anderes mit einiger Sicherheit nicht geschehen wird. Dies gelingt ihnen in der Regel umso besser, je unvoreingenommener und sensibler sie die Dinge, die für die konkrete Antizipation relevant sind, überblicken (oder auch aktiv mitgestalten). Mit lebensgeschultem Sinn ‚erkennt' man, dass sich die Dinge, unter gegebenen Umständen, in diese oder jene Richtung entwickeln werden. Natürlich ist selbst ein erfahrungsbasiertes Spüren niemals davor gefeit, dass unberücksichtigte Umstände in das reale Geschehen hineinspielen; kein Mensch hat ‚totalen Überblick' oder auch ‚völlige Neutralität'. Aber in gewissen Grenzen sind die Menschen durchaus in der Lage, auch über Künftiges etwas Wahres zu sagen. Da übrigens ein Lottogewinn nicht zu jenen Ereignissen zählt, die sich aus einem homogenen Realverlauf heraus mit einer gewissen Zwangsläufigkeit einstellen, kann man so etwas natürlich nicht voraussagen. Auf Lottogewinne kann man hoffen, aber man kann sie nicht antizipieren. Sie treffen einen zuletzt gegen alle Erwartung.

Das nicht-esoterische Lebenswissen der Menschen ist, wenn man es genau bedenkt, weitaus irritierender als das ohnehin nur vermeintliche Wissen esoterischer Wahrsager. Und was die Wahrheit betrifft, so bemisst sich die Trefflichkeit des Aussagens in beiden Fällen daran, ob das Antizipierte wirklich eintritt. Der esoterische Wahrsager ist so esoterisch nicht, wie seine Aura uns glauben macht. Entweder fabuliert er von einem künftigen Lottogewinn, und dann ist er schlicht ein Scharlatan; oder er prognostiziert Ereignisse so, dass sein Vorgreifen auf das Künftige auf einer relativ guten Auskunftslage über Gewesenes sowie aktuell Bestehendes beruht, und dann unterscheidet er sich in nichts Wesentlichem von irgendeinem lebensklugen Menschen. Natürlich ist es allein der zweite Fall, der uns ernsthaft interessieren kann. Denn Scharlatane sind Betrüger, und die Unwahrheit ist nicht unser Thema.

Es ist klar, dass es bei der Wahrsagerei im Rummelplatz-Stil nichts zu üben oder lernen gibt; es handelt sich hierbei einfach um ein Spiel mit subjektiven Erwartungen, für das man, um als Seher Erfolg zu haben, allenfalls ‚Medienkompetenz' erwerben muss. Wahrsagerei in diesem Sinne gibt es zwar; aber doch nur so, dass man mit ihr spielen oder spielerisch an sie glauben kann. Normalmenschliche Antizipation hingegen ruht auf dem soliden Fundament des Realgeschehens; und dies bringt seine Bestimmtheiten insofern immer schon mit, als es jeweils so kommt, wie es kommen muss. Ein menschliches Bewusstsein, das alle Fäden im Gewebe des realen Geschehens geistig durchdringt, gibt es freilich nicht. Aber die Menschen können sich durchaus mit einigen Fäden des Realverlaufs geistig vertraut machen, und dabei mit Hilfe ihrer Lebenserfahrung Wesentliches von Unwesentlichem scheiden. Mag dieses Können in Inhalt und Umfang auch enge Grenzen haben: eine gewisse *Vorsicht* ist dem Menschen, sofern er eben niemals nur ‚im Augenblick' lebt, nicht abzusprechen.

12. Ob die Wahrheit nutzt oder schadet

Dass zwischen einer wahren Sage („Kommende Woche sind Sie Lottomillionär") und einer wahren Aussage („Wenn du den Teller fallenlässt, scheppert es") erhebliche Unterschiede bestehen, ist ziemlich evident. Was einer über Teller sagt, ist deutlich weniger spektakulär und riskant wie die Voraussage eines Lottogewinns. Aber dafür hat eine Aussage über den Klang von Tellern beim Herunterfallen eine solide Basis im allgemeinen Lebenswissen, und eben diese Grundlage fehlt der Sage.

Auch wenn wir jetzt die Wahrsagerei beiseitelassen, sollten wir eins festhalten: Die Verankerung der Wahrheit von Aussagen oder Vorstellungen in der sinnlichen Erfahrung ist kein Muss. Es gibt durchaus geistige Gebilde, deren Inhalt zwar nicht anschaulich ist, in denen sich aber dennoch etwas Allgemeines und Wahres ausdrückt. Dazu gehören mathematische Sätze, zum Beispiel der Satz des Pythagoras, oder auch Sätze, die rein logische Beziehungen zum Ausdruck bringen, wie etwa der Satz der Identität (A=A). Ausdrücke wie diese sind wahr, und ihr Gegenteil bzw. ihre logische Verneinung ist unwahr. Aber das Wahrsein hat hier einen besonderen Charakter, der vom Wahrsein von Aussagen über sinnlich Erfahrbares objektiv verschieden ist.

Der wesentliche Unterschied zwischen wahren Aussagen über Erfahrungsgegenstände (wie Teller) und Sätzen, die über mathematische oder logische Zusammenhänge wahr sind, liegt in der Art der Erkenntnis der jeweiligen Inhalte. Dass A=A ist, erkennen wir nicht aufgrund sinnlicher Erfahrung: Wir erkennen es, wie die Philosophen sagen, nicht *a posteriori*. Aber das bedeutet keineswegs, dass wir Inhalte, die wir nicht sehen, hören oder anfassen können, gar nicht erkennen können. Zwar kann man sie und ihr Wahrsein, das ja durchaus besteht, nicht sinnlich erfassen; aber wir können es geistig erfassen, also einsehen. Und überall dort, wo wir dies tun, wird uns einsichtig, dass ihr Wahrsein allgemein und notwendig ist; oder, wie die Philosophen sich ausdrücken, dass es für die Erkenntnis *a priori* besteht.

Es ist übrigens nicht leicht einzusehen, dass es ein aposteriorisches Sehen ohne apriorische Einsicht nicht gibt. Aber mit diesem Problem müssen wir uns hier nicht abgeben. Es reicht, wenn wir uns klarmachen, dass es allgemeine und notwendige Zusammenhänge gibt, deren Sein und Erkennen nicht-sinnlicher Art sind. Die Relation des Zutreffens, von der in diesem Essay so oft die Rede war, ist dafür ein treffendes Beispiel. Denn das, was die

Wahrheit ist – also das Wesen der Wahrheit – kann man eben nicht unmittelbar sinnlich erfassen. Es gibt das Zutreffen; aber man kann es weder anschauen noch anfassen, sondern man kann es allenfalls begreifen. Insofern wendet sich dieser Essay an Ihre Fähigkeit zu geistiger Einsicht und nicht an irgendeines Ihrer sinnlichen Erkenntnisvermögen.

Sie werden nun vielleicht einwenden, dass Einsichten in apriorische Zusammenhänge, so sehr diese auch unser aposteriorisches Erkennen durchziehen mögen, vollkommen nutzlos sind: Denn was eigentlich hat man davon, wenn man erkennt, dass in unserem Erkennen der Welt apriorische Zusammenhänge eine wichtige Rolle spielen? Mit diesem Einwand hätten Sie durchaus nicht Unrecht. Aber ich habe ja an keiner Stelle dieses Essays behauptet, dass die Einsicht in die Wahrheit (oder sogar diese selbst) irgendeinen praktischen Nutzen hat. Lassen wir hier die Frage nach der Nützlichkeit der Erkenntnis der Wahrheit einmal beiseite; denn diese Frage ist ja überhaupt nicht auf die Wahrheit beschränkt, sondern betrifft generell den Nutzen philosophischer oder wissenschaftlicher Erkenntnisse. Konzentrieren wir uns stattdessen auf die schlichtere Frage, ob die Wahrheit selbst nützlich ist. Die Kurzfassung der Antwort auf diese Frage lautet: Nein. Die Wahrheit ist nicht nützlich, und sie ist auch nicht schädlich. Zumindest sind diese Merkmale nicht wesentlich für sie.

Dass dem so ist, wird deutlich, wenn wir erneut an den Unterschied zwischen Wahrheit und Wissen denken. Nützlich im strengen Sinne kann allenfalls das Wissen um die Wahrheit sein, während die Wahrheit selbst ebenso wenig nützt oder schadet wie der Umstand, dass ein Kreis rund ist. Manche Menschen behaupten, dass jemand, der im Leben stets ehrlich und aufrichtig ist, am Ende als der Dumme dasteht, weil andere ihn ständig übervorteilen. Damit meinen sie wohl, dass es in den Kämpfen der Menschen um bestimmte Lebensgüter Nachteile mit sich bringt, wenn man sich zu sehr an der Wahrheit orientiert. Andere wiederum behaupten, dass sich die Wahrheit, mag sie zwischenzeitlich auch Einschränkungen im Lebenskomfort mit sich bringen, langfristig auszahlt und bewährt. Es ist nun im Grunde egal, welcher dieser gegensätzlichen Meinungen man mehr zuneigt. In beiden Auffassungen geht es nämlich überhaupt nicht um die Nützlichkeit oder Schädlichkeit der Wahrheit, sondern nur um den vermeintlichen Nutzen oder Schaden bestimmter menschlicher Verhaltensweisen und Lebenseinstellungen.

Welche Verhaltensweisen und Einstellungen für einen Menschen nützlich oder schädlich sind, hängt von vielen Dingen ab; vor allem natürlich von den Zielen, die Menschen sich setzen und verfolgen. Relativ zu diesen Zielen sind bestimmte Verhaltensweisen und Einstellungen zielführend, also nützlich und erfolgversprechend, andere hingegen sind nicht oder weniger zielführend – also unnütz, abträglich oder unmittelbar schädlich. Mit der Wahrheit hat all das nichts zu tun. Die Wahrheit ist nämlich kein Mittel zum Zweck, kein nützlicher oder schädlicher Baustein auf dem Weg zu menschlichen Zielen. Und sie ist auch kein finales Ziel menschlichen Strebens, das klassischerweise als das Gute bezeichnet wird. Weder ist die Wahrheit etwas, das (in moralischen oder technischen Zusammenhängen) zielführend ist, noch ist sie etwas, das von den Menschen um ihrer selbst willen erstrebt wird.

Machen wir uns das am Beispiel klar. Natürlich ist es für uns Menschen nützlich zu wissen, dass Gift tödlich ist, oder auch, welche Stoffe im Besonderen Gifte sind. Dieses Wissen dient uns dazu, in Bezug auf das, was wir zu uns nehmen, vorsichtig zu sein; wobei stillschweigend vorausgesetzt wird, dass wir das Ziel haben, am Leben zu bleiben. Man kann diese Voraussetzung aber auch abändern, ohne dass das Argument an Kraft verliert. Denn auch für jemanden, der das Ziel hat zu sterben, ist Wissen über die Giftigkeit bestimmter Stoffe nützlich – nur dass dieser Mensch eben darauf bedacht sein wird, einen für seine Absicht zielführenden Stoff zu verwenden, also ein Gift. Ob es moralisch gut oder anderweitig sinnvoll oder zweckdienlich ist, Gifte einzusetzen oder nicht, spielt in dieser Überlegung keine Rolle. Denn ob etwas nützlich ist oder nicht, hängt schlicht vom Zweck ab, den jemand verfolgt – und unter dem Gesichtspunkt der Nützlichkeit ist es allein der Zweck, der die Wahl der Mittel bestimmt.

Insofern spielt, dies aber nur am Rande, die Frage nach dem Guten in der so genannten utilitaristischen Ethik keine Rolle. Das Gute ist im Utilitarismus einfach der jeweils gesetzte Zweck, und nützlich sind jene Mittel, die zielführend sind. Über die ‚moralische Qualität', also über das Gutsein von Mitteln und Zwecken ist damit natürlich gar nichts gesagt. Gifte sind nützliche Mittel für das Ziel des Selbstmords. Ob Selbstmord ein (moralisch oder sonst wie) gutes Ziel ist, und ob damit die Nützlichkeit der Gifte eine gutartige Nützlichkeit darstellt – darüber kann eine Nützlichkeitsethik unmittelbar nichts sagen.

Doch zurück zur Frage nach der Wahrheit. Wir müssen, um unserem Gedanken konsequent zu folgen, an dieser Stelle auf Genauigkeit bestehen. Bleiben wir im Beispiel: Es ist wahr, dass Gift schädlich ist, wenn man am Leben hängt, und es ist ebenfalls wahr, dass Gift von Nutzen ist, wenn man aus dem Leben scheiden möchte. Beide Aussagen über den Nutzen von Giften zu bestimmten Zwecken sind wahr. Aber ist das Wahrsein dieser Aussagen selbst nützlich? Hierauf lautet die Antwort: Nein. Nützlich ist allein das Wissen der Menschen um Gifte und ihre Wirkungen; denn das Wissen hierum kommt den Zwecken von Menschen, die am Leben bleiben oder streben wollen, entgegen. Und doch ist dieses Wissen unterschieden vom Wahrsein des jeweils Gewussten. Wissen ist von Nutzen, das *Wahrsein* des Gewussten hingegen ist unmittelbar weder nützlich noch unnütz oder gar schädlich. Aus diesem Grund besteht die Wahrheit selbst jenseits von Nutzen und Schaden, wie auch generell jenseits eines moralischen Gut- oder Schlechtseins. Die Wahrheit ist sowohl gegenüber nutzenorientierten Bewertungen als auch gegenüber objektiven Werten indifferent.

Es ist daher streng genommen auch unsinnig sich zu fragen, ob der Mensch die Wahrheit eigentlich ‚braucht', und falls ja, in welcher ‚Dosierung' die Wahrheit dem Menschen nützt oder schadet. Es ist offensichtlich, dass die Wahrheit – im Gegensatz zu Dingen, in Bezug auf die man Nutzenerwägungen anstellen kann – keine Quantifizierung im Sinne eines Mehr oder Weniger zulässt. Man kann zwar sinnvoll fragen, wieviel an Kohlenhydraten der menschliche Körper unter diesen oder jenen Lebensbedingungen benötigt, und ab wie vielen Kohlenhydraten pro Tag für unseren Körper ein Schaden entsteht. Aber man kann nicht sinnvoll fragen, ob es gelegentlich nicht nützlicher oder erfolgversprechender ist, nur die ‚halbe' Wahrheit zu sagen – und zwar einfach deshalb, weil es, wie wir durch Nachdenken bereits ermittelt haben, die halbe Wahrheit nicht gibt. Nehmen wir an, jemand wollte, um irgendeine ‚bittere Wahrheit' für jemand anderen etwas weniger schmerzvoll erscheinen zu lassen, ‚eine Portion Unwahrheit' zu ihr hinzufügen. Im Sinne größerer Nützlichkeit und Annehmlichkeit der ‚Wahrheit' für den Mitmenschen ist dies sicherlich ein edles Wollen. Aber es geht einfach nicht. Denn was immer dieser edelmütige Mensch hier praktisch halbiert oder verdoppelt: Die Wahrheit oder die Unwahrheit ist es nicht.

Man kann, durchaus auch in edler Absicht, reale Ereignisse rhetorisch oder mit anderen Mitteln ‚beschönigen', damit sie einen Mitmenschen nicht mit voller Härte treffen. Aber die (unterstellte) ‚Härte' wird dadurch nicht als solche ‚erweicht', sie wird nur durch die Art ihrer Darstellung weicher präsentiert. Das mag bei dem, der mit den geschönten Tatsachen konfrontiert wird, weniger Schaden anrichten. Aber die Wahrheit bleibt gegenüber solchen wohlmeinenden humanistischen Operationen so indifferent wie eh und je. Ein jeder kennt wohl Fälle, in denen jemand ‚die Wahrheit' aus moralischen oder psychologischen Motiven heraus durch die sprichwörtliche Blume sagt. Aber abgesehen davon, dass man solche Akte der Abmilderung der scheinbaren Härte nicht quantitativ bestimmen kann, gilt, dass die Wahrheit selbst keine Abstufungen zulässt. Wie immer blumig man die Wahrheit auch sagt: Wenn man sie sagen will, muss man sie ‚ganz' sagen oder gar nicht – und zwar unabhängig davon, ob es dem anderen nun nutzt oder nicht. Die Rede von der Härte der Wahrheit ist zuletzt bloß ein Bild. Die Wirklichkeit oder auch das reale Leben mögen, dichterisch formuliert, hart sein, die Wahrheit dagegen ist weder durch Härte noch durch Weichheit charakterisiert.

Das alles ist zugegebener Maßen schwer zu verdauen. Aber sehen wir darin einfach das Positive: Im Grunde bedeutet es nämlich, dass die Wahrheit vielleicht die einzige ‚reine', im vollen Sinne des Wortes geistige Relation ist, die es gibt. ‚Reinheit' und ‚Geistigkeit' sind Worte, die ich hier nur behelfsweise verwende. Denn mir fehlen schlicht die Worte für jene ausgezeichnete Beziehung, die uns als die Wahrheit vertraut ist. Das Merkwürdige an dieser Relation ist, dass sie – obwohl sie jenseits von allem Nutzen und Schaden besteht – zugleich keineswegs in einem ‚absoluten Jenseits' der menschlichen Erfahrung angesiedelt ist. Wie schon öfters bemerkt, ist die Wahrheit ein Phänomen, also etwas Gegebenes und Vertrautes. Sie hat insofern nichts an sich, was auf überirdische Reiche oder metaphysische Hinterwelten hindeutet. Die Wahrheit ist weder menschlich noch übermenschlich oder gar göttlich; man kann ihr diese Attribute anhängen, doch sie fallen sofort wieder von ihr ab. Die Indifferenz der Wahrheit, welcher wir in den Überlegungen über das Nützliche und Schädliche zum wiederholten Male begegnet sind, deutet zwar durchaus auf eine Art Transzendenz. Aber es handelt sich nicht um eine Transzendenz, die den Geist in eine mythische ‚Überwelt' erhebt, sondern – mit dem Worten des Philosophen und Soziologen Arnold Gehlen (1904-1976) – um eine „Transzendenz ins Diesseits" [22]. Wenn es irgendwo, und zwar eben im Diesseits des Wirklichen, ein Jenseitiges gibt, dann im Phänomen der Wahrheit. Die Wahrheit besteht, aber ihr entspringt kein Nutzen oder Schaden für den Menschen. Und wenn man in Bezug auf sie unbedingt von einem Wert sprechen will, so handelt es sich, erneut in den Worten Gehlens, einzig und allein um einen „Selbstwert im Dasein" (ebd., 15), nicht dagegen um einen Nutzwert.

Es hat also keinen Sinn, die Wahrheit selbst bzw. das Wahrsein einer Vorstellung oder einer Aussage als nützlich oder schädlich

---

[22] Arnold Gehlen: Urmensch und Spätkultur. Philosophische Ergebnisse und Aussagen, Frankfurt/M. [6]2004, 16.

zu betrachten. Vorstellungen oder Aussagen für sich genommen mögen nützlich oder schädlich sein, aber ihr Wahrsein ist es nicht. Greifen wir, um das noch besser zu verstehen, zu einem letzten Beispiel. Angenommen, es trifft zu, dass das Trinkwasser in einem bestimmten Gebiet verseucht ist. Schädlich für die betroffenen Menschen ist dann nicht das Wahrsein des Satzes, der diesen Sachverhalt in trefflicher Beziehung zur Realität aussagt, sondern schädlich ist das Trinkwasser – und allenfalls noch die Vorstellung von vergiftetem Trinkwasser, sofern diese etwa ‚seelischen Stress' auslösen kann. Nicht die Wahrheit selbst ist nützlich oder schädlich, sondern etwas Wirkliches: Wasser oder bestimmte reale Vorstellungen über den Zustand von Wasser können den Menschen nützen oder schaden.

Nun mag man einwenden, es müsse doch wohl einen festen Zusammenhang zwischen wahren Vorstellungen und Nützlichkeit geben. Nein, lautet meine Antwort, es gibt ihn nicht. Man könnte zwar meinen, dass es grundsätzlich nützlich ist, sich Zutreffendes vorzustellen, während es demgegenüber schädlich ist, Unzutreffendes zu behaupten oder zu meinen. Aber eine feste Verbindung besteht hier nicht; denn es kommt ja stets darauf an, was die Menschen jeweils als nützlich ansehen – und das wiederum ist abhängig davon, welche Ziele und Zwecke sie verfolgen.

Es kann daher durchaus sein, dass auch aus falschen Vorstellungen ein konkreter Nutzen entspringt. Denken Sie wieder an den Lügner, also an jemanden, der etwas als wirklich erscheinen lassen möchte, was nicht wirklich ist. Damit die Lüge ihr Ziel erreicht, muss der Lügner – ebenso wie auf ihre Weise Illusionskünstler oder Leute im Marketing – phantastische Vorstellungen bei den Menschen hervorrufen. Für die Zwecke und Absichten von Menschen, die lügen, werben oder illusionieren wollen, ist die Erzeugung falscher Vorstellungen nützlich (z.B. geschäftsfördernd), während das Durchschauen des Scheins seitens der Getäuschten ihren Zielen schadet. Man muss solche Fälle keineswegs moralisierend abtun, zumal viele Menschen durchaus Vergnügen am Schein haben und es in harmlosen Grenzen reizvoll finden, zu täuschen oder von anderen getäuscht zu werden. Der Punkt ist einfach der, dass eine feste Verbindung von wahren Vorstellungen und Nützlichkeit nicht besteht; eben deshalb nicht, weil das Nützliche relativ auf die jeweiligen Ziele einer Person ist.

Tendenziell kann man vielleicht sagen – aber auch das ohne Anspruch auf allgemeine Gesetzlichkeit – dass für die elementaren Zwecke puren biologischen Überlebens ein größerer Nutzen aus wahren Vorstellungen entspringt. Wer sein Leben erhalten möchte, wird eher erfolgreich sein, wenn er sich über Zustände, die das Wohl von Leib und Leben betreffen, nicht täuscht oder täuschen lässt. In den freieren und spielerischen Kontexten menschlicher Selbstentfaltung kann hingegen ein Nutzen durchaus von illusionären Vorstellungen ausgehen – denn der schöne oder auch unschöne Schein bereichert das Leben gerade in jenen Zonen, in denen eine elementare Lebensgefährdung nicht zu befürchten ist. Wenn überhaupt, so reimt sich Wahrheit eher auf Lebenserhaltung als auf Selbstentfaltung. Und soweit die Vertreter einer pragmatistischen Wahrheitstheorie vor allem diese existenzielle Dimension des Menschseins im Auge haben, kann ich ihnen uneingeschränkt zustimmen.

Es ist allerdings nicht so eindeutig, ob die Theoretiker des Pragmatismus wirklich die unmittelbare Überlebensdienlichkeit wahrer Ideen meinen, wenn sie von deren Nützlichkeit sprechen. Wenn etwa der amerikanische Philosoph und Psychologe William James (1842-1919) davon spricht, dass die „Geltung der Wahrheit" in einem „Vorgang des Sich-geltend-Machens"[23] besteht, so bleibt in gewisser Weise offen, ob diese Durchsetzung im Dienst der Überlebenssicherung oder der persönlichen Selbstentfaltung steht. Das Ziel der nackten Überlebenssicherung gestattet keine Fehler; eine einzige falsche Vorstellung in Bezug auf einen giftigen Stoff endet tödlich. Dagegen müssen für die Durchsetzung von persönlichen Interessen, die oberhalb des Niveaus von Überlebensinteressen liegen, falsche Vorstellungen nicht notwendig abträglich sein. Im Gegenteil: Im Ringen um ‚soziale Anerken-

[23] William James: Der Pragmatismus. Ein neuer Name für alte Denkmethoden, übersetzt von Wilhelm Jerusalem, Hamburg [2]1994, 126.

nung' oder um ‚gesellschaftliche Machtvorteile' können durchaus auch falsche Vorstellungen – die man zum Beispiel durch autosuggestive Trainingseinheiten (‚positives Denken') kultiviert – dienlich und zielführend (‚effektiv') sein. Zwar klingt in James' Rede vom „Barwert der Wahrheit" (ebd., 125) hintergründig die existenzielle Nacktheit menschlicher Überlebensnot an. Vordergründig dominiert in dieser Metapher aber doch die Assoziation zur Finanzökonomie, wozu übrigens auch die an das Medium des Geldes erinnernde ‚Gleichgültigkeit' der im pragmatischen Wahrheitsverkehr ‚gehandelten' öffentlichen Meinungen passt.

Der Pragmatismus übersieht oder übergeht also offenbar die Tatsache, dass zwischen Lebenserhaltung und Selbstentfaltung kein Verhältnis auf Augenhöhe, sondern ein unumkehrbares Schichtungsverhältnis besteht. Die individualistischen oder auch kulturell-spielerischen Formen des Menschseins können sich nämlich nur auf der gesicherten Grundlage leibseelischen Lebens überhaupt entfalten; und was die Lebenserhaltung der Menschen angeht, so ist sie auf einen klaren Überhang an wahren Vorstellungen angewiesen. Wahre Vorstellungen haben somit, aufs Ganze des menschlichen Lebens gesehen, durchaus existenzielle Priorität gegenüber ‚überflüssigen' Vorstellungen, denen es erlaubt ist, hier und da falsch zu sein. Natürlich gilt dies nur, wenn Menschen die Erhaltung des Lebens als ein Ziel ansehen. Das aber ist der Normalfall: Alle oder doch fast alle Menschen wollen überleben; und indem ihnen am Leben liegt, sind in erster Linie wahre Vorstellungen für sie von Nutzen.

Es gibt freilich auch Menschen, die – etwa aus übergroßer Lust am Erfundenen oder Spielerischen – ihr nacktes Dasein riskieren, es also buchstäblich aufs Spiel setzen oder für irgendetwas ‚anderes' als das Leben zu opfern bereit sind. Für diese Menschen gilt, dass zum Zwecke ihres (wie ich finde recht rätselhaften) Tuns wahre Vorstellungen über das Reale keinen sonderlichen Nutzen haben; zumindest keinen größeren Nutzen als falsche oder illusionäre Ideen. Insgesamt aber bleibt es wohl dabei: Im eigentlichen Sinne nützlich oder schädlich sind allein wirkliche Dinge sowie reale Vorstellungen und Gedanken über die Realität. Die Wahrheit selbst dagegen steht, wie hoffentlich deutlich geworden ist, der Alternative ‚nützlich oder schädlich' indifferent gegenüber.

14. Die Wahrheit ist nicht verhandelbar

Die Indifferenz der Wahrheit gegenüber menschlichen Ziel- und Zwecksetzungen macht schließlich auch die Idee, dass die Wahrheit auf sozialer Übereinkunft beruht, hinfällig. Die Konsenstheorie der Wahrheit, wie sie im 20. Jahrhundert maßgeblich von Jürgen Habermas (*1929) ausgearbeitet worden ist, macht die rationale Übereinkunft der Menschen zur Bedingung der Wahrheit von Aussagen und Vorstellungen. Dass es sich bei dieser Bedingung nicht um eine Realursache handeln kann, ist klar: Es hat zu keinen Zeitpunkt in der Geschichte der Menschen tatsächlich jemals eine faktische Übereinkunft darüber stattgefunden, was fortan ‚als wahr gelten soll'. Konsenstheoretiker würden dies natürlich zugeben, und sie würden darin auch keinen Einwand sehen. Habermas und anderen geht es nicht um die Realität eines faktisch erzielten und geltenden Konsenses, sondern um die grundsätzliche und immer wieder konkret herzustellende Konsensmöglichkeit: Sie wollen sicherstellen, dass Geltungsansprüche bezüglich der Wahrheit in rationalen Diskussionen artikuliert werden. Es sind also Regeln des vernünftigen Diskutierens, die darüber entscheiden, was, und zwar eben gerechtfertigter Weise, als wahr gilt. Ein Konsens ist somit das Ergebnis von Aushandlungen, die unter rational festgesetzten Kommunikationsbedingungen stattfinden. Ob ein Konsens auf dieser Grundlage jemals wirklich erzielt wird, ist zweitrangig. Erstrangig ist, dass die Möglichkeitsbedingungen für Konsens in Gestalt rationaler Diskursnormen definiert sind.

Nehmen wir nun einmal an, eine solche ‚ideale', d.h. von Rationalität getragene Sprechsituation im Sinne der Konsenstheorie der Wahrheit wäre realisiert – für die Wahrheit eines so genannten Sprechakts hätte dies keine Bedeutung. Selbst dann nämlich, wenn die Menschen irgendetwas im Zuge gemeinsamen rationalen

Diskutierens ‚für wahr erklärten', würde dadurch keinesfalls das für wahr Erklärte ‚wahr werden'. Zwar kann man regeln, was künftig ‚als richtig gelten soll', und das heißt, man kann Gesprächs- und Rationalitätsstandards verbindlich normieren. Aber selbst ein Konsens, der rational erzielt und zudem durch Recht und Moral stabilisiert ist, kann allenfalls feststellen, was die Menschen untereinander für wahr halten. Ein Konsens führt zu intersubjektiver Übereinstimmung: Aber weder die diskurstheoretische noch die diskursethische Rationalität miteinander respektvoll verhandelnder Gesprächspartner greift hinüber auf die diskursjenseitige Wirklichkeit. Die Welt, über die kommuniziert wird, wird durch rationale Diskurse nicht rationalisiert. Sie bleibt, im Verhältnis zu jeglichem Reden über sie, stets ein Irrationales.

Man kann die Irrationalität der Welt im Erkennen und Sprechen zwar ausschnittweise rational wiedergeben. Aber ob dies gelingt, hängt nicht von Diskursregelungen ab, so in sich stimmig oder zustimmungsfähig diese ihrerseits sein mögen. Die Theorie darüber, wie sich Konsens erzielen oder wie sich, ganz generell, rational diskutieren lässt, ist keine Theorie, die die Wahrheit zum Inhalt hat. Ihr Gegenstand ist allein die sprachlich artikulierte Vernunft des Menschen – und von dieser wissen wir inzwischen, dass sie, neben dem Pol der nicht-diskursiven Realität, nur eine Seite der bipolaren Wahrheitsrelation darstellt.

Ähnlich wie die Kohärenztheorien der Wahrheit, denen zufolge das Wahrsein von der logisch-argumentativen Stimmigkeit von Überzeugungen in ihrem Verhältnis zueinander abhängt, geht es auch der Konsenstheorie um eine Art interner Abstimmung derjenigen Perspektiven und Sichtweisen, die in den Prozess der Konsensbildung einfließen. Das Gewicht, das die Konsenstheorie auf die Intersubjektivität diskursiver ‚Wahrheitssuchen' liegt, ist allerdings so stark, dass die Irrationalität der Welt, die als solche ja niemals Diskurs, Sprache oder Geist ist, aus dem Blick gerät. Und mit der Verflüchtigung der Welt zum Inbegriff von Gegenständen rationaler sprachlicher Verständigung wird die genuine Nicht-Vernünftigkeit und Immoralität der Wahrheit zumindest tendenziell abgeblendet.

Vernünftige Kommunikation ist natürliche eine überaus sinnvolle menschliche Praxis. Aber sie ist keine Praxis, in der über die Wahrheit ‚entschieden' wird, oder in der Menschen sich unter- und miteinander auf das Wahre ‚einigen'. Auf keinen Fall kann durch einen (idealen oder realen) Konsens die Relation des Zutreffens selbst normiert oder rationalisiert werden: Die Wahrheit ist keine soziale Tatsache, sie ist kein Effekt sozialer Interaktionen. Natürlich haben die formalen oder informellen Regeln des Rechts und der Moral, ebenso wie die konsenstheoretischen Diskursregeln, den Charakter sozialer Konstruktionen; aber für die Wahrheit selbst gilt das nicht. Die Wahrheit ist, anders als etwa Moralvorstellungen oder Gesetzesvorschriften, nicht etwas, das ‚gilt', oder dem Menschen mittels Vernunft und Sprache ‚Geltung verleihen'. Die Wahrheit ist letztlich in keiner Weise verhandelbar, ja sie ist noch nicht einmal im strengen Sinne des Wortes diskutabel. Alles, was die Menschen tun können, ist sie mit den relativ bescheidenen geistigen Mitteln, die ihnen zur Verfügung stehen, auszusagen oder theoretisch zu beschreiben. Wie schwer allein schon das ist, hat sich in diesem Essay wohl angedeutet.

Die Menschen gestalten durch ihr Handeln aktiv die Welt, und durch ihr Sprechen und Denken gestalten sie zudem jene Bilder, die sie sich von der Welt machen. Was im Zuge der aktiven Auseinandersetzung mit der Realität aber weder gebildet noch umgebildet wird, ist die Wahrheit. Wir Menschen können die Wahrheit nicht gestalten, da sich die Wahrheit jederzeit nur in ihrer Gestalt zu präsentieren vermag; der Mensch muss sie nehmen, wie *sie* ist. Dass er darüber hinaus, sei es mit oder ohne Sprache, vieles tun oder lassen kann, steht außer Frage. An der Wahrheit jedoch findet das menschliche Agieren, sei es nun sprachliches, symbolisches oder handgreifliches Tun, keinen Anhalt. Menschen können erkennen, was die Wahrheit ist, und sie können das Erkannte, so wie ich es in diesem Essay versucht habe, aussagen. Aber sie können die Wahrheit nicht redend oder handelnd verändern. Sie können, kurz gesagt, nichts daran machen, dass die Wahrheit die Wahrheit ist.

Schlusswort

In der Geschichte des philosophischen Denkens ist oft recht großes Aufheben um die Wahrheit gemacht worden. Die im Laufe der Zeit entstandenen philosophischen Wahrheitstheorien sind immer komplexer geworden, der Grad der Problematisierung der Wahrheit ist stetig gestiegen. Nicht selten hat sich sogar eine Art moralischer Respekt vor der Wahrheit in die Untersuchungen eingemischt – eine Tendenz, die es nicht gerade erleichtert, sich in nüchterner Weise Gedanken über die Wahrheit zu machen.

Diesem Überhandnehmen von Theorie und Moralität stehen die eher prosaischen Gedanken und Gefühle gegenüber, die im Alltag bezüglich der Wahrheit vorherrschen. Menschen wissen, dass es die Wahrheit gibt. Und in schemenhafter Form wissen sie zudem, was die Wahrheit im Wesentlichen ausmacht. Ich habe in diesem Essay versucht, dieses wissende Fühlen zu artikulieren. Dabei habe ich mich so eng wie möglich an das Wahrheitsphänomen gehalten, anstatt von theoretischen Ideen oder Grundsätzen auszugehen.

Für die Wahrheit dürfte wohl gelten, was für vieles Normale gilt: Sie wird gerade deshalb, weil sie, praktisch betrachtet, kein eminentes Problem darstellt, zumeist nicht sonderlich beachtet. Im alltäglichen Leben wird das, was sich – jenseits des Aktuellen und Sensationellen – in stiller Selbstverständlichkeit vollzieht und im Vollzug bewährt, zumeist nicht breitgetreten. Und da ich mir nicht sicher bin, ob ich meinerseits schon zu viel über die Wahrheit geschrieben habe, lasse ich es hiermit gut sein.

Personenregister

11031474R00136

Printed in Germany
by Amazon Distribution
GmbH, Leipzig